跌荡一百年

中国企业
1870—1977

十年典藏版·上

吴晓波 著

中信出版集团·北京

图书在版编目（CIP）数据

跌荡一百年：中国企业：1870—1977：全2册/吴晓波著 . -- 3 版 . -- 北京：中信出版社，2017.12（2024.1重印）
ISBN 978-7-5086-8251-8

Ⅰ. ①跌… Ⅱ. ①吴… Ⅲ. ①企业史－中国－1870-1977 Ⅳ. ① F279.297.3

中国版本图书馆CIP数据核字（2017）第 255582 号

跌荡一百年：中国企业 1870—1977

著　　者：吴晓波
出版发行：中信出版集团股份有限公司
　　　　　（北京市朝阳区东三环北路27号嘉铭中心　邮编 100020）
承　印　者：北京盛通印刷股份有限公司

开　本：880mm×1230mm　1/32　　印　张：24.75　　字　数：594千字
版　次：2017年12月第3版　　　　　印　次：2024年1月第12次印刷
书　号：ISBN 978-7-5086-8251-8
定　价：116.00元（全2册）

版权所有·侵权必究
如有印刷、装订问题，本公司负责调换。
服务热线：400-600-8099
投稿邮箱：author@citicpub.com

总 序

"历史没有什么可以反对的"

1958年秋,时任团中央书记的胡耀邦到河南检查工作。一日,他到南阳卧龙岗武侯祠游览,见殿门两旁悬挂着这样一副对联:"心在朝廷,原无论先主后主;名高天下,何必辨襄阳南阳。"胡耀邦念罢此联后,对陪同人员说:"让我来改一改!"说完,他高声吟诵:"心在人民,原无论大事小事;利归天下,何必争多得少得。"

历史在此刻穿越。两代治国者对朝廷与忠臣、国家与人民的关系进行了不同境界的解读。

中国是世界上文字记录最为完备的国家,也是人口最多、疆域最广、中央集权时间最长的国家之一,如何长治久安,如何保持各个利益集团的均势,是历代治国者日日苦思之事。两千余年来,几乎所有的政治和经济变革均因此而生,而最终形成的制度模型也独步天下。

在过去的十多年里,我将生命中最好的时间都投注于中国企业历史的梳理与创作。在 2004 年到 2008 年，我创作并出版《激荡三十年》上、下卷，随后在 2009 年出版《跌荡一百年》上、下卷，在 2011 年年底出版《浩荡两千年》，在 2013 年 8 月出版《历代经济变革得失》，由此，完成了从公元前 7 世纪"管仲变法"到本轮经济改革的整体叙述。

2017 年年底，我完成《激荡十年，水大鱼大》，又对刚刚过去的十年企业史进行了记录和不无偏见的解读，在这期间，中国成为全球第二大经济体，它的强大引起了普遍的惊叹和恐惧。

就在我进行着这一个漫长的写作过程之际，我们的国家一直处在重要的变革时刻，四十年的改革开放让它重新回到了世界舞台的中央，而同时，种种的社会矛盾又让每个阶层的人们都有莫名的焦虑感和"受伤感"。物质充足与精神空虚、经济繁华与贫富悬殊、社会重建与利益博弈，这是一个充满了无限希望和矛盾重重的国家，你无法"离开"，你必须直面。

如果把当代放入两千余年的历史之中进行考察，你会惊讶地发现，正在发生的一切，竟似曾相遇，每一次经济变法，每一个繁华盛世，每一回改朝换代，都可以进行前后的印证和逻辑推导。我们正穿行在一条"历史的三峡"中，它漫长而曲折，沿途风景壮美，险滩时时出现，过往的经验及教训都投影在我们的行动和抉择之中。

我试图从经济变革和企业变迁的角度对正在发生的历史给予一种解释。在这一过程中，我们将一再地追问这些命题——中国的工商文明为什么早慧而晚熟？商人阶层在社会进步中到底扮演了怎样的角色？中国的政商关系为何如此僵硬而对立？市场经济体制最终将以怎样的方式全面建成？

我的所有写作都是为了——回答这些事关当代的问题。现在看来，它们有的已部分地找到了答案，有的则还在大雾中徘徊。费正清曾告诫他的学生说，"在中国的黄河上逆流行舟，你往往看到的是曲弯前行的船，而没有注意到那些在岸边拉纤的人们"。我记住了他的这句话，因此在我的著作中，有血肉、有悲喜的商业人物成了叙事的主角，在传统的中国史书上，他们从来都是被忽视和妖魔化的一群人。

即便走得再远，我对历史的所有好奇，也全部来自现今中国的困顿。因为我发现，中国的经济制度变革，若因循守旧，当然不行，而如果全盘照搬欧美，恐怕也难以成全，中国改革的全部难处和迷人之处，即在于此。所以，与历史修好，在过往的经验中寻找脉络，或许是解读和展望今日及未来中国的一条路径。能否在传统国情与普世规律之中探寻出一条中国式的现代化之路，实在是我们这代人的使命。

我不能保证所有的叙述都是历史"唯一的真相"。所谓的"历史"，其实都是基于事实的"二次建构"，书写者在价值观的支配之下，对事实进行逻辑性的铺陈和编织。我所能保证的是创作的诚意。20世纪60年代的"受难者"顾准在自己的晚年笔记中写道："我相信，人可以自己解决真善美的全部问题，哪一个问题的解决，也不需乞灵于上帝。"他因此进而说："历史没有什么可以反对的。"既然如此，那么，我们就必须拒绝任何形式的先验论，必须承认一切社会或经济模式的演进，都是多种因素——包括必然和偶然——综合作用的产物。

对于一个国家而言，任何一段历史，都是那个时期的国民的共同抉择。

是为总序。

题 记

  我仿佛真的听到,有一群熟悉的陌生人正站在门外。他们已经被这个曾经无比热爱过的国家遗忘。

  此刻,他们穿越百年风尘,身着青衫,面无表情,正砸响门环。

——2008 年 8 月 8 日,北京奥运会开幕式当日,在漫天烟花中,改定"前言"

目 录

前　言　寻找一个"下落不明"的阶层 / IX

第一部　1870—1910
　　　　留着"辫子"的洋务运动

1870　未死将生的时刻 / 003
　　　企业史人物 ｜ 太保赫德 ｜ / 024
1875　买办与商战 / 029
　　　企业史人物 ｜ 买办世家 ｜ / 046
1884　盛宣怀夺权 / 050
1894　状元办厂 / 069
　　　企业史人物 ｜ 一代"商父" ｜ / 091
1900　国变中的商人 / 095
　　　企业史人物 ｜ 北方一周 ｜ / 112
1905　立宪急先锋 / 118

第二部　1911—1927
　　　　唯一的"黄金年代"

1911　在革命的炮火中 / 141
　　　企业史人物 ｜ 百货四子 ｜ / 162

1915　作为抵抗的商业 / 166
　　企业史人物 ｜ 棉花天王 ｜ / 190
1919　广场背后的人 / 195
1924　工商决裂 / 217
1927　悲剧之月 / 238
　　企业史人物 ｜ 菊生印书 ｜ / 257

第三部　1928—1937
国家主义的回归

1929　商人的抗争 / 263
1932　救亡的经济 / 292
　　企业史人物 ｜ 费的眼睛 ｜ / 313
1935　大收编 / 317
　　企业史人物 ｜ 嘉庚助学 ｜ / 338
1937　沉船与拯救 / 342
　　企业史人物 ｜ 南洋兄弟 ｜ / 364

人物索引 / 371
声明 / 378

前言

寻找一个"下落不明"的阶层

我受雇于一个伟大的记忆。
——瑞典诗人,托马斯·特朗斯特罗默

一

1979年9月的一天,法国学者玛丽·格莱尔·白吉尔(Marie Claire Bergere)坐在中国人民政治协商会议的办公大楼里,等待一位重要官员的接见。白吉尔是著名的中国近代史专家,曾参与费正清主编的《剑桥中国史》的写作。她后来记录那次会见场面时写道:"这位官员从门外进来,后面跟着五六个随行人员,从他的外表看,似乎要比其63岁的实际年龄年轻一些。他身穿一件直领、贴袋的中山装——这是中国官员惯常所穿的服装,但他所显露的那种灵活的步姿与举止,却使我骤然联想到美国商人。他插在胸前口袋的镀金钢笔和戴在手腕上的百达翡丽手表,以及脚上穿的意大利皮鞋,就足以使人意识到,这位官员非同寻常。"

跟白吉尔见面的这位官员是荣毅仁。他是晚清和民国时期最大的民族资本家荣德生的儿子,荣德生与他的兄长荣宗敬曾经控制了中国将近一半的面粉厂和棉纺厂,被称为"中国的洛克菲勒"。仅仅在与白吉尔会面的几年前,荣毅仁还是被批判的"资产阶级的代表人物",他在全国工商联机关食堂的锅炉房运煤和打扫所有厕所。在"文化大革命"期间,他经常遭批斗,食指被红卫兵打断。1978年2月,他被邓小平解救复出。此时,他是全国政协副主席、中国国际信托投资公司的董事长。在中信公司里,还聚集了众多年过花甲的上海籍资本家。

"我发现自己的研究对象已经陷于矛盾的旋涡之中。"白吉尔在后来出版的《中国资产阶级的黄金时代(1911—1937)》一书中写道,"我由衷地感到,若以流行的革命史研究观念出发,研究中国商业阶层的意义是极其有限的。中国企业家在20世纪初期的崛起,仅仅构成了历史长河中的一个小小的插曲,一个简单的历史摸索过程。"然而,随着她对中国观察的深入,特别是对1978年之后中国经济变革的零距离审视,历史突然呈现出另外的面孔。"中国目前将现代化置于革命之上的做法,促使我意识到必须重新估计中国企业家在20世纪历史进程中的贡献,并将长期以来教条地把革命与现代化两者混为一谈的现象加以澄清。"①

那么,在更为悠长的历史跨度中,我们——包括像白吉尔这样的国际学者——是否有可能对一个被长期漠视甚至妖魔化的阶层进行新的观察?

白吉尔式的好奇,并不是唯一的。2004年的深秋,中国最大的房地产公司万科集团的董事长王石来杭州,约我在西湖边的浙江宾馆对坐闲谈。这里曾经是林彪的"行宫",现在则成了企业家们最爱居停的清幽场

---

① [法]白吉尔著,张富强、许世芬译,《中国资产阶级的黄金时代(1911—1937)》,上海:上海人民出版社,1994年版。

所。王石突然问我一个问题："我的父亲是行政官员，我的母亲是锡伯族妇女，我也没有受过商业训练，那么，我以及我们这代人的企业家基因是从哪里继承的？"我一时语塞。

显然，疑问从另外一个地方浮起。很多年来，在众多商业史料及企业家成败案例的调研与梳理中，我一次次地被此类问题困扰——当今中国企业家的成长基因及精神素质是怎么形成的？它是30年的产物，还是应该放在一个更为悠长的历史宽度中进行审视？他们那种特别的焦虑，强烈的家国情结，对超速成长的渴求，隐藏于内心的不安全感，对官商文化的膜拜，以及对狼文化的痴迷，是一代人特有的心态，还是有着更为深刻的人文原因？

另外一个更具穿透力的问题是，在30年乃至百年的中国进步史上，企业家阶层到底扮演了一个怎样的角色？

因写作《万历十五年》而出名的华人历史学者黄仁宇认为："民国时代，中国重新构建了社会的上层结构。其中，商人阶层的整体崛起显然是一个十分重要的现象。"而1932年就到过中国的美国学者费正清则在《剑桥中国史》中断言："在中国这部历史长剧的发展中，中国商人阶层没有占据显要位置。它只是一个配角——也许有几句台词——听命于帝王、官僚、外交官、将军、宣传家和党魁的摆布。"[①]即便当世最杰出的历史学家，如美国耶鲁大学的史景迁——他因独特而生动的历史写作，在中国知识界广为人知——在著名的《追寻现代中国》一书中，从1600年写到1989年，整整389年，却几乎没有企业家的影子。那似乎是一群从来没有出现过的人，尽管他们为中国人的日常生活带来了机纺棉布、电灯、收音机和带空调的房子。

这是一些十分暧昧的、具有冲突和互补性的结论，我们面对的似乎是

---

① ［美］费正清等编，杨品泉等译，《剑桥中华民国史》（上卷），北京：中国社会科学出版社，1998年版。

一个"下落不明"的阶层。

然而，这显然是一种不公平的现象。

正是为了解答上述这些问题，我开始重新梳理19世纪70年代到20世纪70年代百余年的中国企业史。史海茫茫，我出发去打捞沉睡在水底的记忆碎片。因受到战争和政治动荡的影响，中国企业史在传承上支离破碎，几无传统可言。它好像一张被一次次粗暴撕裂的地图，一切都混乱不堪，某些篇幅遗失了，显得残缺不全。

二

仅仅过去了100年，我已经很难从实物上目睹到当年的光荣。曾国藩当年的安庆兵工厂已经无迹可寻；左宗棠的福建船政局现在只剩下一个游客稀少的船政博物馆；张之洞的"亚洲最大钢铁工厂"汉阳铁厂，只留下一堆供人追念的黑旧机床；李鸿章的轮船招商局上海总部如今是一个时尚的休闲会所；当年的"机器之母"江南制造总局被大拆迁，2010年成为上海世界博览会的主展区，唯一剩下的遗迹是一根高达180米的大烟囱；在梁启超赞许为"中国最进步的城市"的南通，张謇和他的大生集团都已成为历史烟云中的传说，人们更津津乐道的是他与"绣娘"沈寿的忘年恋情；在无锡，荣家兄弟的梅园花枝烂漫，他们的纺织厂和面粉厂成了需要保护的"工业遗址"；在集美小镇，陈嘉庚的故事更像海平面尽头那个缥缈的孤帆远影。

还有人记得范旭东吗？正是他研制出了精盐，让中国人摆脱了"食土民族"的耻辱。还有人记得虞洽卿吗？正是他的"沉船"，打破了日本军部"三个月灭亡中国"的企图。还有人记得穆藕初吗？他不仅是昆曲留存的恩人，更是全中国最懂棉花的人。还有人记得张公权吗？他在27岁那年就领导了中国最大的银行。还有人记得郑观应吗？他不仅写过《盛世危言》，还是一个被长期蔑视的买办阶层的代表。还有人记得卢作孚吗？那个瘦小寡言却有着猛虎般个性的"中国船王"。

甚至，我们该怎样评价盛宣怀、胡雪岩、周学熙和宋子文？他们仅仅是一群鼻尖上堆着一团白灰的恶商丑辈吗？

"化石"残存，商脉已断。一部企业史如同堰塞多年的大运河，我们能否清淤接续？

我还试图在大历史的转折时刻里，寻找到企业家们的身影和声音。

在国贫民穷的时刻，是怎样的资本和人才组合启动了"洋务运动"？在慈禧出逃、八国联军蹂躏北京的时候，南方的商业繁荣是靠谁保全的？当立宪浪潮成为全民共识的时候，谁是最积极的推动者？在辛亥革命的炮火中，谁保卫了市井的稳定？在"五四运动"的口号声里，谁是广场背后的支持者？在军阀割据的年代，谁一度管理了中国最大的工商业城市？在日本军队悍然侵华的时候，又是谁保住了"陪都"重庆的安全并转移了国家的最后一口元气？

我想，这真是一系列需要修正的历史事实。

中国工商文明的重建，是一个百年命题。中国近代史的开端是1840年的鸦片战争，那场战争不是中国落后的开始，而是结果，是民族觉醒、觉悟和崛起的起点。从那时至今，数代中国人一直在致力于国家的伟大复兴。正如晚清思想家郑观应所说的，"兵战"与"商战"是中国复兴的两大主题，而后者的主角就是企业家阶层。从鸦片战争到洋务运动，从甲午战败到辛亥革命，从"五四运动"到对日抗战，从中华人民共和国成立到最近一次的改革开放，几乎在每一个重大的国运转折点上，我们都可以看到企业家们活跃的身影——而这在过去的很多年里是被忽略的。我们不知道这是一种无意的忽略，还是有意的遗忘。企业家阶层从来不是革命的主要力量，甚至他们的职业属性使得他们在很多时候与激进主义背道而驰。不过，这并不妨碍他们成为中国进步史上一股不可忽视的力量。

过去百年间，国家与资本、政府与企业家阶层的关系研究，是一个很独特的命题。企业家阶层在历史中扮演的角色十分微妙和暧昧。在这部著作中，我得到了三个基本的结论。

1. 国家政权与市民社会间的辩证关系，始终是中国现代化的中心问题。

在过去的100多年中，官方的主动性与市民社会的自发行动，国家机构与民间组织，以及它们之间的合作、分工与冲突，构成了中国社会进步的所有表象。在这中间，企业家阶层扮演了十分重要的角色。在某些时刻，他们甚至主导过历史的演进，在很多企业家身上所展现出来的理想主义比很多知识分子、政客要显得更加理性和真实。

2. 在过去的130年间，也就是从晚清洋务运动至今，中国商业世界的逻辑竟是如此惊人的一致。

作为世界上唯一一个延续了2 000多年的中央集权国家，政权对经济的控制已经形成了一个制度和文化上的惯性。在当今的中国经济界，一个经常被讨论却难以解答的课题是，国营垄断资本的日渐庞大，对中国的未来意味着什么？未来很难被准确地预测，不过，历史却能够以自己的方式给出某些启示。一个很少被人观察到的历史事实是，在过去的130年里，中央政权曾经因同样的问题而遭到过致命的挑战。在清代末年，正是国营资本与民营资本的一次激烈博弈，最终导致了帝国的覆灭。而在20世纪三四十年代，以所谓"四大家族"为代表的官僚资本集团则显然给国家治理带来了重大的负面效应。这一历史的教训值得当世的人们予以警惕。

3. 在中国百年的变革史上，企业家阶层曾经最早把自己的命运与国家现代化紧密地结合起来。

我们甚至可以得出这样的结论：当今中国所出现的进步和改革开放的浪潮，恰恰来源于中国企业家阶层以往获得并留存至今的经验，正是这些经验使得企业家阶层得以幸存。它们虽然不可能占据历史的支配地位，却可以使得历史的发展更加充满活力，更加生机盎然。

在过去的100多年里，中国的官吏和精英阶层一直致力于国家的重建与民族的复兴。而富有悲剧性的是，每隔30~40年，这一进程就会被外乱或内患打断，这使得中国的企业史成为一部缺乏传承感的历史。对于中国商业进步的缓慢，不同领域的专家已经给出了无数个答案，在本书中，我们仅从企业史的视角来进行观察。我们看到的是三个现象：一是意识形态争论对现代化的干扰，二是中央集权观念对国家商业主义的催生，三是传统的轻商和官商文化对新生企业家阶层的影响。让人叹息的是，在洋务运动后的多次经济变革运动中，这三个命题都幽灵般地随影而至，无法摆脱。即便到了百年后的1978年，当中国再度开始经济变革的时候，这三大命题仍然困扰着这个国家。在这个意义上，我们一直没有跳出一个成长的逻辑圈。

中国百年历史，其实就是关于革命与改良的选择。让人高兴的是，在刚刚过去的30年里，改革开放的经验证明，一个国家的经济腾飞完全可以不经由社会和政治革命的途径来完成。在30年的和平崛起中，没有爆发大规模的社会动荡，没有发生饥荒、国家分裂和民族对立，绝大多数民众是这场改革的获益者，渐进式的思想已经成为社会的主流共识，这是一个十分了不起的成就，是中国人民对世界的最大贡献。未来30年，我们需要证明的是，这种渐进式的变革路径和模式有可能给更大范围、更为纵深的中国社会变革带来新的可能性。

本书希望达到的一个目的是：通过对企业家阶层的历史作用的还原、分析与辩驳，重新定义中国社会进步的某些逻辑。

三

其实，在欧美国家，对企业家作用的认知也是滞后的。美国最伟大的企业史学家小艾尔弗雷德·钱德勒在撰写美国企业史时就曾经说过："历史学家早就被企业家吸引，却甚少注意这些企业家所创立的机构以及他们的管理方式和所实现的功能。与此相反，历史学家们一直在争论这些创业的先辈是强盗企业家还是工业政治家，即是好人还是坏人。"

在中国，企业家的角色更是尴尬而暧昧。

在一部电影或电视剧中，最受注目的当然是"男一号"，其次是"男二号"，可是却很少有人会关注"男三号"。在几乎所有的关于近现代中国的历史书籍上，政治家是"男一号"，知识精英是"男二号"，企业家则正是那个"可有可无"的"男三号"。

这是一群在历史上被嘲笑和漠视的"男三号"。没有人从思想史的高度去审视他们，尽管英国小说家毛姆说"连剃须刀也有其哲学"，可是偏偏中国企业家阶层什么都没有。在各种版本的近现代史书上，他们的故事如碎了一地的瓷片，总是在不经意的暗处毫无价值地寂寞闪光。在乱世之中，企业家似乎总是缺位的，是懦弱的，是无关紧要的，他们只是一群等待被勒索的人，是一群见利忘义的人。

他们在混乱中诞生，在惊悚中长大，对成长缺乏经验，发育一次次被打断，从来没有轻松自如的时刻，甚至，好像竟从来没有过自己的"成年礼"。这个阶层生来没有宏大的野心和浩瀚的想象力；他们过于冷静和保守，使得在一些激情四射的时刻会被认定为懦弱；他们天生是理性逻辑的信徒，这在信仰革命的时代显得十分可笑；他们对自我财富的捍卫，更是看上去有点可恶。

企业家的生命中绝少有让人怦然心动的激越，他们似乎总是很冷静，不会提口号，总是不怎么讨人喜欢。他们的血液是冷的，他们的灵魂是金色的，他们的愤怒是有成本边际的，即使怒发冲冠，他们也不会去大雨中把栏杆拍遍。中国几千年以来所形成的"轻商文化"，严重地影响了社会对企业家的认知——这在他们与官员及高级知识分子的交往中尤为突出。这种根深蒂固的文化基因甚至扭曲了他们对自己的评价与判断，以至于在一些关键时刻，他们总是不能以一个独立的阶层出现。最让人吃惊的是，这一混乱的景象竟延续百年，迄今未变。

但真的是这样吗？我想在这部著作中证明，过去百年间，那一代代乱世中的企业家，竟是如此英勇。

在那些国运衰竭的时代，他们的未来毫无希望可言，但是他们却从来不乏对国家的热诚。商业上的智慧以及长期的实务浸淫则让他们往往有着比政治家、革命家更为现实的立足与眼光。即便是在最无奈的绝境，他们仍然期望用自己的力量实现尽可能的进步与和平。他们曾经扮演过进步势力的最坚定的支持者，或者在某些城市，他们一度成为主角，他们有机会改变国家和自己的命运。他们也有软弱的一面，在某些重要的历史时刻，他们做出了完全错误的选择，从而把自己的命运带入了泥潭。他们始终不知道如何处理自己与强大的政权机器的关系。

可悲的是，他们的种种努力往往被忽视，甚至被政治力量侵吞，被战火打断，被文学家扭曲。在历史的正剧舞台上，他们的声音总是被光芒万丈的革命口号淹没，他们的身影总是被掩盖甚至丑化，他们好像是一群显赫的"隐身人"，即便在百年之后，仍然模糊而渺小。

在中国经济变革的历史上，企业的成长实际上是社会转型的一个伴生现象，或者说，它受到了社会变革的深刻影响。这一特征在本书中将呈现得更加清晰。在中国经营企业，如果对这个国家的宏观环境和政策沿革一无所知，那么，获得持续性成功的概率就非常之低。我们在观察所有成功者的时候，都必须思考政治环境和制度设计的影响。这样的观察不得不让我们对企业家阶层——特别是依赖于民间自由资本力量的财富阶层——在中国进步中的角色进行新的审视。

在2008年的汶川大地震中，企业家阶层再次成为一个不知如何自处的群体。几乎所有参与救援的人都成了"英雄"，他们包括官员、军人、媒体人士、志愿者、艺人、向捐款箱投钱的乞丐以及每一个对着镜头流泪的路人甲或路人乙，唯独受到攻击和谴责的，是企业家，尽管从数据上看，他们的捐款占到了总数的一半以上，尽管很多企业家也赶到了现场或以各种形式表达了自己的爱心。民众对企业家阶层的"不宽恕"在这场地震中达到了极致。甚至很少有人愿意为他们辩护，这会被视为有钱人的走狗和同路人。

这种现象的出现再次表明，中国企业家在社会变革中承担的角色是多么尴尬。民众对企业家阶层的恶评和讨伐，是一个值得深思的社会现象。它表明，在中国社会的地表层下，汹涌奔腾着一股愤怒的力量，它的构成元素是"贫富悬殊""社会不公""基层秩序薄弱"等。它如同地火一样流淌，一旦遇到裂缝，就会不可遏制地喷薄而出，造成一种不容分说的巨大伤害。我们观察到的事实是，在过去相当长的时间里，几乎在每一次社会-经济事件中，企业家都是被指责和攻击的对象，无论是股市的暴涨狂跌，还是房价的高企不下，无论是猪肉涨价，还是蓝藻暴发，企业家扮演的几乎都是"攫取暴利""黑心无良""投机制乱"的角色。对企业家的攻击和诋毁，从来是道德的，是毋庸置疑的，是痛快淋漓的。这些声音掩盖了中国社会的制度性缺陷，将危机引向了一个相反的方向。

这是一个很危险的事实。民众与财富阶层的情绪对立与价值观冲突，将极大地模糊中国变革的主要方向，而这种伤害将是致命的。

我们已经越来越深切地感受到，对企业家阶层的社会价值进行重新评估和确认，在某种意义上，是一场从来没有进行过的"思想解放"。

四

在写作过程中，我常常告诫自己，应该以一种更为放松的态度看待历史，置身于历史之外，相信它足以给这个世界留下印记，但同时又不要笃信。这样，我才能保持自己思想的自由。

我还很喜欢沃尔特·李普曼（Walter Lippmann，他是我最心仪的美国专栏作家）的说法："新闻不能告诉人们怎么思考，只能告诉人们思考什么。"其实，历史也是一样。在这个日渐熟悉的领地里，我每每如履薄冰。我常常为一个细节而苦恼数日，也会为一个意外的获得而欣喜若狂。我常常感动于那些激越的生命，也为他们在历史大雾中的烟消云散而黯然神伤。

从本质上来讲，这个漫长的写作计划，只是为了和遗忘对抗。

逝者如锈迹斑斑的沉钟，非虔诚而用力的击打无法令其苏醒。很多历史的真相，唯有在一定距离的后望中，才会显得略为清晰，这是人类认知能力的缺陷，也是人性悲哀的组成部分。每一个时代都充满了不确定性。中国的商业历史总是不押韵的，粗糙而缺乏修饰，像极了我们坎坷而迷茫的人生。确切地说，后来者永远无法得到历史的真相，我们只是在无限地接近。就好像我此次试图厘清历史的每一条纹理和逻辑一样，很可能在不久的将来，这一切努力都会被认为是荒谬和徒劳的。

写作是如此枯燥。那是一些沉默而微光闪现的夜晚，在疲倦的时候，我会站在阳台上，静视运河的沉默流淌，仰望若隐若现、神秘的江南星空。我觉得有一些眼睛在遥远的地方默默地注视着我。在这时，我会想起诗人北岛的《青灯》：

> 把酒临风
> 你和中国一起老去
> 长廊贯穿春秋
> 大门口的陌生人
> 正砸响门环

我仿佛真的听到，有一群熟悉的陌生人正站在门外。他们已经被这个曾经无比热爱过的国家遗忘。

此刻，他们穿越百年风尘，身着青衫，面无表情，正砸响门环。

第一部

1870—1910
留着"辫子"的洋务运动

1870
未死将生的时刻

吾日夜望死,忧见宗祐之陨。

——曾国藩,1869年

公元1869年7月7日,同治八年农历五月二十八日深夜,保定府直隶总督衙门的后花园。清帝国声望最隆、权势最熏的汉族大臣曾国藩与他的门客赵烈文秉烛夜谈,困坐愁城。

在过去的16年里,曾国藩靠团练湘军起家,"清剿"了南方的太平天国(1851—1864),将一个看上去即将覆灭的帝国重新拉回到正常的轨道上,甚至还出现了一个小小的"同治中兴"。上年,他由两江总督调任更为重

▲ 曾国藩

要的直隶总督，可谓圣眷正隆。但是，进入中央枢纽之后，他才真正意识到国家的颓败远远超过自己原来的预料，根烂叶败，国政匮废，朝中根本没有可以力挽狂澜之人。他对赵烈文说，当今之世已是"民穷财尽，恐有异变"，"吾日夜望死，忧见宗祐之陨"。

19世纪中后期的中国，到处充满了帝国斜阳的忧伤。在过去的2 000多年里，尽管它也时常被战争、饥荒、瘟疫和暴政困扰，不过，却始终有着一份与生俱来的从容。辽阔的疆域、强大的文化凝聚力让它具备了一种独特的自我愈合能力，它从来没有像现在这样恐慌、破败和孤立。1839年，两广总督林则徐在广东禁烟，次年，英国舰队攻击广州，第一次鸦片战争爆发，清军溃败。中英开战之时，国人对英人了解之偏缺让人咂舌。中方主将林则徐认定英国士兵的膝盖是不会弯曲的，因此只长于海战，一登岸就"一仆不能复起"，任人宰割。他在1839年9月给道光皇帝的奏折中写道："夷兵除枪炮之外，击刺步伐代俱非所娴，而腿足裹缠，结束严密，屈伸皆所不便，若至岸上更无能为，是其强非不可制也。"林大人已是举国最"开化"的官员，以此"知彼"，焉能不败？1842年8月，中英《南京条约》在一艘叫作"皋华丽"号的英舰上签署，清廷割让香港岛、开放通商口岸并赔偿巨款。从这个原本称为"万年条约"的不平等条约开始，中

▲签订《南京条约》

国步入了屈辱的100年。在一个陌生的、冉冉升起的外域文明面前，一向自大的帝国突然变得无比的惊惶和不自信。

1872年3月20日，曾国藩在抑郁中病逝。半年后的9月15日，《纽约时报》刊登了一条"旧金山来电"，报道第一批中国政府派送的留学生坐船到了美国。新闻称："昨天到达这里的30名中国学生，他们都是很勤奋优秀的小姐和绅士，容貌

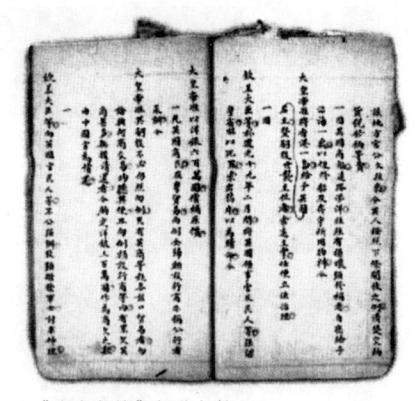

▲《南京条约》部分条款

俊秀，要比任何在这之前到美国访问过的中国人都好看得多。有三名身为中国官员的教师陪同他们。朝廷拨出100万美元用于这些学生的教育。"这条快电有两个小小的错误，首先，30名俊秀的少年都是男孩，或许因为他们留着辫子，所以实在很难进行辨认。其次，他们也不是经过精心选拔的、最优秀的中国少年，30人中有24个来自广东，其中更有多名都来自香山乡村。事实上，负责选拔事务的官员根本找不到愿意让孩子远渡重洋去留学的富足家庭，只好在南方勉强凑到了一些贫穷子弟。临行之前，所有孩子的父亲都要在一张写明"倘有疾病生死，各安天命"的出洋证明书上画押签字。在这些学生中，日后最出名的是修建了京张铁路的"中国铁路之父"詹天佑。

无论如何，这是一个标志性的开放事件，就好比整整106年后，当再度打开国门的时候，中国也在第一时间向美国派出了第一批留学生。[1]

曾国藩没有亲眼看到帝国的崩溃。不过，在生命的最后几年里，这

---

[1] 相关史实见《激荡三十年·上卷》（吴晓波著，中信出版社出版）中的1978年章节。

第一部　1870—1910　留着"辫子"的洋务运动

▲第一批中国留学生赴美留学合影

位才智卓越的湖南人一直在做一件比击溃太平天国更具有长远意义的事情——他和他的同党们试图让暮霭中的国家重新振奋起来。向美国委派留学生就是他临终前最后批准的计划之一。这是一项更为庞大的复兴工程中的一小部分,这个工程日后被称为"洋务运动",它便是中国近代企业的起源。

洋务运动的启灶,先是与镇压各地民变的军事活动有关。早在1855年,起兵不久的曾国藩就在江西设立了小型兵工厂,1861年,又在安徽安庆建了兵工厂和船坞。1862年,他从官库中调出6.8万两现银交给35岁的容闳,派遣他前往美国购买建造兵工厂所需的设备。容闳出生于澳门附近的贫穷家庭,少年时被教会学校送进著名的耶鲁大学读书,是第一个毕业于美国高校的中国人。他赴美期间途经正在修建中的苏伊士大运河,预感世界将被打通。

1864年5月,曾国藩最得力的助手、江苏巡抚李鸿章在一份奏折中说:"鸿章以为中国欲自强,则莫如学习外国利器;欲学习外国利器,则

▲ 江南制造总局

莫如觅制器之器，师其法而不必尽用其人。欲觅制器之器与制器之人，则或专设一科取士。士终身悬以富贵功名之鹄，则业可成、艺可精，而才亦可集。"此议不但提出要学习西方，还试图修改千年科举制度的取士标准，在当时十分惊世骇俗。

1865年，中国第一艘实用蒸汽船"黄鹄"号建造成功。[1] 同年，苏淞太道道员丁日昌在上海虹口购买了美商开办的旗记铁厂，李鸿章又将丁日昌原来开办的炮局及总兵韩殿甲的炮局并入，并新配备了容闳在美国购买的一批机器，曾、李两人由此正式奏请成立"江南制造总局"。李鸿章在9月20日写了一份很长的奏折《置办外国铁厂机器折》，详细说明开办此厂的重要性。他认为"机器制造一事，为今日御侮之资，自强之本"，而且现在制造的机器是为军事所用，日后一定运用普及，"洋机器于耕织、刷印、陶埴诸器，皆能制造，有裨民生日用，原不专为军火而设"。他甚至预言道，"臣料数十年后，中国富农大贾必有仿造洋机器制作以自求利益者"。

江南制造总局一开始主要生产一些小型的装甲快艇、步枪、火炮和子

---

[1] 世界上第一艘蒸汽轮船"克莱蒙特"号，是美国工程师罗伯特·富尔顿和发明家利文斯顿于1807年在纽约建造的，比"黄鹄"号早了将近60年。

▲ 福建船政局旧址

弹。1867年5月，曾国藩奏请朝廷提留部分海关税款建造大型舰船。第二年8月，工厂生产出第一艘自行设计、制造的木壳轮船"恬吉"舰。轮船下海时，上海万人空巷，争相观看，欢呼雀跃。曾国藩高兴地在试航当天的日记中写道："中国初造一号轮船而速且稳如此，殊可喜也。"其后五年，"操江""测海""威靖"和"镇安"等军舰相继造成，最大的"镇安"舰排水量达2 800吨，1 800马力，安装有20门火炮，已是当时亚洲最先进的军舰。

江南制造总局堪称近代中国第一家新式工厂，是晚清规模最大的军工企业。它从生产枪炮弹药开始，日渐发

▲ 开办福建船政局的奏折

展成为修造船舰、炼钢炼铁、机械制造为一体的综合型新式企业。它建起了中国第一座炼钢炉，生产了大批车床、刨床、钻床、锯床和起重机、抽水机、汽炉机等，成为中国机械制造产业的开端，有"机器母厂"之称。它后来更名为江南造船厂，一直是最重要的船舶制造基地之一。到2010年，位于黄浦江畔的工厂原址成为上海世界博览会的主展区，百年复兴梦想，居然在此巧合际会。

就在江南制造总局开办的同时，另一个地方大员闽浙总督左宗棠在福建马尾创建了福建船政局，林则徐的外甥兼女婿沈葆桢任总理船政大臣。他造出了第一艘铁甲军舰，组建了第一支现代意义上的海军——福建南洋水师。左、沈两人还创办了培养科技和管理人才的新式学堂——福州船政学堂，它以中文、法文双语开课，所用教材均是来自欧洲的原版教科书。优秀的学生被选拔到英国和法国的大学深造，他们在后来的半个世纪里一直是中国海军的骨干力量。

▲左宗棠

这些早期工厂尽管对增强国力作用十分有限，但却是中国近代工业化的开端。

洋务运动是一次留着"辫子"的改革。后世史学家常常喟叹，中华民族错过了近代工业文明的萌芽期，因而受到欧洲列强的侵辱。不过换一个角度，我们还可以有另外的一种观察，就在曾国藩等人发动洋务运动的同时，后来成为全球最强经济体的三个国家——美国、德国以及日本——也刚刚完成了国家的统一，并相继开始它们的现代化之旅。在某种意义上，日后百年间，中国现代化道路的艰辛与曲折，与时间迟早并没有多大关系，而是因为这个国家的精英阶层具有太多摇摆、投机和过于感性的民族人文特性。

美国在1865年结束了南北内战，林肯总统虽然解放了黑奴，但种族隔离仍然持续，尤其在南部，黑人不能入读白人学校，不能在招待白人的餐厅进食，不能与白人乘坐同一辆公共汽车或必须让座给白人。在1860年前后，美国人口占全球人口总数的3%，全美超过8 000人口的城市只有141个，钢铁产量还不足100万吨，欧洲的报纸直接将之比喻为"跟在英、法后面的小兄弟"。1865年，后来成为美国首富的安德鲁·卡内基在宾夕法尼亚州与人合伙创办了卡内基科尔曼联合钢铁厂。就在同一年，李鸿章向清朝廷递交《置办外国铁厂机器折》。1871年，J·P·摩根与人合伙创办德雷克塞尔-摩根公司，从事投资与信贷等银行业务。而当时在中国，"红顶商人"胡雪岩的阜康钱庄正处巅峰，其分店达20多处，遍布大江南北，资金2 000余万两，田地万亩。胡雪岩还操纵江浙商业，专营丝茶出口，从事药品商贸，俨然一个混业经营的大企业。

也是在这一时期，一个统一的德意志帝国刚刚诞生。1870年，以"埃姆斯电报"事件为导火索，普法战争爆发。在"铁血宰相"俾斯麦的指挥下，普军大获全胜。普鲁士军队开进巴黎城，在凡尔赛宫宣布统一的德意志帝国成立，普鲁士国王威廉一世为皇帝。

与日本相比，我们的感慨将更深一层。就在曾国藩于保定府日夜望死的前一年，在一洋之隔的日本国也发生了一件惊天动地的事情。1867年，一个叫西乡隆盛的武士率2 000人从鹿儿岛北上，发动"王政复古"政变，推翻了德川幕府的统治，迎回天皇，从此拉开明治维新的帷幕。

在中国企业史的研究中，日本是一个很可以参照的对象。在过去的150年间，这两个东方国家在三个重大的时间点上出现过惊人的类比点。第一个时间点是1870年前后，当时曾国藩、李鸿章等人发动洋务运动，而日本则进入明治维新，两国几乎同时开始了工业化的变革——更有意思的是，明治维新的结束时间竟与清帝国的灭亡时间颇为接近。第二个时间点是1945年前后，日本在第二次世界大战中战败，全岛变成一片废墟，而中国也处在"国共和谈"的转折点上，饱经战乱的中国从战争中暂时摆脱，随后前者迅速进入新的经济建设，后者则陷入惨烈的内战。第三个时间点就是我正在写作此书的当下，日本与中国的经济总量分别处在全球的第二位、第三位，其政治经济体制和所面临的挑战则全然不同。中日国运交错，恩怨如麻，实在耐人寻味。①

话说1871年12月，一个日本使节团登上美国太平洋轮船公司"亚美利加"号，离开横滨赴欧美考察。在第二次世界大战后把日本经济带入正常轨道的日本政治家吉田茂曾在《激荡的百年史》中追述说，在出发之前，日本的改革家们曾预想用"西方的技术、东方的道德"或者是用"西方的学识、日本的精神"作为日本变革的方式。然而，正是这次考察让他

▲明治维新时期日本人参观的欧洲工厂

① 本书创作于2009年，中国经济总量在2011年超过了日本。

第一部　1870—1910　留着"辫子"的洋务运动

们意识到,"这样的公式与实行近代化是相背离的"。[①]

这些日本人先后访问了美、英、法、比、荷、奥、德、俄、丹、意、瑞士、瑞典这12个国家,历时22个月,考察了政府组织机构、议会的功能及运作、法院的权力、三权分立的机制等,对公司、交易所、工厂、矿山、港口、农牧场、兵营、要塞、学校、报社以及福利设施等,也都进行了仔细的考察。回国后,他们坚定地达成了"脱亚入欧"的共识,先后提出制定《宪法建议书》《殖产兴业建议书》《振兴国外贸易建议书》三大建议书,为维新事业绘制了蓝图。使节团成员、明治维新的代表人物伊藤博文描述自己的震惊是"始惊、次醉、终狂",他认定:"国家富强之途,要在二端,第一启发国民多数之智德良能,使进入文明开化之域。第二使国民破旧日之陋习,不甘居被动地位,进而同心协力于国家公共事务,建设富强之国家。"

在这一理念的引领下,日本进行了全方位的改革。先是在教育制度上进行了颠覆式的变革,政府成立文部省,陆续发布《学制令》《教育令》和《帝国大学令》,奠定了近代学制,到1907年基本上普及了六年义务教育,儿童入学率达到97%。而清廷一直到1905年才废除了科举制度,开始新式教育的尝试。然后是进行大胆的宪政变革,废藩置县,摧毁了所有的封建政权,同时组建议会,实行立宪,"万事决于公论"。日本政府于1885年实行内阁制,翌年开始制宪,1889年正式颁布宪法,1890年召开第一届国会。在教育和政治改革的同时,经济改革亦紧锣密鼓地进行。日本政府宣布改革农业税,统一货币,1872年建成第一条铁路,1882年成立第一家新式银行,大量工厂相继建成。

多年以来,不少中国学者一直没有放弃对日本的蔑视,他们常常津津乐道地引用法国东方学家伯希和(Paul Pelliot,1878—1945)的一个论调,

---

[①] [日]吉田茂著,李杜译,《激荡的百年史》,西安:陕西师范大学出版社,2005年版。

伯氏将日本学术蔑称为"三余堂"——文学窃中国之绪余,佛学窃印度之绪余,各科学窃欧洲之绪余。而很少有人反思,为何日本以"三余"之功竟能成就百年的兴盛,以一撮儿小岛而为全球最大的经济体之一?

对比中日两国精英阶层在洋务运动和明治维新中的理念差异就很值得反思。与日本的明治改革家们相比,清朝最杰出的官吏和知识分子都没有从制度层面求变,他们认为,中国之落后只在"物器"而已。

1864年6月1日,太平天国的洪秀全在南京病逝,内战指日可息。第二天,主管国政外交的总理各国事务衙门就向慈禧太后上了一个很著名的奏折《同治三年四月戊戌总理各国事务恭亲王等奏》,提出,"查治国之道,在乎自强。而审时度势,则自强以练兵为要,练兵又以制器为先"。这份奏折还附有李鸿章给总理衙门的一封信件,内容是:"鸿章窃以为天下事穷则变,变则通……中国欲自强,则莫如学习外国利器;欲学习外国利器,则莫如觅制器之器。"简而言之,要强国,就得造武器,造武器,就要办工业。在一年多后的《置办外国铁厂机器折》中,李鸿章的观点仍然是:"庶几取外人之长技,以成中国之长技,不致见绌于相形,斯可有备而无患。"

事实上,早在1842年鸦片战争失利后,林则徐的好友魏源就已经阐述了类似的观点。他在《海国图志》一书中,第一次提出了"师夷长技以制夷"的思想。20多年后的恭亲王、李鸿章等人,仍然没有超出这一认识高度,李鸿章更说:"中国文武制度,事事远出西人之上,独火器万不能及。"[①] 精英阶层对传统文明的过于自信以及对制度重构的漠视成为中国近代化进步的最大障碍,一直到1898年前后,洋务派名臣、湖广总督张

---

① 见《江苏巡抚李鸿章致总理衙门原函》。

▲辜鸿铭

之洞依然提出"中学为体,西学为用"①,试图在维护封建纲常的前提下推动洋务事业。在知识界,对传统文化的恪守更是与西方文明的引入形成了有趣的矛盾关系。文化名流辜鸿铭便论述说:"今日世界真正的、最大的敌人是体现在我们身上的商业主义精神,这种由自私与怯懦结合而生的商业主义精神,造成了群氓崇拜的泛滥。这种精神的泛滥促成了战争的爆发,要制止战争,我们就得首先消除商业主义精神。"②

辜氏本人就是一个很有趣的"矛盾标本"。他早年留学英国爱丁堡大学和德国莱比锡大学,精通英、法、德、拉丁、希腊、马来等9种语言,据称获得过13个博士学位。他的英文水平号称"晚清第一",可同时他又是一个极端的旧学捍卫者,终生长辫青衫,到了民国也死活不肯剪掉那条"尾巴"。他赞同一夫多妻制,最著名的论据是"男人是茶壶,女人是茶杯,一个茶壶肯定要配几个茶杯,总不能一个茶杯配几个茶壶"。在辜鸿铭等人的儒家传统理念中,西方的商业主义精神是一切万恶的根源,必须彻底消灭才会令社会太平,国泰民安。

多年后,维新派人士梁启超一针见血地指出,李鸿章等人的局限在于对制度改革缺乏认识和决心,"知有兵事而不知有民政,知有外交而不知有内治,知有朝廷而不知有国民,知有洋务而不知有国务,以为吾中国之政教风俗无一不优于他国,所不及者惟枪耳,炮耳,船耳,机器耳"。梁

---

① "中学为体,西学为用"的说法,最早出现于光绪二十一年(1895年)三月二十二日《万国公报》第75卷中的《救时策》,作者是《万国公报》主编、格致书院教习沈毓桂,张之洞在三年后的《劝学篇》中引用,从此广为人知。

② 辜鸿铭著,《中国人的精神》,西安:陕西师范大学出版社,2007年版。

启超因此一言以蔽之曰："吾但学此，而洋务之能事毕矣。"[1]

在1870年前后，只有极少数人意识到中日两国成长模式的差异性。

1872年，在福建船政局担任总工程师的法国顾问日意格写道："中国正在迅速成为一个令人生畏的对手，整个官僚阶层都决心恢复中国的国际地位，兵工厂和造船厂的产量给人以深刻的印象，中国建造的军舰不久就将达到欧洲的最高水平。"[2]日意格显然认为，随着兵工厂和造船厂的建设，中国将脱胎换骨。

然而，有一个从来没有到过远东的欧洲政治家却不同意日意格的结论。也是在1870年前后，刚刚统一德意志帝国的"铁血宰相"俾斯麦先后接待了来自日本与中国的两批使节。他看到的景象是，"日本到欧洲来的人，讨论各种学术，讲究政治原理，谋回国做根本的改造；而到欧洲来的中国人，只问某厂的船炮造得如何、价值如何"。因此，他预言："中国和日本的竞争，日本胜，中国败。"这个惊悚的黑色预言，不幸在20多年后的甲午海战中应验。

在其后的40年时间里，由于朝野保守势力的顽固与强大，以及洋务派人士在制度反思上的麻木，洋务运动最终没有能够拯救日渐沉沦的帝国。种种洋务实业推进缓慢，运作变形，特别是在意识形态上遭遇了空前的阻力。

这一历史景象，最生动地体现在架电线和修铁路两件事情上。

近代中国外患频仍、内乱不断，时时军情紧急，建设瞬息万里的电报传输体系无疑是一直身处危境的清政府的当务之急。事实上，早在1870年，英国大东公司和丹麦大北公司已在中国铺设电报电缆。大东公司获取了在上海以南各通商口岸海口设置海底电缆的权利，并架通了印度经新加

---

[1] 梁启超著，《李鸿章传》，天津：百花文艺出版社，2008年版。
[2] 转引自1862年5月5日的奏折，载《筹办夷务始末》（同治朝）卷5。

▲ 穿过北京城的铁路

坡到中国南部沿海到香港的线路，而大股东是沙俄皇室的丹麦大北公司则架设了从海参崴到上海、香港的海底电缆。到1871年6月，中国实际上已被纳入世界电报网络之中。这样，外国在中国经商、谈判等各种事项都可以在瞬间传递信息、下达命令，而中国依然故我，不许架设电报线，仍靠马匹驿道送信传令。在这种"信息战"中，优劣对比实在太过悬殊。

电报事业遭到抵制，反对派的最大理由竟是"破坏风水"。1875年，工科给事中陈彝在一道奏折中认定："电线之设，深入地底，横冲直贯，四通八达，地脉既绝，风侵水灌，势所必至，为子孙者心何以安？传曰：'求忠臣必于孝子之门。'藉使中国之民肯不顾祖宗丘墓，听其设立铜线，尚安望尊君亲上乎？"一旦搬出"忠孝"两字，举朝之内便无人敢抗辩了。

1877年的《纽约时报》曾记载说："天朝的人民无法理解电报的工作原理，他们认为是洋人雇用了机敏而无形的鬼神，在线路内来回穿梭，传递信息。如果在电报线附近发生了什么不幸的事情，立即就会有人造谣，比如说其中一个传信的邪神玩忽职守，从电线里跑出来，迷路了，因此导致祸事发生，等等。这种谣言通常会引起骚乱，暴徒们将毫不犹豫地冲过来，砸毁机器。有一次，因电报线附近某个人生病，一夜之间，1英里长的电报线就被毁坏了。"关于电报的争议整整吵了10年，一直到1880年才稍稍平息，朝廷准奏筹建中国电报总局。

修铁路，更是一段令人啼笑皆非的血泪史。史景迁在《追寻现代中国》一书中认为,"事实证明,在清朝面临的新技术中,铁路是最棘手的。"① 而其棘手,不是因为技术有多么高深、铺设有多么艰难,而是意识形态上的大是大非。

从1867年之后,朝廷上下就为应不应该修建铁路吵翻了天。福建巡抚李福泰指责电线、铁路都是"惊民扰众,变乱风俗"的有害之物,而且,修建铁路逢山开路、遇水架桥是惊动山神、龙王的不祥之物,会惹怒神灵,招来巨大灾难。三口通商大臣(专门负责处理与北方"外夷"包括通商在内的各类交涉事宜)崇厚奏称,"铁路于中国毫无所益,而贻害于无穷"。江西巡抚刘坤一认为"以中国之贸迁驿传",根本不需要铁路。甚至连一向通达的曾国藩也认为无论是外国商人还是中国商人,只要修铁路都将使"小民困苦无告,迫于倒悬",结果都是"以豪强而夺贫民之利",所以不仅不能同意外国人修铁路,而且同样要禁止中国商人修铁路。1867年6月3日的《纽约时报》就曾引用一位叫阿尔伯特·毕克默的美国观察员的话,一针见血地说:"实施这样一项伟大工程的最大障碍只能是中国人民对所有外国人所抱持的敌意,以及他们自己的迷信思想。"如史景迁所评论的,"很多中国人认为铁路会破坏人类与自然的和谐,它们长长地切开大地,破坏

▲刘铭传

---

① [美]史景迁著,黄纯艳译,《追寻现代中国:1600—1912年的中国历史》,上海:上海远东出版社,2005年版。

第一部 1870—1910 留着"辫子"的洋务运动 017

了正常的节律,转移了大地仁慈的力量,它们还使道路和运河工人失业,改变了业已形成的市场模式"。① 也就是说,该不该修铁路的争议点发生在两个方面:一是修铁路会不会惊动祖先,二是会不会破坏千年的农耕经济模式。

1876年,英商怡和洋行在上海修建了中国第一条铁路——吴淞铁路,虽然只有约14公里长,却在国内引起轩然大波。清政府委派官员与英国驻沪领事谈判购买吴淞铁路事宜。怡和开价30万两白银,中方官员费尽口舌,最终以28.5万两成交。铁路转手后,清政府当即宣布将之拆毁。那些拆下来的铁轨枕木后来又经历了一段十分离奇的千里流浪记,它们先是被洋务派刘铭传带到台湾去铺成了一条铁路,继而刘调回内地,铁路随即又被拆掉,枕木被北运至旅顺口军港,修了一段炮台运送炮弹的小铁路,到了1904年的日俄战争期间,铁路被炸毁,这才算是彻底了事。

1880年年底,修建铁路之议又起。刘铭传在李鸿章的授意下写《筹造铁路以图自强折》,再次提出修建铁路的主张,并认为这是自强的关键。刘铭传在奏折中具体提出应修从北京分别到清江浦、汉口、盛京、甘肃这四条铁路。如果因为经费紧张,不可能四路并举,可以先修北京到清江浦线。李鸿章则随后上了一份长达四千言的《妥议铁路事宜折》。他十分激动地写道:"士大夫见外侮日迫,颇有发愤自强之议,然欲自强必先理财,而议者辄指为言利。欲自强必图振作,而议者辄斥为喜事。至稍涉洋务,则更有鄙夷不屑之见横亘胸中。不知外患如此其多,时艰如此其棘,断非空谈所能有济。我朝处数千年未有之奇局,自应建数千年未有之奇业。若事事必拘守成法,恐日即于危弱而终无以自强。"他还鼓励朝廷说:"臣于铁路一事,深知其利国利民,可大可久。假令朝廷决计创办,天下之人见闻习熟,自不至更有疑虑。"

---

① [美]史景迁著,黄纯艳译,《追寻现代中国:1600—1912年的中国历史》,上海:上海远东出版社,2005年版。

在这份奏折中，李鸿章第一次提出"我朝处数千年未有之奇局"。这一论断很快流传成警世名言，尽管很多人为他的言辞打动，可是，修路一事还是被顽固挡住。有人甚至上奏指责李、刘两人看上去很像是一对"卖国贼"，折曰："观该二臣筹划措置之迹，似为外国谋，非为我朝谋也……人臣从政，一旦欲变历代帝王及本朝列圣体国经野之法制，岂可轻易纵诞若此！" 1881年2月14日，朝廷发上谕，驳回李、刘两人的建议，谕曰："叠据廷臣陈奏，佥以铁路断不宜开，不为无见。"

李鸿章仍然不甘心，他悄悄动工修建了开平煤矿至胥各庄段的运煤铁路。1881年年底，这条约11公里的铁路建成后，他才正式奏报朝廷，并有意将其说成是"马路"。更有意思的是，铁路修成后遭到了地方官吏和民众的强烈反对，一度只好弃用声响很大的蒸汽机车头，而用牲畜来拉运煤车皮，真的成了一条不伦不类的"马路"。

相比日本，弹丸国土却深知铁路之紧要。早在1870年，为了修筑横滨至东京的铁路，囊中羞涩的日本政府不惜对外举债，在伦敦发行100万英镑公债——这类行径若在骄傲的大清帝国出现，早被唾沫淹死。到1891年，日本全境的铁路已超过3 300公里，其中私营铁路达2 473公里，为官营的两倍多。相比之下，疆域辽阔的大清帝国铁路零落建设，总共只有360余公里，竟只有日本的1/9。

从修铁路这一事项就可以观察到，中日百年之国运异途，显非天数，而尽为人算。

在世界经济史上，1870年正是全球化的开始之年。

上一年，开凿了整整10年、连通欧亚非三大洲的苏伊士运河正式开通，迅速成为全球最重要的海运航道，自此东西方航程大大缩短。与绕道非洲好望角相比，从欧洲大西洋沿岸到印度洋至少缩短5 500公里，从地中海各国到印度洋则至少缩短8 000公里。航程的缩短，加快了贸易的速度并大大降低了风险。

1871年，随着从伦敦到上海的海底电缆的敷设完成，中国开始被纳入全球化的信息体系之中。在此前，两地的邮程需6~8周，现在则只需要几个小时了。对于这条电缆，清朝政府曾有"电线沉于海底，其线端不得牵引上岸，以分华洋旱线界限"的规定。不过，英国、丹麦等公司置若罔闻，先后架通了上海吴淞和厦门等线路。电报及电话技术的应用使得中外市场的期货贸易变成可能，中国市场上的棉花、茶叶等物资加入了全球贸易的大循环中，上海很快成为远东地区最重要的外贸和金融中心。

与航程缩短及电信勾连相比，另外一个同等重要的全球化事件是，金本位货币体系开始在各国确立。不幸的是，中国却是当时全球最大的"白银帝国"。

所谓金本位制，并不是各国使用黄金作为法定通货，而是各国将黄金作为法定通货的储备支持。这一制度的发明者是英国。自18世纪中叶，英国人瓦特改良蒸汽机之后，英国成为工业革命的发源地。它凭借机器技术的先进迅速扩张殖民地，成为一个不可一世的"日不落"帝国。英国在1816年率先实行金本位制，在它的示范效应下，各经济大国相继在1870年前后实行这一货币制度。法国在1873年进入金本位制时代；美国实行是在1879年；"铁血宰相"俾斯麦统一德国后，德国于1873年迅速采用金本位制；东方的俄国和日本稍晚进入，前者是在1890年前后，后者则凭借甲午战争的巨额黄金赔偿搭上了这班时代列车。根据诺贝尔经济学奖得主蒙代尔的计算，到1900年前后，金本位制的确给世界带来了某种形式上的货币统一，金本位制覆盖了世界货币交易的2/3。统一而稳定的货币体系，使得人们对未来经济活动的预期相对稳定，资本、货物、人口开始高度流动，一个全球化的时代终于如期而至，英、美、法、德、意、俄、日，都在这样的大时代里相继崛起，成为世界最主要的经济强国。形成于19世纪后期的这种世界经济和政治格局，在百年后的今天依然没有发生根本变化。

当时的世界大国中，唯有中国与印度仍然顽固地实行银本位制。在金融制度上，这两个古老而骄傲的"白银帝国"将自己排斥在了统一的国际货币体系之外，中国一直到1935年才宣布实行金本位制。

洋务派办实业，除了遭受观念上的困扰，还有一个同样棘手的难题，那就是国库羞涩。这也与100多年后中国再度改革开放时的景象十分相似。正是在这种背景下，一种被称为"官督商办"的企业制度被发明了出来。

1872年开春，天津。28岁的盛宣怀（1844—1916）步履轻快地走进李鸿章的府邸。他一路上与侍卫、婢女亲热地打着招呼，俨然是一个熟客了。当时，曾国藩刚刚于3月去世，李鸿章出任直隶总督，同时兼任北洋通商大臣，成为继曾之后最重要的朝廷重臣。在李鸿章幕府的上百名门客中，盛宣怀只有秀才身份，功名显然是差了很多，不过，在李鸿章看来，这位江苏常州才子的才干却是第一等的。

盛宣怀生于官宦世家，他的祖父在浙江当过知府，父亲盛康是湖北粮道、盐法道，曾在李鸿章的手下做过事。这个年轻人写八股文章很不在行，却在为人处世和办实务上很有长才。他有着惊人的战略判断力、无比精巧的斡旋才干、坚忍的个性和超级旺盛的体力，可谓百年一见的商业奇才。对于曾、李发动的洋务运动，盛宣怀尤为热心。他尝呈信发誓："竭我生之精力，必当助我中堂办成铁矿、银行、邮政、织布数事，百年之后，或可以姓名附列于中堂传策之后，吾愿足矣。"[①] 后来，盛宣怀几乎参与了晚清所有重要的大型国营公司的创立，被视为一代"商父"。

这回来见李中堂，盛宣怀带来了一份自拟的《轮船招商局章程》。这是近代中国第一个规范意义上的公司章程，便是在这份章程中，他提出了"官督商办"的公司理念。这一理念顽固延绵，130多年后仍深刻地影响着中国的商业生态。

---

① 盛宣怀的相关资料基本出自《盛宣怀档案》（上海人民出版社，1982年版），下文不再一一注明。

▲李鸿章创办的轮船招商局上海总办事处

在此之前，洋务派所办企业均为军工。李鸿章见长江航运异常繁荣，且所行轮船多为英美公司，便有心要办一家中国企业与之争利，就这样，轮船招商局成了洋务运动中第一家从事民用业务的现代公司。在盛宣怀的倡议下，李鸿章决定要靠民间资金来办一家轮船公司。他在给朝廷的奏折中论述说："华商集资组建轮船公司，由一官派经理指导之，并授予漕运专利以保公司利润……官督商办，由官总其大纲，察其利病，而听该商董等自立条议，悦服众商。"盛宣怀在《轮船招商局章程》里颇有远见地写道："中国官商久不联络，在官莫顾商情，在商莫筹国计。夫筹国计必先顾商情，倘不能自立，一蹶不可复振。"他更是具体地拟订了六条，包括"委任宜专、商本宜充、公司宜立、轮船宜先后分领、租价宜酬定、海运宜分与装运"。为了增强公司的竞争能力，盛宣怀提议，朝廷应"准每年分拨江浙漕米40万石交招商局"，也就是说，让新公司有一块保本吃饭的垄断利润。

在《轮船招商局章程》中还有两条非常醒目。第一条是"每年一分生息"，也就是说，招商局发行的股票类似于债券，明确规定了利息率，而这部分利息需先由官府提取，其余再是民股分配。这个原则日后被所有官督商办企业沿用，不久后创办的开平矿务局还在招商章程中明确规定："即将每年所得利息，先提官利一分，后提办事者花红二成，其余八成仍按股均分。"还有一些企业更是规定,不管企业效益如何,都必须发给"官利一分"。第二条特别的是,"一经售定,即行到局注册。但不准让与洋人"。由此可见,官督商办企业从诞生的第一天起,所有制身份的特征就非常明显。

费尽心思拟订了《轮船招商局章程》的盛宣怀自然很想去办这个企业,但出乎他意料的是,李鸿章却另选了他人。在后面的讲述中,我们将看到,从倡议创建招商局,到真正主政局务,盛宣怀前后等了13年。

在朝廷批准所奏之后,李鸿章把筹建重担交给了另外一个心腹——浙江海运委员朱其昂,盛宣怀只是一个会办。朱其昂是一个暮气沉沉的老官吏,他从国库中领走20万两银子之后,只做官家垄断的漕运业务,而不去拉客货生意,因此在市场上毫无竞争力,半年下来,业务就停滞不前了。

李鸿章决定换人。盛宣怀主动请缨,李鸿章以他年轻且缺乏根基再次不予准许。这时候,有两个南方的买办走进了他的视野。

企业史人物 | 太保赫德 |

1869年1月,朝廷宣布把一顶布政使头衔的从二品顶戴赏给一个大胡子的英国人。"布政使"相当于后来的"常务副省长",把这一头衔授予一个外国人,是中国从来没有发生过的新鲜事。这个叫罗伯特·赫德(Robert Hart,1835—1911)的人前后当了48年的大清海关总税务司——海关总署署长。在他去世之后,更被追授为太子太保,这是为人臣者所能获得的最高荣誉。太保赫德在中国近代经济史上是一个十分奇特的人物。

清朝的海关是一个被逼出来的机构。自明朝后期以来,中央政府执行的就是"片木不得下海"的闭关锁国政策,所以,不需要海关,也没有多少外贸的税收。①鸦片战争之后,随着通商口岸的开辟,自然就有了设立关卡的必要。在1843年签订的中英《五口通商附粘善后条款》中,英国人提出由他们来管理"来往之商人,加意约束",所收得的税金用来支付战争赔款。朝廷官员一听就同意了,反正都是外国人的钱,收进来再付出去,好像是无损帝国的买卖,于是就有了让外国人管理中国海关的制度。1846年,在上海外滩(现在的外滩汉口路)出现了一个用铸铁栅栏围起来的大院子,门口盖了一个中国式的牌楼,上写"江海北

▲赫德

---

① "海关"之名倒是早就出现了。在明清的行政体系里,一直有一个叫"市舶司"的衙门。1685年,康熙设粤海关、闽海关、浙海关和江海关,其中,江海关就设在上海松江府。1757年,乾隆发布"口岸定于广东,洋船不得再赴浙省"的上谕,从此确定"一口通商"的政策。因统治者以闭关拒外为目的,所以那些海关与日后的海关职能有很大区别,不可同日而语。

关",专门办理外国商人的进出口税务。1858年,朝廷又准奏在广州设立了第二个海关。

赫德是第二任海关总税务司。他19岁就来到了中国,先在宁波、广州领事馆当翻译,后来被聘为广州新关的副税务司。他操一口流利的汉语,为人自制圆通,又熟悉中国官场礼节和士大夫的习气,因此深得大臣们的赞扬。他跟当时最重要的满人大臣恭亲王奕䜣、文祥等过从甚密,特别跟后者的关系竟形同密友。1863年,28岁的赫德被任命为总税务司,在这个职位上他一口气干了漫长的48年。

随着对外贸易的扩大,原本不起眼的海关居然在不到20年的时间里成为帝国最重要的经济机构和财政来源之一。就在赫德上任的时候,总税务司署所辖新关已达14处,几乎遍及所有重要的通商城市,雇用洋员400人,华员约千人,已是一个很庞大的行政部门了。海关税收在1861年达到496万两,1871年为1 121万两,到1902年已达到3 000万两,是中央政府最稳定、可靠的财源。在建关的前五年,海关就为清政府偿还了《北京条约》规定的1 600万两英法赔款。在太平天国战乱时期,海关为朝廷支付了巨额的财政支持,赫德甚至亲自参与了对常州的攻克战役。他跟李鸿章并肩骑马站在高坡上,目睹戈登的"常胜军"攻进城门。

海关在名义上归属总理衙门管辖,但实际上,从人事到运作管理,全部操于洋人之手。海关主权的旁落,是清政府无能最突出的证明,也是一个主权国家的耻辱记录。不过具有讽刺意味的是,在萎靡腐败的晚清行政体系中,赫德管理的海关却是最有秩序和效率的一个机构。他引进了英国的整套行政管理经验,无论行政组织、人事管理还是征税章程都置于一个严格、统一的管理体系之内。海关的财务制度是由英国财政部官员制定的,数十年里很少发生舞弊行为。各部门的主管人员,一般都有较高的文化水平,有的还是博士、硕士。清朝官员的俸禄很低,主要收入都是依靠职权滥取于民,因而形成无数的官场陋习。海关实行西方的公务员薪金制度,待遇很高,但不能额外支取费用。

第一部 1870—1910 留着"辫子"的洋务运动

经济学家杨小凯在《百年中国经济史笔记》中评论说："过去的很多史书都指称清朝卖国的证据是将海关权利让与外人，其实这种指责是不准确的政治宣传。清末海关虽由英国人赫德管理，但他是作为清政府的雇员行使他的职权。他的管理不但使中国海关迅速现代化，而且使海关成为最有效率、最少贪污的清朝官僚机构。他保证了条约制度对关税率的限制，因而促进了自由贸易及公平税收，他也保证了用有效率的管理和制度为清朝政府提供大量税收。"[1]参与主编《剑桥中国史》的美国华裔学者刘广京的观点也与杨小凯近似，他认为："赫德管理海关的最大贡献是促进了中国商业的发展，杜绝了清朝腐败制度下贪官对海关的扰乱。"

在将近半个世纪的漫长岁月里，赫德一直是一个摇摆的"中间人"：他一方面是英国等列强的利益捍卫者，竭力为它们在中国的利益最大化不懈努力；另一方面，他也为中国的重振出谋划策。

作为清政府的一名"官员"，赫德对朝廷的改革也很有自己的主张。1865年，在当上总税务司两年后，他呈递了一份名为《局外旁观论》的报告。他以"旁观者"的身份提出了一系列改革建议，包括整顿地丁、盐课、税负，改革官吏俸禄制度，改进军事设施等。同时，他分析了清政府面临的国际环境，提出派遣外交人员等建议，还提出要加快采用铁路、电报以及机器采矿等西方新技术。日后来看，这是一份十分有远见的报告，除了没有提出君主立宪的政治改革主张之外，它几乎涵盖了后来洋务运动、戊戌变法的所有变革内容。总理衙门一方面认为这个外国人对王朝有"轻侮"的嫌疑，不过同时也承认"所陈内政外交各种利弊，无不谈言微中"。恭亲王还把他的报告转发给各地的督抚，令他们"详慎筹划，不可稍涉疏略，是为至要"。

---

[1] 经济学家杨小凯应朱学勤之请，给《百年中国史》写一章"中国百年经济史"。为了累积背景材料，他写下了读史笔记《杨小凯：百年中国经济史笔记》，首发于爱思想网杨小凯专栏http://www.aisixiang.com/thinktank/yangxiaokai.html。

在后来的几十年里，赫德多次上书改革方案，在保存至今的赫德日记中时常可见他对中国前途的担忧与无奈。1883年，他在日记中写道："我现在不像过去那样为中国烦恼了……是因为我麻木不仁了？反正这条杀不死的巨龙会经受住一切的。"①1902年，"庚子国变"后，流亡的慈禧太后回到北京，对列强卑躬屈膝。这让赫德都有点看不下去了，他说："朝廷在礼仪方面做得有些过分，皇太后不仅要接见公使夫人们，还要接见各使馆的孩子们。"②

除控制关税之外，赫德的手还伸到了很多有关中国主权的其他业务领域。1896年，他获准由海关办理邮政业务，到1903年，设邮政总局33处，辖分局309个，全国省城除兰州外都通了邮路，这成为中国邮政体系的雏形。此外，海关还兼管了海务、港务、检疫、引水、气象等事务，甚至还办理专利、版权及商标注册等。在赫德的治理下，海关成为一个地位极其重要、涉足范围惊人广泛的机构。到1906年，海关的扩张终于引起了中国官员们的警惕。在大臣们的一再抨击下，朝廷下令成立独立的税务处，开始逐渐削减海关的特权。晚年的赫德尽管还受到足够的尊重，但是他的权力显然已经在不断缩小。然而，清政府直到灭亡，也没有能够收回关税自主权，甚至民国最初的十多年里，海关的治外格局仍然没变。一直到1928年的南京国民政府成立，才通过艰难的谈判，把海关税务的征收和保管权收了回来。不过，海关总税务司的职务仍是由英国人或美国人担任，这一情况一直持续到1949年。

赫德于1908年离开中国，不过他的总税务司头衔一直被保留着。他在中国前后生活了54年，这几乎就是清政府最后挣扎的时间。他似乎已经很难分辨自己到底是中国人还是英国人了。1911年9月14日，他给自己的继任者安格联（Francis Aglen）写信说："我的身体一直很不好，日益衰弱，所以我担心再也回不到中国了……中国人是很善良的，心胸宽大，

---

①② ［英］赫德著，《赫德日记：1835—1911》，上海图书馆影印版本。

能很好地一起共事，不要催促他们，要一步一步地来，你就会觉得前进很容易，目标最终可以达到。"6天后，他就去世了，再过20天，武昌爆发了辛亥革命。

77岁的赫德终于没有看到他服务了半个世纪的清政府的灭亡，这也许是上天对他的最后一点赏赐。

1875 / 买办与商战

非富无以保邦,非强无以保富;
初则学商战于外人,继则与外人商战。
——郑观应:《救时揭要》,1873年

李鸿章看中的两个买办,一叫唐廷枢(1832—1892),一叫徐润(1838—1911)。他们是晚清"四大买办"中的两个。在很多教科书和历史读本上,"买办"是一个遭人鄙视的贬义词,对它的定义是这样的:"外国侵略者从雇用买办从事侵略的活动中得到了好处,逐步形成为一种代理制度,这就是买办制度。以后,外国侵略者与中国人打交道都照例物色代理人,而那些为外国侵略者服务并甘心充当他们代理人的中国人,如为军阀向帝国主义借外债、买军火的经手人,在帝国主义同反动政府之间担任穿针引线、谈判卖国条约的政客,以及贩卖帝国主义腐朽和反动文化的掮客,都称为买办。'买办'这个名词,在半殖民地半封建的旧中国,便被赋予广泛的意义,成为极不光彩的帝国主义奴才和爪牙的通称。"①

"买办",comprador,原本是葡萄牙语,用现在的通俗说法,就是跨国企业里的中方职业经理人。在当年上海,它被翻译成"糠摆渡",谓买办介于华洋人之间以成交易,犹借糠片为摆渡之用,既表示其桥梁作用,又含买办赚钱之轻而易举。

1757年,乾隆二十二年,清政府限定广州为全国唯一正式许可的对外通商口岸,并制定十三家官牙行经营和管理进出口贸易,实行国营的贸易垄断,这就是所谓的"十三行"。"十三行"具有官商的社会身份,它们作为官设的对外贸易特许商,代海关征收进出口洋船各项税饷,并代官府管理外商和执行外事任务。"十三行"中的从业者因此成为第一批从事合法外贸的商人集团。到19世纪初期,"十三行"的商人财富已非常惊人。其中有一个叫伍秉鉴的人,他在1834年约有家产2 600万两白银,几乎相当于清政府1/3的年度财政收入,被当时的西方称为"天下第一富翁"。2001年,美国《华尔街日报·亚洲版》将伍氏评为千年来全

▲晚清街景

---

① 黄逸峰等著,《旧中国的买办阶级》,上海:上海人民出版社,1982年版。

球最富有的50人之一。[1]

鸦片战争之后，清政府被迫开放广州、福州、厦门、宁波和上海为通商口岸，取消了"十三行"的贸易专营权。从此，那些财力雄厚、商业经营理念先进，而且拥有特权的跨国银行及贸易公司便成了垄断中外贸易的主要势力。从"十三行"中散溢出来的人开始附依于外商，很快形成了一个新的群体——买办。

晚清一代，很多商人，尤其是广东和上海商人，都是从买办起步的。

由于洋行初萌于广州，继兴于上海，所以两地以及附近县城便成了出产买办最多的地方，其中最出名的有广东的香山帮、江苏吴县的东山帮和浙江的宁波帮等。《沪游竹枝词》谓："糠摆渡名不等闲，宁波帮口和香山。逢人自诩呱呱叫，身列洋行第几班。"在晚清"四大买办"中，唐廷枢、徐润和郑观应均为香山人，席正甫为东山人。在上海，以宁波人的群体势力最为庞大，朱葆三、虞洽卿等长期把持上海商业总会的会长职务。

很多西方学者在对晚清企业家的研究中，断定他们缺乏"企业家精神"。费维恺在对盛宣怀的专题研究中认为，官僚工业家"固执地缺乏主动性"，因为他们与中国上流社会体制的联系，尤其是他们接受古典儒家教育、参加科举以及担任政府官员的经历，妨碍了他们进行冒险，从而窒息了企业家精神的形成。马里恩·利维则从社会学的角度将这种缺失归咎于中国的家庭结构和家庭观念，他在《近代中国商人阶级的兴起》一书中认为，商人把资本用于追求绅士地位，"最成功的商人的标准，是他和他的后代不再是商人"[2]。其结果是，中国商业领域出现了人才和资金的流失。当工业化机遇到来的时候，与日本相比，中国就缺乏实现工业化进程所必需的"管理人才。"在晚清时期，唯一被认为符合企业家标准的商人群体

---

[1] 在这个榜单上有6个中国人，除了伍秉鉴，其余5人是成吉思汗、忽必烈、和珅、刘瑾和民国时期的"官商"宋子文。

[2] 转引自［美］高家龙著，《中国的大企业：烟草工业中的中外竞争（1890—1930）》，北京：商务印书馆，2001年版。

是买办。郝延平在他所著的《十九世纪中国的买办》一书中用大量事实证明，中国买办"就是杰出的熊彼特①式的企业家"。②到1900年，有多达1万名买办符合这个标准。

李鸿章所聘的唐、徐两人是当时名望最高的买办，也都在航运上闯出过大名声。唐廷枢是当时最大资本规模的英商怡和洋行③的大买办。他的父亲是一个美国传教士的听差。唐廷枢早年就学于一家教会学校，他的同学中就有上章所提到的中国第一个留学生容闳。哈佛学者刘广京在《唐廷枢之买办时代》一文中引用当时人的评语，说他"讲起英语来就像一个英国人"④，他在年谱中也自称"受过彻底的英式教育"。青年时期，他还用广东方言编过一本《英语集全》，是最早的中英文学习用书。

30岁那年，唐廷枢进入怡和洋行。当时，美国因南北战争影响了棉花出口，英国、印度等国棉纺厂货源紧缺，转而向中国采购棉花——从这个细节可

▲唐廷枢

---

① 出生于奥匈帝国的美籍经济学家熊彼特是"创新理论"的提出者。在他看来，企业家的职能就是实现创新，引进新组合。所谓经济发展就是指整个商业社会不断地实现新组合，企业家从事的工作，就是"一种创造性的破坏过程"。

② [美]郝延平著，李荣昌等译，《十九世纪中国的买办——东西间桥梁》，上海：上海社会科学院出版社，1988年版。

③ 洋行是指外国资本在中国开设的贸易商行或代理行号的通称。在早期，它也从事银行业务，欧美人称之为公司（company），日本人称株式会社。

④ [美]刘广京著，《唐廷枢之买办时代》，载台北《清华学报》1961年6月号。

见，全球化的景象在19世纪中后期确实已经清晰地呈现了出来。唐廷枢抓住时机，在上海开设"修华号"棉花行，为怡和洋行收购棉花，很是赚了一笔。因才干出众，入行三年后，他就被提升为洋行买办，并获权掌管金库。

1869年，唐廷枢向洋行老板建议投资轮船航运业。在他的主持下，怡和先后开辟了上海至福州的轮船航线和对马尼拉的航运，这一新业务为怡和带来了丰厚的收益，一些轮运的年利润率竟高达60%。唐廷枢一时在商界名声大噪。他的竞争对手美商旗昌洋行老板F·B·福士在一封信中认为，唐廷枢"在取得情报和兜揽中国人的生意方面，能把我们打得一败涂地"。正因此，当李鸿章决意从买办中为招商局寻找领导人选时，第一个就瞄准了唐廷枢。

比唐廷枢年少6岁的徐润，其买办经历也十分相似。他15岁就随叔父到上海，在宝顺洋行当了一名学徒。宝顺洋行为英国大鸦片商人颠地（此人就是1840年鸦片战争时，与林则徐对抗，被林则徐认定"诚为首恶，断难姑容"的英商代表）所创，是南方历史最悠久、最有权势的洋行之一。徐润从月薪10元的小学徒开始，到24岁时已升任主账。

随着清政府被迫开放各个口岸，宝顺洋行在各地迅速"查看形势，立行通商"，徐润就充当了坐镇上海，协调各沿岸分行的重要角色。他很早就预见到长江航运的重要性，竭力开拓长江轮运。在他的建议下，宝顺从香港购进一艘叫"总督"号的轮船，稍事装修后投入长江航运。该轮船客货两用，还可拖带4艘钩船，每艘又可装货600吨，从上海到汉口一个来回，仅货运收入就已将购船、装修的成本收回，获利实在丰厚。此

▲徐润

后，宝顺购置多艘江轮，在上海建成了唯一能容纳海轮的宝顺大船坞，还相继开通了上海到日本横滨、长崎的航线。航运业务让宝顺每年的进出口总值达到数千万两，在各洋行中独领风骚。徐润也因此成为宝顺洋行的总买办。

到1866年，伦敦爆发金融风潮，所有英商企业都受波及，宝顺的股东们开始拆股收缩，美商旗昌洋行乘机在两年后收购了宝顺全部的航运业务。徐润离开宝顺，开始独立经营茶叶生意。当李鸿章为了招商局向他发出邀请的时候，旗昌的老板福士也看中了他，并许以上海总买办一职。徐润最终决定跟唐廷枢携手投奔草创中的招商局。

李鸿章任命唐廷枢为总办，徐润、盛宣怀为会办。唐、徐两人当即重启盛宣怀所议，大开门庭，广招商股。

买办出手当然与官僚朱其昂完全不同，唐、徐两人浸淫商界多年，都是名震南北一时的翘楚，而且在航运业均有成功的先例。他们很快招到50万两民间资本，并仿照外商洋行"以一百两为一股，给票一张，认票不认人"，"以收银日为始，按年一分支息，一年一小结，总账公阅，三年一大结，盈余公派"。唐、徐二人自己也投入资金，成了股东。在此之前，中国的企业组织方式只有独资和合伙两种，轮船招商局公开招股筹资，成为近代中国的第一家股份制企业。而在从前，中国商人做生意从来只能视官府之眼色，哪里有平等对坐的资格，更不要说"总账公阅"了。轮船招商局别开洞天，已经有了很规范的公司产权制度。

轮船招商局成立后，当即在长江航运中与洋商大打出手。当时，势力最大的轮船公司是美国旗昌洋行、英国太古洋行，它们联手订立了"齐价合同"，垄断航运业务。招商局在李鸿章的大力扶持下，先是靠漕运业务保证了公司的基本运作，又得到朝廷的低息贷款，再加上唐廷枢等人的精明管理，让美英两大洋行感到巨大压力，在招商局成立的三年里，原本赚得手顺的洋行竟变得无利可图。太古洋行面值100两的股票，到1876年只值56两，到年底已是无钱向股东发放股息。而实力最强的旗昌洋行也同样陷入困境，它的100两面值股票也跌到70两。在竞争压力下，其股东会最终决定退出航运业，把公司转卖给轮船招商局，开价为220万两白银。

当时的招商局只有11艘轮船，全部资本额75万两，买下旗昌无异于"小鱼吃大鱼"。唐、徐没有办法募得这笔巨款，便与久在官场厮混的盛宣怀商议，盛大为赞许，并愿意挺身出面筹款。可是，朝廷实在是国库羞涩。盛宣怀找到李鸿章，李鸿章表示"费巨难筹"。他又去找两江总督沈葆桢，沈葆桢此时正注力于福建船政局的建设，也以"无款"拒之。盛宣怀奔走于京沪之间，再三向李鸿章晓以利害，李鸿章最后同意从浙江、江西和湖北三省拨银50万两，沈葆桢则从他的藩库中出50万两，这样勉强筹齐了100万两。盛宣怀再与旗昌谈判，软硬兼施，让后者同意先支付120万两，余款分五年还清。就这样，招商局一口吃下旗昌，成为中国水域内最大的轮运企业。日后与盛宣怀终生交恶的徐润在晚年《自叙年谱》中也承认，"商局根基从此巩固，皆盛杏翁[①]之力为多矣"。到1881年，招商局还清所有欠款，还有盈余过百万两，成为当时清政府规模最大、效益最好的民用企业，它的轮船试航英国伦敦及美国的檀香山、旧金山，很是张扬了一番威风。当时有个日本官员在参观了上海的码头和轮船后，对盛宣怀说："有了这个轮船招商局，你们大清的风雨茅庐中，总算有了两张新桌子。"而李鸿章对此也是十分得意，他在《复刘仲良方伯》一信中言道："招商局实为开办洋务来，最得手文字。"

在招商局站稳脚跟后，1878年，李鸿章委派唐廷枢北上，筹建开平矿务局。

煤是军舰的动力原料，在军用和民用两方面均意义重大。中国华北煤矿资源丰富，却一直缺乏开发能力，不得不从国外进口。开平矿务局是第一家以现代公司方式投资经营的煤矿企业。唐廷枢等人在几年前就上书李

---

① 盛宣怀，字杏荪，尊称杏翁。

▲开平矿务局

鸿章，恳请开采开平煤矿。据他计算，在吨煤价格构成中，中国矿工工资所占比例仅为英国矿工的一半，所以，获利空间巨大。

开平矿务局从筹建到投产，非常顺利，这一切俱得力于唐廷枢的精于管理。他在引进设备之前，对煤矿资源进行了仔细的勘察、化验和计划；订购机器则根据开平的矿山地势，力求实用；在聘请国外工程师时，更是亲自面试，务求来者有真才实学。便是在建矿的过程中，为了运送煤石，唐廷枢在李鸿章的默许下，主持修筑了从煤厂到丰润县胥各庄的第一条"国产"铁路。

在唐廷枢的精细经略下，开平矿务局于1881年出煤，日产约为300吨，第二年总产3.8万吨，到1899年，产量增至77.8万吨，成为中国最重要的煤矿基地。从一开始，开平矿务局就与日本公司展开了天津市场的争夺战。当时日本煤炭在天津占据绝对优势，唐廷枢利用地利之便，以廉价杀之。据海关记载，1881年，天津进口日煤1.74万吨，开平煤入市后，进口日煤当年即减为0.54万吨，三年后又降为566吨，市场基本为中国企业所控制。

招商局在长江航运上的两大国际对手，一是美商旗昌，二是英商太古，太古轮船公司的总买办就是晚清"四大买办"中的另外一个香山人郑观应（1842—1922）。郑观应后来也被招揽进了招商局。在近代史上，此公不但以善于经营出名，更是一个堪称伟大的维新思想家。

▲李鸿章视察唐胥铁路

郑观应是唐廷枢的姻亲，与徐润是"两代相交近百年"的世交，其叔父等人也为多家洋行的买办。少年时，郑观应就游历过越南、泰国和新加坡等地。17岁那年，他也跟很多同乡一样，到上海宝顺洋行做了一名学徒。到1873年，英商太古洋行创办轮船公司，年轻的郑观应被延聘为总买办。他很有经营谋略，曾经总结出办好轮船公司的十条经验，其中包括用人得当、加速船运周期、降低能耗、多揽客货等。为了降低能耗和运输费用，他购买的轮船均为烧煤少、行驶速、装货多的新式轮船。在他的经略下，太古轮船公司后来居上，发展得极为迅速。据他自称，"当太古开办之时，只有旧船三艘，力与旗昌争衡，尚属得手，所以逐年添船，获利更厚"。[1]在唐、徐经营招商局的初期，他们的重要对手就是同乡郑观应。

一个很隐秘的事实是，当初唐廷枢为招商局招股，竟暗中说动郑观应出钱入了股，因此，郑观应也是招商局的一个股东。就在旗昌被击溃的1877年，郑观应与太古的合同也正好到期了，唐廷枢竭力拉拢郑观应入局，太古方面出高价挽留，郑观应再三考虑，还是续签了5年雇佣合同。在他与唐廷枢的协商下，招商局与太古签订了"齐价合同"，从而以"双寡头"的方式垄断了长江航运，两家公司的利润因此连年大涨。

很快到了1881年，郑观应的5年合同期眼看又满了。招商局又打起这位经营奇才的主意，这回是李鸿章亲自出马，他向朝廷上奏恳请将郑观应"一门好善"的事迹载入广东省志和县的县志以示表彰。奏片刚刚写

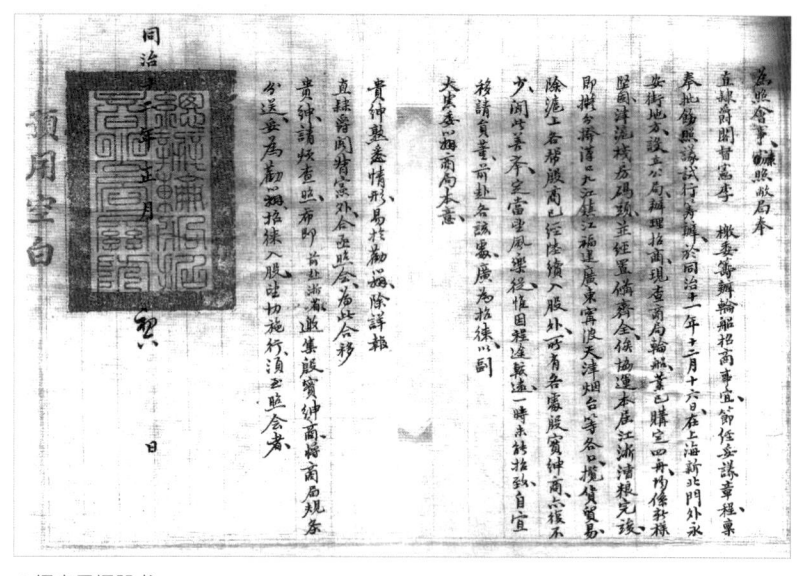

▲ 招商局招股书

---

[1] 郑观应著，夏东元编，《郑观应集》，上海：上海人民出版社，1982年版。郑观应的相关资料均引自《郑观应集》，下文不再一一注明。

好，盛宣怀就马上抄录了副本寄给郑观应。这对于郑氏家族实在是一件无比荣耀的事情，郑观应自是感激涕零，在回函中表示"感悚交集，非得笃爱深知，曲为详达，时与春嘘，乌能承此"。不久后，盛宣怀又乘李鸿章南下之机，邀郑观应一同到吴淞口拜见了李中堂大人。接下来，唐、徐和盛三人轮番上阵，劝说郑观应转投招商局。

冰雪聪明的郑观应，此时"心若辘轳，殊难臆决"。太古一向待他不薄，英方总经理冷士唯与他更是私交甚笃。进招商局的利弊在他看来也是明摆着的：就职位而言，他在太古是位居华人之首的总买办，进了招商局肯定将排在唐、徐及盛等人之后；就利益而言，也是大大跌了身价。他在给唐廷枢的一封信中说得很明白，"不计薪水之多寡，唯恐舍长局而就短局，有关名誉"。这些眼前的得失倒还不是他最优先考虑的，让他再三迟疑的，其实还是招商局的官商体制。他的顾虑有二：一是"所虑官督商办之局，权操在上，不若太古知我之真，有合同可恃，无意外之虑"；二则是"虽然我公现蒙李傅相器重，恐将来招商局日有起色，北洋大臣不是李傅相，遽易他人，误听排挤者谗言，不问是非，不念昔日办事者之劳，任意黜陟，调剂私人"。

不幸的是，郑观应所虑竟然在日后一一应验，而且有过之而无不及。但是，他思虑再三还是决定转投招商局。他说服自己的理由是：招商局目前的经营格局尚不稳健，"若不早日维持，恐难自立，我国无轮船往来各通商口岸，更为外人所欺辱"。最后七字，是来自郑观应的内心召唤。

1882年2月，郑观应与太古的合同期满，3月，他接受李鸿章的委札，就任招商局帮办一职。

三个大买办先后都毅然告别优厚而且能够世袭的洋行生涯，转而为朝廷所用。这在当时商界堪称奇事一桩。日后让人唏嘘不已的是，唐、徐、郑三人自投身于官督商办事业之后，其经历竟是同样的坎坷悲情。唐廷枢逝于1892年，据当时人称，"身后萧条，子嗣靡依，未能稍食其报"。也

第一部　1870—1910　留着"辫子"的洋务运动　　039

就是说，他没有给子孙留下什么财产。徐润后来被盛宣怀赶出招商局，又经历多年磨难，逝于1911年，所积财富不过万两。郑观应逝于1922年，家财也十分有限。"四大买办"中，唯独东山席家，一直恪守买办身份，枝繁叶茂，富贵百年。人生运势随国运而动荡，是非得失如此诡异，让后来者真正一言难尽。

在19世纪末，全国有933家洋行，以每家平均雇有10名买办计算，全国买办人数即为1万人。[①] 这在当时是一个不小的数字，而且他们基本都聚集在沿海及长江流域沿线的城市，自是一股不可忽视的财富阶层。在近现代史上，他们是第一代脱离了土地、具有独立特征的企业家阶层。

买办阶层有三个鲜明的特点：一是世家化，二是富甲天下，三是思想开化。

"四大买办"都是买办世家。唐廷枢一门四兄弟都是大买办，他的子侄辈十余人也继承衣钵，唐氏家族在英商怡和洋行中服务超过半个世纪。徐润一家，从他的伯父起到众多表弟、子侄共10余人，都服务于宝顺、太古、礼和等多家洋行。郑观应一家也大体类似。

最具代表性的是东山席家。席氏的第一个买办是席正甫（1838—1904），他与徐润同岁，19岁那年到上海的钱庄做学徒，后进英商汇丰洋行当跑街，仅6年后就升上了买办。在他的促成下，李鸿章以盐税为担保，向汇丰借款200万英镑，开出了清政府最大的一笔商业性外债，也从此开启了汇丰与中国政府的长期政治贷款合作。从1874年到1890年，清政府向汇丰借款17笔，绝大多数都由席正甫一手经办，其中最大的一笔是他与"红顶商人"胡雪岩合作，向左宗棠出借1 075万两用于镇压新疆地区的叛乱。这些借款的年息居然在15%左右，是不折不扣的高利贷，清政府财政因此更加拮据。从席正甫进汇丰到1911年前后，外商在上海开设大小银行

---

① 据白吉尔的计算，到1920年前后，洋行总数为9 511家，买办人数超过10万人。

34家，其中17家是由席氏家族及其东山亲戚担任买办。席家祖孙三代14人，先后在6家英商银行、两家美商银行、两家日商银行和法、俄、意各一家银行出任买办，几乎垄断了当时主要外商银行的买办职位。

买办的收入之高，在当时无任何职业可比。席正甫在汇丰的年薪约为10万两白银，可换算成5万担大米（每担约150斤）。除了规定的年薪，另外还有两大块财源。一是洋行给出的佣金。买办无论是组织贷款、买卖外汇还是办理汇票，都有一定比例的回扣，高者达12%，最低的也有0.12%。佣金之高非常可观，后来曾经当过段祺瑞北洋政府财政总长的曹汝霖早年也当过买办，他曾经拿出放款所得的佣金，与日商合办了一家中华汇业银行。

比佣金更大的收入来自买办们的自营生意。按当时惯例，洋行不禁止买办创建自己的企业，所以，几乎每个买办都有自营买卖，而且这些生意大多与洋行业务有很强的关联性。譬如，唐廷枢就开有钱庄、当铺、保险公司、茶栈和棉花行，他还跟郑观应合股办了两家轮船公司。徐润则在上海、湖北、江西和广东等地开有连锁商号，专门收购生丝、茶叶和棉花，为宝顺洋行提供货源，赚取差价。因为掌握了洋行的进货权，所以，买办的话语权就特别大。唐廷枢和徐润所服务的怡和、宝顺都是当时最大的洋行之一，他们联起手来做生意，竟可能控制某些紧俏商品的定价权。在进招商局前，两人甚至还创办了上海茶业公所、丝业公所和洋药（鸦片）局，与各口岸的公所"互为维持"，左右了长江流域的茶叶、生丝和鸦片贸易。郑观应的生意做得也很大，他开有茶栈、盐号、杂货号、钱庄和轮船公司。此外，太古在长江及沿海各口岸都设有"代客办货"的揽载行，也就是物流服务公司，郑观应在很多揽载行里拥有股份。席家的投资同样庞大，开有银楼、钱庄和纱厂，在上海繁华的南京路拥有大片地产。1905年，清政府创办户部银行（三年后更名为大清银行），是为中央银行，席家以多个私人身份投资入股，合计得1 320股，大约占银行总股本的6.6%，是最大的私人股东。

如此错综庞杂的生意，让买办们变得富甲天下，自不是虚言。在他们崛起之前的200年间，国内商业多为晋商和徽商所控制，特别在长江流域，靠贩盐和生丝买卖起家的徽商势力最盛。然而到19世纪末期，买办财势已隐然超越，当时上海便有谚语称，"徽帮人再狠，见了山上帮（指东山帮），还得忍一忍"。

有研究者考据，到1900年前后，席家资产已经超过1 000万两之巨。这是一个怎样的数字，可以与慈禧太后修颐和园做一个比照。1885年，慈禧太后没有钱过生日，硬是挪用海军军费修建颐和园，朝廷因此从1888年开始停止购进军舰，并在三年后停止拨付海军的器械弹药经费。此事被认为是1894年中日甲午海战失利的重要原因。慈禧到底挪用多少海军军费一直有争议。据颐和园管理处的《颐和园》所记载，佛香阁等56处工程估价为318万两左右，以重修水操学堂名义拨款68万两，各地督抚以"海军经费"名义另外集款260余万两。后世学者估算总费用在1 000万~1 400万两，民国史家罗尔纲在《清季海军经费移筑颐和园考》中的计算是："吾人今日虽无法考出其确数，然必在一千万两以上则可断言也。"[①] 由此可见，1 000万两对于一手掌控帝国的慈禧太后来说也算是一个颇大的数目，且影响到国防，最终导致了国运的陡转。而一个买办家族，其资产就可达到这个数字，不可谓不骇人了。

买办生涯如此稳定而多金，三个香山人却相继弃之转投，究其原因，除了商业利益的评估外，更大的冲动应来自他们对国家的报效之心。

1870年前后，鸦片战争已经过去30年。这期间，一方面洋货大量进口，侵蚀瓦解着中国原有的经济结构和基础，导致中国利源大量外流。另一方面外国势力日益深入中国内地，开矿、行船、办企业，掠夺各种资

---

① 罗尔纲著，《清季海军经费移筑颐和园考》，载台北《大陆杂志》1952年第4卷第10期。

源,渗透把持中国经济命脉。其情其景,国人莫不忧心。

买办一族,是当时中国人中最早接受"西风"的,也可以说是最先开化的。他们日日与外商接触,有的还从小接受英美教育,对先进的商业理念和现代国家观念有深刻的认识,而同时,他们也对中国的落后和国民之愚昧最有切肤之痛。唐廷枢的同学容闳从耶鲁大学毕业回国后,也在上海宝顺洋行当过一段时间的买办。他回忆说,"买办之俸虽优,然操业近卑鄙","以买办之身份,不过洋行中奴隶之首领也"[1]。这种低人一等的屈辱感,深嵌在很多买办的人格中。因此,国家稍有召唤,他们自会义无反顾。唐廷枢在回顾他接掌招商局的心态时就说:"自置轮船揽运货物,以收利权,此正富国便商之要务也。"在一次股东会上,他更慷慨地对众人说:"枢、润不虑资本之未充,亦不虑洋商之放价,惟盼各帮联合,共襄大举,使各口转运之利,尽归中土……此事固创千古未有之局,亦为万世可行之利。"其言辞铿锵,百年后读来犹有金石声。

这些人中,以郑观应的观念最为先进,他被认为是近代史上最早具有完整维新思想体系的改良思想家。

郑观应在太古当买办的时候,就开始写作《救时揭要》和《易言》两部书。据郑观应研究专家夏东元的考据,《救时揭要》始写于1862年前后,刊刻于1873年。《易言》则完成于1880年,创作的原因是"目击时艰,凡属臣民,

▲郑观应

---

[1] 容闳著,《西学东渐记》(《走向世界丛书》),长沙:岳麓书社,1985年版。

无不眦裂","每于酒酣耳热之下,闻可以安内攘外者,感触于怀,随笔札记,历年既久,积若干篇"。在这两部书中,郑观应第一次提出强国之道除了兵战,还要进行商战,"初则学商战于外人,继则与外人商战","非富无以保邦,非强无以保富"。

身为买办,郑观应跟容闳等人一样,对华人地位的低下深以为耻。他写道:"我华人偶有不合例,即禁而议罚,决无宽恕,何以洋人入我中国营生,渔我中国之利,反不循我中国之规矩?此意何意乎?"

要商战,首先要学西方,"效其技艺,臻于富强"。这一观念并不新鲜,自魏源之后,时人俱有此论。这在当时的洋务派已成共识,超人之处在于,郑观应继而从两个方面进行了深入的论述。

第一,他从孟子"国以民为本"的民本思想出发,出人意料地引导出民间资本是商战主角的结论。作为航运业的大家,郑观应早就对洋务派所办实业有冷静的观察。他看到当时两大轮船制造企业——福建船政局和江南制造局的经营都非常不顺利,一是效率低下,二是资金匮乏,三是质量粗糙。而在他看来,如果让民间商人来造船,不独"资用可以源源不穷",而且技术也易于精良,"商人造,则该事系商人身家性命所关,即无人督责,亦不虑其不造乎精巧","同一造轮,而精粗美恶自有天渊之别矣"。这一从产权清晰化的角度来论证企业效率的思想,已深得制度经济学的精髓。今日视之,仍为公理。更让人惊奇的是,郑观应还将国营资本、民营资本与国际资本进行了有趣的比较,得出的结论是:附资于官,勒索很多,以致无利可图,而附资于洋商,则有可靠的利润。恐怕连他也不会料到,这个观察100年后依然正确。

第二,郑观应认为徒慕西方的技艺之长是远远不够的,还必须"操泰西立法之大旨本源"。这个大旨本源就是改良政治,"仿泰西之良法",实行君主立宪。他在《易言·论议政》中对比了中西政制的优劣,明确指出:中国由于信奉"天下有道,庶人不议","故于政事之举废,法令之更张,惟在上之人权衡自秉,议毕即行,虽绅耆或有嘉言,末有上达……于是利于上者，则不利于下矣；便于下者，则不便于上矣"。而"泰西列国则不然，其都城设有上、下议院。上院以国之宗室勋戚及各大员当之，以其近于君也。下院以绅耆士商、才优望重者充之，以其迩于民也。凡有国事，先令下院议定，详达上院。上院议定，奏闻国主。若两院意议符合，则国主决其从违。倘彼此参差，则或令停止不议，或覆议而后定。故泰西政事举国咸知，所以通上下之情，期措施之善也"。

郑观应此论可谓惊世骇俗，已算是"异端邪说"。当时的政界和学界仅有少数先知先觉者形成了类似的思想，大臣郭嵩焘在1875年的一份奏稿中提出："西洋立国，有本有末，其本在朝廷政教，其末在商贾。造船、制器，相辅以益其强，又末中之一节也。"学者王韬则在1879年的《重民》一文中提出中国应实行"君民共主"的主张。从时间上看，买办郑观应的论述早于两人，因而后世学界公论，郑氏是第一个提出在中国实行君主立宪的人。十多年后，在《救时揭要》和《易言》的基础上，他又写出更为轰动一时的《盛世危言》。郑观应的这几部书都由他自费刊刻，分送给亲朋至交们。唐廷枢、徐润均得赠拜读，并深以为然。这种理念上的一致，是他们做出相同选择的思想起源。然而，出乎这些买办意料的是，后来的事实演进却大相径庭。

企业史人物 ｜ 买办世家 ｜

  上海出现的第一家外资银行是丽如银行（Oriental Banking Corporation, 又称东方银行、东亚银行），开设于1847年，它进入中国后就开始发行钞票，流通于上海、江浙一带。随后，外国银行相继进入，上海渐渐成为远东最重要的金融重镇。到1890年前后，沿外滩一带，已经集中了众多外国银行，黄浦滩12号为英资汇丰银行，14号为德资德华银行，15号为华俄道胜银行，18号为英资麦加利（又称渣打）银行，24号为日资横滨正金银行，其他还有英资有利银行、法资东方汇理银行等。它们在相当长的时间里控制了中国金融的命脉。

  在这些外资银行中，以汇丰银行最为显赫。1865年，汇丰成立于香港。在英资银行中，它的规模并不大，然而，它从一开始就只关心在中国的利益，所有活动都是围绕着中国开展的，所以成了最重要的在华外资金融机构。时人称："盖吾国关税之收入，必解至汇丰，故汇丰操纵金融之势力尤伟。"它长期控制中国对外汇率，一直到1935年，汇丰每日的外汇牌价仍

▲汇丰银行

被视为上海市场的正式牌价。在汇丰的壮大过程中，东山席家的功劳最为突出。从1874年起，席氏祖孙三人——席正甫、席立功、席鹿笙——世袭汇丰大买办的位置前后长达55年，这是一项十分惊人的纪录。

席正甫只在老家东山乡下读过几年私塾，他之崛起全因头脑机灵，善于经略中洋和官商关系。在促成李鸿章的200万英镑盐税担保借款的当年，他就被提升为大买办，从此，汇丰等外资银行代替已显颓势的山西票商成为朝廷的金融合作伙伴。席正甫跟上海道台袁树勋是换过帖的结拜兄弟，这让汇丰在上海官场有了特别的优势。当时，朝廷最炙手可热的两个汉臣是李鸿章和左宗棠，两人关系一向恶劣，席正甫却跟他们以及他们的"钱袋子"盛宣怀和胡雪岩都保持了很不错的交往。在李鸿章的保举下，他还被授予二品衔红顶花翎。正是在席正甫的居中斡旋下，汇丰银行先后经理了沪宁、广九、沪杭甬、津浦、京奉、湖广、浦信等主要铁路干线的贷款，其获利之厚非常惊人。

席正甫为人极其低调，很少参加社会公共活动，即便是东山同乡的联谊也极少参与。马学强在《江南席家》一书中称，他查阅了当年东山同乡会的活动记录，很少看到有关席正甫的记载，仅在光绪九年（1883年）重建静安寺的时候有过一次捐款。这个隐身在幕后的人，数十年中默默编织了一张庞大的家族网络，在上海的外资银行界逐一渗透，形成了一股可怕的席家势力。

除了子孙繁茂之外，席家还与当时上海的一些望族结成了"姻娅联盟"。如席家与另外一个买办世家沈家的关系就盘根错节，不但男女婚姻频繁，甚至席正甫的一个同父异母弟弟席素恒还过继给沈家，改名沈吉成。沈氏三代在沙逊洋行担任大买办长达35年。在19世纪末期，沙逊与汇丰、太古和英美烟草号称英资在中国的四大垄断集团，席家与沈家的结姻让汇丰与沙逊在业务上互通有无，更加强势霸道。

进入民国时期，席家与国民政府显要的关系也是十分复杂亲密。席正甫的孙子席德柄是宋子文在美国的大学同学，还有一个孙子席德懋则把女儿嫁给了宋子文的弟弟宋子良。这使得汇丰在清廷灭亡之后，仍然能够与民国政府保持密切的关系。席氏子弟曾当过中国银行[①]的官股董事、总经理、国际货币基金会中国代表，还出任中央造纸厂的厂长。

几辈人在银行界行走，使得席家子弟在金融专业上的能力独步天下。很多年后，席家后人席与棠回忆小时候看到父辈工作时的景象："他的办公室特别大，里面有一张很大的办公桌，我从来没有见过那么大的桌子。桌上有二十几部电话，还有电传，这是我第一次见到电传。电话不停地打进来，他两只手拿着两三个电话，一会儿对着这个说中文，一会儿对着那个说英文。他还有5个助手，他们的英文也是非常过硬的……当时国际主要货币不是美元，是英镑，英国和上海的时差是6个小时，所以，他们炒卖外汇还不用熬夜。"

席与棠还回忆了席家子弟与宋子文的一段逸事：一次，中国银行行长、"国舅"宋子文到中行上海分行副行长、汇兑经理席颂平的办公室，听到席颂民在抛出英镑，他就大声疾呼："给我买进，买进。"因为他来是为了某项进口贸易需要英镑支付，数额较大。席颂民当即挂断电话，问清了要多少英镑，哪一天要，答应及时筹措，绝不耽误。接着，他拿起电话，继续自顾自地外抛英镑。宋子文走出席颂平的办公室，转身去查了逐年逐月的外汇进出账，发现几乎每月都是赚的。此后，宋子文对中国银行的外汇职工说："你们就听席颂平的，谁也不要插嘴，包括行长、副行长。"

1949年之后，席家子弟大多随外资银行退出了大陆，他们投资的地产和实业股份也全数消失。2000年之后，有一种"席家本帮菜"流行于沪上，它的菜肴典雅而偏甜，口味介于中西之间。喜欢它的时尚人士不少，却已很少有人知道它的前生来历了。

---

① 中国银行的前身就是1905年成立的户部银行，1908年改为大清银行，行使中央银行权力，辛亥革命后的1912年2月，更名为中国银行。

席家子弟的买办列表

汇丰银行	席正甫、席立功、席鹿笙祖孙三代
麦加利银行	席锡蕃、王宪臣（席素恒的女婿）、王叔麟（王宪臣之子）
有利银行	席缙华、席聚星
德丰银行	席缙华
中华惠理银行	王宪臣
宝信银行	席裕光
横滨正金银行	叶明斋（席缙华的女婿）
住友银行	席聚星
花旗银行	王俊臣（王宪臣之弟）
运通银行	席德熏
信济银行	席德逵
德华银行	许春荣（席裕光的岳父）、席缙华
汇兴银行	许承基（许春荣之孙）
华比银行	胡寄梅（席家的联姻）、胡筠秋（胡寄梅之子、席锡蕃的大女婿）
中法工商银行	席锡蕃、叶振民（席锡蕃的二女婿）、席涵秋
华义银行	席德懋
华俄道胜银行	胡寄梅、席缙华、黄振之（席素恒的女婿）、沈志华（席素恒的儿子）

第一部　1870—1910　留着"辫子"的洋务运动

1884 / 盛宣怀夺权

登楼四望真吾土，不见黄龙上大旗。

——黄遵宪：《到香港》，1885年

1882年前后，以轮船招商局的兴盛为标志，洋务运动进入了第一个高潮期。连郑观应这样的大买办都转而投靠，不得不让人对洋务事业充满了信心，长久以来使帝国一蹶不振的忧伤似乎开始消散。

这种景象在上海的股票市场上呈现得非常清晰，前些年还无人问津的洋务企业股票，现在成了抢手货。这年9月27日的《申报》上刊载了一则新闻，列举了洋务企业的股票价格。其中，轮船招商局的票面额为100两的股票，市价为253两；上海机器织布局、开平矿务局、湖北长乐铜矿、热河平泉铜矿和湖北鹤峰铜矿的股票（票面额均为100两），市价分别为110两、216.3两、168两、256两和155两。郑观应很兴奋地给盛宣怀写信说："现在上海公司股份无一不涨，平泉股本不过数万，其涨尤甚。"

从1882年到1887年，在《申报》上刊载过股票买卖价格的共有36家企业，它们是近代中国的第一批股份制企业。时人评论说："招商局开其端，一人倡之，众人和之，不数年间，风气为之大开，公司因之云集。虽其中亦有成与不成之分，然其一变从前狭隘之规则。"从这些股份制企业的行业分布可见，矿产投资是热点，对能源的争夺一直是中国公司利益格局重组的一个主题。

盛宣怀是最早看到这一商机的人之一。在被任命为招商局会办后，因为有唐廷枢和徐润两人的存在，他在局务上几乎没有插手的空间，所以在10年时间里，他一直被李鸿章派到其他一些开创性的实务中历练。光绪二年（1876年），他在给李鸿章的信函中说："各省现设船、炮局，需煤日多，与其购英美各国及日本之煤，利自外流，不若采中土自产之煤，利自我兴。"李鸿章深以为然，认为"中土仿用洋法开采煤铁，实为近今急务"。他当即委派盛宣怀去湖北负责开采煤铁矿务，盛宣怀带人日行二三十里，在荆州、宜昌一带探煤勘铁，颇为辛劳。之后几年，他奔波各地勘矿，相继勘探了湖北大冶煤矿、山东登州铅矿、辽宁金州铁矿、锦州煤矿等，完成了近代中国第一次全国范围的矿务勘探活动，堪称是矿务开采事业的筚路蓝缕之举。在他的示范下，唐廷枢创办了开平矿务局，朱翼甫开采了平泉铜矿，近代第一批工业化开采的矿产企业集群式地诞生了。

▲盛宣怀

除了矿业上的开创性成就外，前些年一直被妖魔化的电报电话业也实现了突破。1880年秋，盛宣怀创建中国电报总局，自任为总办，筹划架设从天津到上海的电线。为了办电报，盛宣怀可说是煞费了苦心。他一方面要跟各地的官吏打"太极拳",说服并诱使他们同意架设电线,另一方面又要解决经费短缺的难题。与创建招商局时一样,他再次提出了官督商办的理念,亲拟章程,筹措民资。与此同时,他还抵制外资的电报投资。在李鸿章的支持下,中国电报总局先后收回了英国大东、丹麦大北公司设在沿海岸上的陆线,中国的电报网络复归中资所有。一直到1908年前后,电报总局共修建电报线2万公里,连接大多数商业和战略中心城市,完成了全国性的电线干线建设工程。经矿务、电报两役,李鸿章对盛宣怀的才能大为赞赏,在给朝廷的奏折中表彰说:"该员才具优长,心精力果,能任重大事件,足以干济时艰。"在他看来,这位与他心意连通的忠诚弟子已经真正成熟了。很快,他做出了一个冒险的决定。

1884年,就当盛宣怀办电报总局初见成效之际,他突然得到机会入主轮船招商局。

在过去的几年里,招商局经营红火,年获利润已过百万两,官家和商家的心思都变得活络起来,官督商办的体制矛盾渐渐变得无可避免。

唐廷枢、徐润两人系买办出身,他们认为"官款取官利,不负盈亏责任,实属存款性质"。自1882年春,郑观应入局后,商办的思潮更加浓烈,郑观应对洋务官僚的警惕比唐、徐更为坚决,他尝言,"官之与民,声气不通",工厂企业"一归官办,枝节横生,或盈或亏,莫敢过问"。当三人的理念达成共识后,他们便联名给李鸿章打了一份报告,希望将官款"依期分还,币息陆续缴官,嗣后商务由商任之,盈亏商认,与官无涉,请免派员"。

▲李鸿章

此议等于要把招商局民营化,这显然

大大地不合李中堂心思,可以说是脑后生出了反骨。

事实上,在最初创办的那些官商合营企业中,因官本羸弱,启动资金大多来自民间,经营也基本仰赖买办,所以,强调商办原则是一个潮流。从这些企业的章程中,都可以看到经营者在这方面的重视。唐、徐在他们主持制定的《轮船招商局章程》中,即强调轮船招商局"归商办理",鉴于此前并无这种先例,为减少可能由此带来的麻烦,他们接着表白称:"查商人践土食毛,为国赤子,本不敢于官商二字,稍存区别。惟事属商办,似宜俯照买卖常规,庶易遵守。"开平矿务局的章程同样明确表示:"查此局虽系官督商办,究竟煤铁仍由商人销售,似宜仍照买卖常规,俾易遵守。所有各厂司事,必须於商股之中选充,方能有裨益事。"徐州利国矿务局的章程也明白无误地表明:"矿务以减少成本为首要。一应事宜概照商人买卖常规,撙节核实办理,不得稍涉糜费,以重商本……一切工作事宜,均以中国商民为之。"为商应当去除官场习气,这似乎是当时的一个共识。上海机器织布局便在章程中声明:"事虽由官发端,一切实由商办,官场浮华习气一概芟除,方能持久。"

这些道理,对于一向开明的李鸿章来说并非不可接受。这些章程,写在纸面上也无大碍,可是要据此将企业彻底民营化,却是李中堂大人所决然不允的。他的心思也很容易看透:洋务派大吏办企业,一是为了"强兵"——军事上的需要;二是为了"富国"——增加财政收入,企业一旦民营,便无法直接掌控。从文化心理来分析,千百年间,商人从来"富而不贵",为九流之末,跟他们一起合资办企业已是迫不得已之计,现在要闹"独立",在官僚们看来自然是万万不行的。

此外,还有一个让李鸿章不放心的就是,买办们在经营官督商办企业的时候,也按"惯例"经营着自己的私人企业。这中间无疑存在着严重的利益输送的混乱现象。以唐、徐两人为例,他们来招商局后,相继创办了长源泰、长发堆栈等流通企业,此外还办起了中国第一家保险公司——仁济和保险公司。这些公司与招商局有大量的关联交易,难免给人上下其手的观感。①

于是，唐廷枢等人的那份联名信成了官商决裂的导火线。

盛宣怀当然看到了这种离心景象，他久窥宝座，自然不会放过此等离间时刻。他密信呈报李鸿章，诋毁唐、徐办事无能，"细审任事诸人，并不加意勤勉，反觉遇事疏忽"。他特别告状具体主事的徐润，说"局内视为无足轻重之人"。具体而言，他认为唐、徐治局有两大罪状：一是任用洋人管事，不合大清体统，所以"急宜及早斥退，以符定章而免后悔"；二是任用私人，局中同事多是亲戚，"始而滥竽，继而舞弊"。他所陈述现象，都是当时买办人物及民间公司的常见之事，不过从国营体制而言，就成不可饶恕之罪了。他还联合朱其昂的胞弟、当时也在招商局任职的朱粹甫，处处为难唐、徐两人。朱粹甫是官派人员，掌管关防印章，他每每不到局里办公，或手握印章"屡请不到"，弄得唐、徐苦不堪言。

到1884年，盛宣怀的机会终于降临。这一年，上海爆发金融危机，徐润曾利用主管招商局财务之便，私自挪用16万两巨款炒作房地产，这时丑闻东窗事发。李鸿章委派盛宣怀查处这一事件，盛宣怀奏报朝廷，说徐润"假公济私，驯至亏欠局款，实属瞻玩"，所以应该革职处分，并令其照数抵赔。徐润提出，他在招商局11年，仅领薪水2.5万两，局中存有各项余款70万两，作为出资股东，他按照既定章程可提取两成分红，可不可以用这笔分红抵销所欠局款。盛宣怀断然拒绝。徐润"净身出局"。他的职权被夺，股权尽失，不得不变卖所有的地产，以致"家业荡然，生机尽矣"。徐润成为第一个因体制冲突而"牺牲"的国营企业经理人。百年以降，他的名字后面将悲者如云，蜿蜒百里，迄今尚不见尽头。

徐润被拔除后，第二年春夏间，唐廷枢也被调离招商局。盛宣怀终于

---

① 需要注明的是，即便官商盛宣怀接管后，也一样如法炮制，一边以国家为名办企业，一边搞了一大堆私人公司敛聚财富，这一陋习一直延续到民国一代的宋子文、孔祥熙。中国官僚企业家的职业道德和官商文化的恶劣令人感慨。

得到了梦寐以求的督办之职。上任之后，他当即宣布朝廷"派大员一人认真督办，用人理财悉听调度"。唐、徐时期，官派人员很少插手具体的经营事务，而自此之后，盛氏身兼督办、总办双职，终于弄得官商不分。他还暗用政府权势，逼迫其他的私人股东一一撤股，使股权结构全面变色，招商局成了一家官督"盛"办的企业。在之后的数十年间，这个"中国首家现代企业"还将几次上演产权争夺的大戏，可谓产权演变的"缩影"。

盛宣怀的这些行径，既跟唐、徐的民营治理观念全然不同，也跟当初李鸿章"听该商董等自立条议"的思路有大大的出入。为了权力的掌控，他背叛了13年前的那种理念。盛氏风格日后被一路传承，祸害百年。在官督商办企业中，官股与商股完全没有平等的权利与地位。一个叫吴佐清的商人就曾经颇有牢骚地描述过这种所有制上的产权歧视："若云官办，则实招商股，若云商办，则有总办、帮办、提调名目。商民虽经入股，不啻途人，即岁终分红，亦无非仰人鼻息，而局费之当裁与否，司事之当用与否，皆不得过问。虽年终议事，亦仿泰西之例，而商股与总办分隔云泥。"①

1884年，也就是盛宣怀夺权招商局的同一年，在日本则发生了一件互可参照的公司新闻。明治政府将当时日本最大的造船企业、几乎与招商局同期创办的长崎造船所，仅以1日元的象征价格"出售"给私营企业家岩崎弥太郎，这家企业后来发展为著名的三菱株式会社。

19世纪70年代初期，中国与日本都开始工业化变革，两国均诞生了很多近代工厂，其现代化速度也非常近似。1870年12月12日，日本政府设立工部省，负责"监督和管理一切矿山，建设和保养一切铁路、电报线和灯塔，制炼和铸造各项企业使用的铜、铁及铅矿，并从事机器制造"。

---

① 吴佐清著，《中国仿行西法纺纱织布应如何筹办俾国家商民均获利益论》，陈忠倚编，《皇朝经世文三编》，卷26。

其后 10 余年，日本相继建立了横须贺制铁所、横滨制铁所、长崎制铁所、关口大炮制作所、石川岛造船所等诸多国营企业，其景象可以与清王朝的洋务运动相互辉映。

可是在 19 世纪 80 年代中期，两国突然走上了两条不同的工业化道路。就在盛宣怀将招商局拉回官僚管制的同时，在日本则出现了一次十分坚决的民营化。日本政府认识到国有官营弊端太大，便毅然改弦更张推行民营化。明治维新启蒙者福泽谕吉疾呼："政府若为了富国，就认为可以做任何事情，与人民从事相同的寻常事业，甚至与人民竞争工商之成败，其弊极矣。"曾出任日本政府首相的著名政治家伊藤博文则阐述说，日本政府创办各种企业的目的之一，就是"示以实利、以诱人民"，当这些工矿企业在引进先进的生产技术和设备以及培养技术工人方面完成了历史使命后，政府就应该把这些官营企业售给民间商社。

正是在这种思路的引导下，日本政府相继把众多国营的工厂转卖给私营企业家，有的甚至类似长崎造船所这样"白送"。日本的这次国企私营化过程也非一帆风顺。大野健一在《从江户到平成》一书中记录说："除军需工厂之外的国营企业均被私营化。此时，对于国有资产被贱卖给一些有势力的商人一事，国内舆论哗然，骂声四起，到 1881 年竟发展为政治丑闻。但事实是，私营化后的很多企业均通过裁员和追加投资等措施扭亏为盈。"[①] 私营化运动使日本经济快速成长，自 1884 年末到 1892 年，日本股份公司的数字和资金总额分别由 2 392 家、1 亿日元增加到 5 444 家、2.8 亿日元，职工人数从 12.3 万增加到 42 万，并出现了三井、三菱、关西铁路等众多财阀型私人企业。与不同的工业化思路相关联的是，两国在政治体制上的演变也南辕北辙。1889 年，日本设立国会，颁布宪法，从而确立了君主立宪的新体制。两种不同的路径选择，导致了两国后来截然不同的

---

① [日] 大野健一著，臧新远译，《从江户到平成：解密日本经济发展之路》，北京：中信出版社，2006 年版。

▲ 洋务运动的同时，欧美均在发生变革，图为美国的汽车生产线

国运。由此我们可以做出一个预断：洋务运动将是一个彻底失败的运动。这一结局是在1884年盛宣怀夺权招商局的那一刻就注定了的。

在遥远的1884年，盛宣怀夺权招商局在当时都算不上是一则新闻，其"官进商退"的历史意义需在相当长的时间后才无比狰狞地呈现出来。在当年中国，最轰动的经济事件是发生在上海的一场大商战，以及因此而导致的大清首富、有"红顶商人"[①]之称的胡雪岩（1823—1885）的破产。

胡雪岩活着的时候，就已经是一个传奇了。他是安徽绩溪人，幼年丧父，家境贫寒，徒步百里到杭州，进了一家钱肆当学徒。他头脑活络，善于经营，很得于姓主人的信赖，主人竟在临终前将钱肆都赠给了胡雪岩。不过，胡雪岩真正发迹却是从结识了左宗棠才开始的。左宗棠与李鸿章、

---

① "红顶商人"：依清朝官制，二品以上官员戴红顶子，三品以下都是蓝顶子。胡雪岩，名光墉，字雪岩，以字行世。他的官衔是江西候补道，为正四品，朝廷又"破格"赏他布政使衔，为从二品，因此可以戴红顶子，有了"红顶商人"的名号。此谓后来通称官商，或有官家背景的商人，有贬义。

张之洞同为洋务派名臣,他精通兵法,是东南海防和收复新疆的第一重臣。1862年,胡雪岩因机缘攀上时任浙江巡抚、正在跟太平军作战的左宗棠,此后20年里一直当他的采运官,为之筹措钱粮、军饷,成了后者的"钱袋子"。也正是在这个过程中,胡雪岩的财富惊人地暴增。他依仗左帅权势,在各省设立阜康银号20余处,成为信用最好、实力最强的徽商钱庄,并经营中药、丝茶业务,操纵江浙商业,资金最高达2 000万两以上,拥有土地万亩,在短短20年内一跃成为全国首富。他商业直觉超众,注重诚信,为人圆滑,处世周全,在狠狠赚钱的同时还深得朝廷信赖,被授布政使衔江西候补道,从二品顶戴,还是清朝300年唯一一个被赐穿黄马褂的商人。胡雪岩从容游走于商场、官场之间,挟官势而谋私利,是一个典型的官商,被认为是一个不世出的商业奇才,在他活着的时候,就有"当官要学曾国藩,经商要学胡雪岩"的说法。

在1882年,早已名满天下的胡雪岩面临着事业上的一次重大抉择。他手握1 000万两以上的巨额现银,是去办洋务,还是倒卖生丝,竟一时踌躇。

胡雪岩对洋务并不陌生。1868年左宗棠创办福建船政局的时候,所有购买外商机器、军火事务便都是由胡雪岩一手操办的。后人在马尾遗址修建"中国船政博物馆",开门可见三尊铜像,分别就是左宗棠、沈葆桢和胡雪岩。他显然看到了洋务事业的巨大"钱途"。1882年1月,他给恩公左宗棠写信,表示愿意出资,独力建设长江沿岸电报设施。他说自己为此可动用的资金在1 000万两以上。这笔钱之巨大,我们在上一章已经计算过了,慈禧太后修颐和园以及左宗棠率领千军万马进军西北也不过花了这个数目,它在当时几乎可以买下李鸿章过去

▲胡雪岩

10年辛苦所办的全部洋务企业。可是，最让胡雪岩费思量的是官场上微妙的人事格局。左宗棠与李鸿章都是曾国藩在"剿灭"太平天国时带出来的名将，而且思想开明，同为洋务派重臣。可是，左宗棠是湘军系统，李鸿章则自成淮军一脉，两人是政治上的死对头。当时主管洋务的却是李大人，这让深谙官场门道的胡雪岩十分迟疑。在过去的几年里，他与盛宣怀的关系就十分微妙，盛宣怀在创办招商局时曾亲笔写信恳请胡雪岩入股，胡雪岩爽快答应，然而，几万两股份却始终没有到位，这让盛宣怀怀恨终生。

办洋务，商业前途大好却官场头绪难解。第二条路就是倒卖生丝。自晚明以来，江浙一带就是全国纺织业的中心，所谓"日出千绸，衣被天下"，在历史教科书上被认定是"近代资本主义的萌芽之地"。几百年来，靠丝业致富的巨商大贾比比皆是，江浙终成近代中国最为富庶的地方，仅在湖州一个叫南浔的小镇上，就有"四象八牛七十二黄金狗"，称"象"者，家产需在100万两白银以上。有学者计算，湖州商人的财产总额达到6 000万~8 000万两白银，相当于清政府一年的财政收入。江浙商人俨然与晋商、徽商并称为当时的"三大商帮"。胡雪岩为左宗棠采购军需，自然少不了与丝商打交道。他与"四象"之一的庞芸皋是十多年的商业伙伴，他们合伙做蚕丝生意，还一起倒卖军火。他在杭州开了一家胡庆余堂国药店，庞芸皋就依葫芦画瓢在南浔办了庞滋德国药店。

19世纪60年代之后，江南丝商面临重大危机。当时，英美各国开始在上海创设机械缫丝厂。西方"工业革命"的技术创新就是从纺织业开始的，所以，中国传统手工缫丝的生产效率和质量根本无法与机械缫丝竞争。洋商为了进一步掠夺中国的廉价劳动力和原料，垄断蚕丝出口市场，拼命压低生丝价格，抬高厂丝价格，从中攫取暴利。1868年，生丝每担市值白银517两，到1875年，每担价格已下跌至285两，再过8年，更暴跌至200两。兴旺百年的江南纺织业迅速没落，昔日富可敌国的丝商们顿时都成了"病象瘦牛丧家狗"。

▲古时纺织工人工作图

目睹此景,胡雪岩认为商机浮现。缫丝产业蒸蒸日上,而作为原材料的生丝却价格日跌,这是一种极其不正常的现象。据他观察,主要原因是华商各自为战,被洋人控制了价格权。因此,他决定靠自己的财力,与之一搏。另外,还有消息显示,在过去的两年里,欧洲农业遭受天旱,生丝减产。

正是基于这些判断,首富胡雪岩出手,高调坐庄。百年企业史上,第一场中外大商战爆发了。

1882年5月,他大量购进生丝8 000包,到10月达1.4万包,见丝就收,近乎疯狂。与胡雪岩同时代的晚清学者欧阳昱在《见闻琐录》中详细记录了这场商战的惨烈景象:其年新丝一出,胡即派人大量收购,无一漏脱。外商想买一斤一两而莫得,无可奈何,向胡说愿加利1 000万两,如数转买此丝,胡非要1 200万两不可。外商不买,过了数日,再托人向胡申买,胡坚持咬定此价。外商认为生丝原料仅操纵在胡雪岩一人之手,将来交易,唯其所命,从何获利?决心不买胡之生丝,等待次年新丝出来再说。胡雪岩则邀请丝业同行合议,共同收尽各地生丝,不要给外商,迫外商出高价收购，这样必能获厚利。

在一开始，胡氏战略似乎奏效。西方学者斯坦利在《晚清财政》一书中记录，1882年9月，上海一级生丝价格已高涨至17先令4便士，而在伦敦交易所的价格仅为16先令3便士。国内价格反超国际期货价。到1883年8月，大商战进入决战时刻，胡雪岩前后已投入资金超过1500万两，继续坚壁清野，囤货坚挺，大部分上海丝商停止营业，屏气而作壁上观。华洋双方都已到忍耐极限，眼见胜负当判，谁知"天象"忽然大变。

变数之一，欧洲意大利生丝突告丰收，欧洲期货市场的紧张顿时缓解，消息传回中国，商心开始动摇。

更大的变数是，中法因越南问题交恶，爆发战争。1883年10月，法国军舰驶抵上海吴淞口，扬言进攻江南制造局，局势紧张，市民提款迁避，市面骤变，金融危机突然爆发。外国银行和山西票号纷纷收回短期贷款，个人储户也紧急提现。当时报刊如此描述此景象："钱庄逼账急如星火，沪上商局大震，凡往来庄款者皆岌岌可危；虽有物可抵，有本可偿，而提现不能。钱庄之逼，一如倒账。"一般商品无不跌价30%~50%，所有房地产都难脱手，贸易全面停顿。

世事如此，胡雪岩已无力回天。11月，江浙丝商的价格同盟瓦解，生丝易烂，不能久储，胡雪岩不得不开始抛售，价格一路狂泄，损失以千万两计。生丝对搏失利，很快影响到"坚如磐石"的钱庄生意。民众排队提款，一些与胡雪岩不和的官员乘机逼催官饷，可怕的挤兑风潮出现了。先是杭州总舵关门，继而波及北京、福州、镇江以及湖北、湖南等地的20多个字号，到12月5日，阜康钱庄宣告破产。

中法战争中的中方主帅正是胡雪岩的恩公左宗棠。1884年8月22日，法国海军与清帝国唯一的现代化海军福建水师在福建马尾决战。史景迁在《追寻现代中国》一书中用十分精简的文字描述了这场战争："中国与发达的工业力量之间的差别再次昭然于世。中国舰队的旗舰在开战的第一分钟就被鱼雷击沉。在7分钟内，大多数中国舰只被击中。1小时内，所有的中国舰只都被击沉或起火燃烧，兵工厂和码头被毁。法国战死5人，中国则有521人阵亡，51人失踪。"由左宗棠首倡、胡雪岩筹款创建的福建水师舰队几乎全军覆没。

第二年9月，左宗棠病逝于福州。11月，朝廷下令对胡雪岩革职查抄，严加治罪。他遭散姬妾仆从，在圣旨到来之前，就非常"及时"地郁郁而死了。他的棺木被一老仆埋于杭州西郊鸬鹚岭下的乱石堆中，一直到整整100年后，才被人偶然发现。

在1884年，盛宣怀的夺权与胡雪岩的死亡，是两件很有象征性且内在关联的事件。

洋务运动自19世纪60年代发起以来，因官库拮据而不得不借重民间资本。经营人才的匮乏也使得职业经理人制度得以尝试，特别是买办阶层的积极参与，让洋务企业呈现出兴盛景象。在这十多年的时间里，从造船业、采矿业、纺织业到航运业、保险业等，出现了众多"中国第一"的新兴企业，铁路、电报等基础工业设施也得到了启动。可是，在气象初显之后，政治家与企业家阶层发生了制度和理念上的冲突，最终，以盛宣怀

▲后来修建的胡雪岩墓

掌权招商局为标志,坚持国营体制的官僚资本主义占据了上风。美国华裔学者郝延平将此视为"官僚资本主义产生的转折点",他在《中国近代商业革命》一书中评论说:"1884年以后,不幸以盛宣怀为首的官僚紧紧掌握了官督商办企业(它们是中国工业化的早期先锋),在中国工业发展中,官僚主义开始比企业家精神起着更重要的作用。"①

尤其值得反思的是,洋务派在实业创办上不遗余力,而在制度设计上却毫无作为,这与邻国日本形成了鲜明的反差。

中国学者杨小凯在《百年中国经济史笔记》中,将几乎同时发生的洋务运动与明治维新进行了一个精辟的对比:洋务运动是在政治、法律、制度、意识形态不能根本变革的约束下进行的,因此以坚持清朝政府的政治垄断,没有司法独立和保护私人企业的法律制度为基础。与明治维新模仿西方的政治、法律、经济制度相反,洋务运动坚持官办、官商合办、官督商办的制度,以此为基础来模仿发达国家的技术和工业化模式。这种方法使得政府垄断工业的利益与其作为独立第三方发挥仲裁作用的地位相冲突,使其既是裁判,又是球员,因此利用其裁判的权力,追求其球员的利益。这种制度化的国家机会主义使得政府利用其垄断地位与私人企业争夺资源,并且压制私人企业的发展。而明治维新时不但在宪法中规定私有财产神圣不可侵犯,并且全面模仿英国和德国的政治、法律、经济制度(却不放弃天皇的实权,不搞虚君共和),除了在人民不知企业为何物时,办过几个模范工厂外,基本上不办国营企业。因此政府可以发挥公平司法、执法的第三者仲裁功能,私人企业得以蓬勃发展起来。加上日本模仿专利法、公司法,使得私人企业可以利用剩余权保护推广西方专利的收益,所以西方的技术得以广泛在日本发展。

自唐廷枢、徐润被无情赶出招商局之后,洋务派官僚与新兴企业家

---

① [美]郝延平著,陈潮、陈任译,《中国近代商业革命》,上海:上海人民出版社,1991年版。

阶层的"蜜月期"就此结束。在以后10余年中,洋务官僚为工业企业筹集资金变得更加困难。当时清政府的财政来源十分有限,全部税收仅占国民纯收入的2.4%。民间资本的失望,使得洋务派的投资手笔越来越小。

而胡雪岩破产事件以及同时发生的上海金融危机,则无疑是雪上加霜。"红顶商人"以一种无比莽撞和壮烈的方式挑战英美纺织公司,这应该是传统商业力量在技术和工业模式都处绝对劣势的前提下,进行的一次绝地反击。他的破产,宣告了传统商人阶层的集体陨落,"三大商帮"中的两枝,徽商和江浙商人在此役中损失惨重,从此一蹶不振。萌芽于晚明的纺织业彻底崩盘,江南丝商纷纷转向其他生意。与胡雪岩结盟的南浔富豪庞芸皋甚至在死前留下"遗训",警告后人绝不可再碰"白老虎"。"白老虎"者,白丝与白人也。中国近代资产阶级改良派报刊出版家、政论家汪康年《庄谐选录》卷十二云:"江浙诸省,于胡败后,商务大为减色,论者谓不下于庚申之劫。"晚清小说家大桥式羽在《胡雪岩外传》的序中更认为:"自君一败,而中国商业社会上响绝音沉者几二十年,正不知受亏几何。"

因中法战争而诱发的上海金融危机,不仅是胡雪岩失利的直接原因,更是脆弱的中国新兴经济体系的一次灾难。

在过去的10年里,上海已成为远东最大的商业中心,工业繁荣,各种商品交易活跃,地产暴涨。李鸿章创办的最重要的四大洋务实业,除了开平矿务局之外,其余的江南制造局、轮船招商局和上海机器织布局都聚集在此。战事突至,棋局顿乱。到1883年年底,上海58家较为重要的钱庄中,有48家破产,上海存银减少了90%,仅为38万两。香港怡和洋行经理F·B·约翰逊在10月29日的信中称,外国银行已从上海转走200万两以上的款项,"中国人说,害怕同法国开战造成商业停滞……这足以说明企业崩溃的原因"。前两年还如日中天的洋务派企业股票如水泄般崩盘,到1884年年初,开平煤矿的股票已从每股200两以上跌到每股29两,招商局股票则跌到每股 34 两，与一年半前相比，平均缩水 87%，投资者损失惨重，10 年之内不敢重燃信心。

此次金融危机是百年企业史上的第一个泡沫经济的破灭。上海的元气许久没有恢复。1885 年 12 月的《北华捷报》上描述了当时的景象："人们仍然可以看到黄浦江沿岸空关的、无用的、被废弃的建筑物，和到处星散的夭折企业的界石，它们是工厂无声的幽灵——才呱呱落地就窒息而毙的企业的坟墓。"1887 年，一个叫李庆云的矿业投资商在信函中仍心有余悸地写道："就上海一隅而论，设公司者数十家，鲜克有终。承办者往往倾家荡产，犹有余累，公司二字，久为人所厌闻。"

自 1884 年之后的 10 年间，洋务派再无大的建树。盛宣怀接手招商局后，虽然全力运作，却再没有超越唐、徐年代的辉煌。据刘广京在《中英轮船航运竞争 1872—1885》中的统计，到 1894 年，招商局的船只数与 10 年前相近，为 26 艘（净吨位 2.32 万），怡和与太古的船数则增加到 22 艘（净吨位 2.39 万）和 29 艘（净吨位 3.45 万），"中国水域轮船航运业的统治地位很快消失了"。[1]

在这段时间里，洋务派最大的手笔，是张之洞创建了汉阳铁厂，其经过则很有讽刺性。

在一个国家的工业化过程中，钢铁产能是一个最重要的基本性指标。1888 年，张之洞在任湖广总督后，上奏《筹设炼铁厂折》，提出"自行设厂，购置机器，用洋法精炼，始足杜外铁之来"。张氏是洋务派名臣，著名的"中体西用"就是他提出的。《清史稿》评论此人曰："莅官所至，必有兴作，务宏大，不问费多寡。"[2] 最后八字，既是赞叹其气魄宏大，却又

---

[1] [美] 刘广京著，黎志刚译，《中英轮船航运竞争，1872—1885》，载《经世思想与新兴企业》，台北：联经出版事业公司，1990 年版。

[2] 赵尔巽等撰，《清史稿》，北京：中华书局，1998 年版。

嘲讽他不懂投入产出，是典型的国营大佬心态。办厂之初，有人提议官督民办，他则主张官本官办，而且一办就要办东亚最大的钢铁厂。

"政治正确"的张香帅（张之洞号香涛，人尊称香帅），官本官办搞铁厂，结果是步步臭棋。

他把炼铁厂定址在汉阳，而湖北铁矿则在120公里外的大冶，每日产铁百吨，所需铁砂的运费就达60多两白银。而且，汉阳附近无炼铁所用的焦煤，只能用河北开平或国外进口的焦煤，加上运输费用，每吨焦煤要白银16~17两，而进口

▲张之洞

铁在上海的售价才需30余两。把炼铁厂选在汉阳已经错了，张之洞又坚持将厂建在大别山麓。这里地势低洼而潮湿，必须先垫高地基才能建厂。共填了一丈多高的土，填土用白银30余万两，相当于包括购买机器及运费在内的建厂经费300万两的1/10。建好了厂要买机器。炼铁炼钢用什么设备是有技术要求的，钢的含磷量超过0.2%质量就不高，容易断，因此，要根据所用的铁矿含磷量来决定采用哪种设备。张之洞心急着要开工，不顾专家建议，下令"什么炉子方便就制造什么，我们中国什么矿都有"。结果从英国买来的炼铁大炉完全不适用，汉阳铁厂产的钢铁易脆裂折断，不能用于锻制或铸造。

光绪二十年（1895年），汉阳铁厂的钢铁上市。当时进口钢铁每吨售价30余两白银，汉阳厂的产品每吨23两白银都无人问津。汉阳铁厂开炉生产仅仅4年，已用去官银500多万两，亏损累累，毫无起色。

自19世纪80年代中期之后的10年，正是世界经济出现重大变局的时期。

▲汉阳铁厂

　　日本在经济体制和政治体制上的诸多革新都是在这段时间完成的。经过10多年的"求智识于世界","殖兴产业"的国策推行顺利,丝、茶经西方工艺改良,在国际市场上成为中国的劲敌,绿茶夺去一半美国市场,"每马士丝"超过中国湖州的"辑里丝",是最受欢迎的亚洲细丝。

　　远离欧洲大陆的美国开始崛起为一个新兴的经济大国,对铁路的坚决投入,让它的土地和矿产资源优势得以发挥,企业家们开始展现自己的雄心。洛克菲勒的石油和铁路生意、J·P·摩根的金融帝国、卡内基的钢铁工厂都是在这段时间隆隆崛起的。纽约成了除伦敦以外最重要的金融中心,在曼哈顿岛上一条叫华尔街的狭窄街道上,金融家们开始学习着统治世界。1882年,德国哲学家马克斯·韦伯预言说,"欧洲结束的地方正是美国开始的地方"[1]。他后来写出了《新教伦理与资本主义精神》,对现代企

---

[1] 转引自〔美〕托马斯·科斯纳著,《资本之城》,北京:中信出版社,2004年版。

业家精神进行了最著名的论述。

在欧洲，蒸汽机的发明已经超过 100 年，以此为标志的"工业革命"早已结束。自 1873 年之后的 20 年中，整个欧洲大陆陷入大萧条。民族主义运动和工人运动此起彼伏，思想家们开始反思资本主义制度，其中对后世影响最大的，是去世于 1883 年的德国哲学家卡尔·马克思，他的三卷《资本论》分别出版于 1867 年、1885 年和 1894 年（后两卷由恩格斯整理），马克思主义及其社会主义理论即将开创一个新的人类纪元。

对于 1884 年的中国人来说，他们要听到马克思这个名字，还要等 35 年，而读到《资本论》则要等 54 年。①

---

① 1919 年，北京大学教授李大钊在《新青年》上第一次撰文介绍马克思主义。1938 年，王亚南翻译出版《资本论》。

1894 / 状元办厂

输却玉尘三万斛,天公不语对枯棋。

——陈宝琛:《感春》,1895年

1892年2月4日的《纽约时报》登了一则新闻称:"中国开始发生该国历史上最大的变化。毫无疑问,这种变化在今后若干年里将对整个中国产生深刻影响,甚至可能进一步打开保守封闭的枷锁,将中国带进人类进步历史的前沿,总之,将超越过去50年变化的总和。"

初读至此,人人以为中国有什么惊天动地的大事发生了,其实,被报纸信誓旦旦地认定为"最大的变化"的只是一则花边新闻:20岁的光绪皇帝开始学英语了。从这一年的1月开始,每天由两个受过英美教育的国子监学生负责教授皇帝学英语,这件事情还以诏书的方式告知全国。美国记者的逻辑推演是:皇帝屈尊学英语之后,3 000年的"老规矩"就会被放弃,国家制度就将被改变,接下来,"中国就应该在文明国家的行列中占据一个适当的位置"。

可惜的是,历史没有耐心等待这种漫长的理性演进。很快,它以一种残酷的方式,让中国人猛地瞪大了充血的眼睛。

1894年7月,中国与日本因朝鲜问题爆发战事,因为这一年是甲午年,史称甲午战争。这两个在20多年前同时进行近代化改革的东方国家,决定当面较量。

据《世界军事年鉴》①的统计,当时中国的海军能够排到世界海军实力的第八位,而日本海军则是第十六位。双方舰队中的不少中层指挥者,都是西方军事学校毕业的同学。而在陆军方面,日本的陆军是在明治维新之后才开始兴建的,不超过10万人。可是,战事从一开始就呈现一边倒的局面。7月开战,中方先是败于平壤,清军狂奔500里,将朝鲜全境让于日军。继而,清军在黄海的海战中失利。从9月到11月,战火延烧到本土,82营数万清军仅三天就

▲登于1896年纽约《世界日报》上的李鸿章访问美国图片

---

① 《世界军事年鉴》编委会编,《世界军事年鉴》,北京:中国人民解放军出版社,2005年版。

▲甲午海战的纪念像

丢失鸭绿江防线,接着再失重镇旅顺口。1895年1月,中日海军的主力在威海卫一带决战,仅短短十余日,战事便以中方完败告终,主将丁汝昌自杀。李鸿章苦心经略的北洋海军全军覆灭。

甲午惨败,中国被迫签署《马关条约》,赔偿惊天巨款,并割让台湾。日本获赔白银2.6亿两,加上掳获的战利品和现金,合银3.4亿两,相当于日本全国年财政收入的6.4倍。日本得此巨款,竟一时间不知如何使用。时任日本外务大臣后来回忆说:"在这笔赔款以前,根本没有料到会有好几亿两,我国全部收入只有几千万两。所以,一想到现在有3.4亿两白银滚滚而来,无论政府还是私人都顿觉无比富裕。"此笔巨资被大量用于修筑铁路,发展航运、造船和机械制造,明显提高了日本的交通和工业水平,中日国力差距从此越拉越大。另外一项重要的变革是,日本利用甲午赔款进行了币制改革,建立起金本位制。从19世纪70年代起,欧美等国相继采用金本位,银价不断下跌,导致银本位国家货币贬值和汇率不稳,这也是当时的两大"白银帝国"——中国与印度衰落的一大原因。所以日本也想建立金本位,但苦于资金不足,一直没能如愿。甲午赔款一举

▲甲午海战油画

▲李鸿章谈判

解决了资金问题,为日本建立金本位奠定了财政基础。日本学者寺岛一夫在《日本货币制度论》中说:金本位是"日本资本主义的一环,与其他列强角逐世界市场的金融标志"。①

《马关条约》是在日本马关的春帆楼签订的,双方谈判时,李鸿章坐的凳子竟比日本人要矮半截。后有国人至此游览,莫不视之为"第一伤心

---

① 转引自辛向阳等著,《百年恩仇:两个东亚大国现代化比较的丙子报告》(第1卷),北京:中国社会出版社,1996年版。

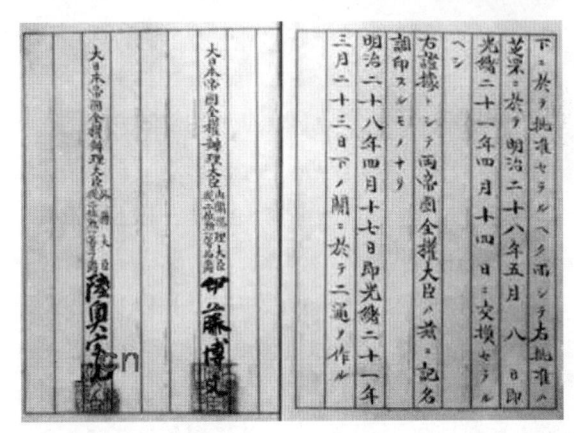

▲《马关条约》文本

地"。据基督教广学会《万国公报》报道，签约之际，日本首相、明治维新主将伊藤博文与李鸿章曾有一番对话。两人各主国政，多年相识，堪称老友。伊藤说："日本之民不及华民易治，且有议院居间，办事甚为棘手。"言下之意颇为炫耀日本"三权分立"的议会制度。李鸿章不明就里地答曰："贵国之议院与中国之都察院等耳。"伊藤说："十年前曾劝（中国）撤去都察院，而（李）中堂答以都察院之制起自汉时，由来已久，未易裁去。"李鸿章喃喃无以应答。条约签订后，李鸿章当夜吐血。

正如伊藤所讽，清帝国的制度滞后已是天下共见，可惜统治者一直未

▲伊藤博文

肯直视。

自 1840 年鸦片战争之后，中国尽管还经历了 1856—1860 年的第二次鸦片战争、1883—1885 年的中法战争，不过，最后的尊严仍未丧失，甲午战败却是半个世纪以来，中国遭遇到的最大失败，而且是最具耻辱性的失败。统治者从此自信心丧失殆尽，因背负巨额赔款，政府的独立财政破产，靠向西方大国举债度日。中国上下，则莫不瞠然，始时莫名惊讶，继而悲愤激狂。

在中国历史上，甲午战败是一个转折时刻，所谓"一战而人皆醒矣"。晚清至民国初年最杰出的改革思想家梁启超尝言："唤起吾国四千年之大梦，实则甲午一役始也。"后世的葛兆光教授也在《中国思想史》中认为："这种深入心脾的忧郁激愤心情和耻辱无奈感觉，大约是中国人几千年来从来不曾有过的。"①

便是在这种历史性的悲凉时刻，三个中国知识分子各自做出自己一生最重要的选择：37 岁的康有为选择了变法，29 岁的孙中山选择了革命，42 岁的张謇选择了实业，他们的终极目标都是救国。

1895 年 4 月，《马关条约》签署的消息传到北京后，举国激愤，人人思变，雪耻强国之声陡然放大。时值 18 省 1 300 多名举子在京会试，37 岁的广东南海考生康有为在一夜之间赶写万言书，提出"拒和、迁都、变法"，强烈要求光绪皇帝"下诏鼓天下之气，迁都定天下之本，练兵强天

---

① 葛兆光著，《中国思想史》，上海：复旦大学出版社，2004 年版。

下之势，变法成天下之治"。是为震惊天下的"公车上书"。

在接下来的三年半里，中国进入了一段维新变法的时期。自此，以知识分子为主的维新派替代以中高级官吏为主的洋务派，成为中国改革的新主流。

康有为的上书得到了光绪的积极回应。康有为和弟子梁启超、谭嗣同等人先后进入中央核心，成为朝廷最炙手可热的新潮人物。他们向皇帝提出了众多激进的改革方案，其中包括建设现代化军队、提高税收、发展国家银行系统、建立铁路网络、成立现代邮政系统，以及建立培训学校来提高农业水平等，这些设想与洋务派在理念上基本一脉相承。为了向全社会推广维新理想，康、梁等人先后在北京、上海、天津和湖南等地出版了《中外纪闻》《时务报》《国闻报》和《湘报》，全国议论时政的风气逐渐形成。在这以前，全国各地的茶馆大都贴着一张纸条，上写"莫谈国事"。到1897年年底，各地已建立以变法自强为宗旨的学会33个，新式学堂17所，出版报刊19种，英国传教士傅兰雅（John Fryer）在他主编的《上海新报》上评论说："整个中国，书籍生意大幅增长，连印刷机都跟不上这步伐，中国终于苏醒了。"连一些洋务派大员也加入了维新的行列，湖广总督张之洞甚至加入了康有为组织的强学会，还公开认捐5 000两白银，并担任上海分会的会长。

维新运动的发起者尽管是一群赶考的意气书生，不过在当时影响最大的维新书籍却是由一个买办写成的，他就是十多年前写过《救时揭要》和《易言》的郑观应。

郑观应在过去的10年里，一边忙着为盛宣怀打理各地的实业事务，一边还在完善着他的变革思想。1894年春夏，就当甲午海战开打的前后，他刊印了五卷本的《盛世危言》。他自称："时势变迁，大局愈危，中西之利弊昭然若揭。"在这部书中，他继续呼吁"习兵战不如习商战"，提出创办新式银行、平等中外税收、收回海关权、铸造简便通货等切实可行的措施。他更大胆地提出向日本学习："何不反经为权，转而相师？"这种

▲《盛世危言》

务实气魄绝非寻常书生可比。另外，更为重要的是，他比10年前更为清晰地提出了政治改革的要求，内容包括实行立宪、设立议院、进行公开选举。他坚定地写道："政治不改良，实业万难兴盛。"

《盛世危言》一经刊印后，很快洛阳纸贵。一些朝廷官员将之向皇帝进献，光绪看后大为赞赏，命总理衙门印刷2 000部散发给大臣阅看。经过皇帝的推荐，此书成了近代第一部真正意义上的时政类畅销书。英文的《新闻日报》刊文说，一些地方的考试常以《盛世危言》中的内容作为考题。该书在当时对中国青年的影响非常大，很多年后的1936年，毛泽东在与美国记者斯诺的交谈中说："由于父亲只准读孔孟经书和会计之类的书籍，所以我在深夜把屋子的窗户遮起，好使父亲看不见灯光。"他偷读的书中就有《盛世危言》，此书读毕，"激起我想要恢复学业的愿望"。①

---

① 除了《盛世危言》之外，另一本很轰动的维新书籍是严复翻译的《天演论》。严复是福建侯官人，早年就读于福州船政学堂，后被公派到英国留学，他对达尔文的进化论十分赞赏。1898年，他翻译出版英国生物学家赫胥黎写于5年前的一本著作《进化与伦理》，并定名为《天演论》。该书所提出的"弱肉强食、物竞天择、适者生存"等进化理论应和了当时救亡图存的国民情绪。

同样是在1894年前后，就当康有为、郑观应相继名闻天下的时候，还有一位热血的广东书生也写了一份变革信函给李鸿章，他就是后来被国民党尊为"国父"的孙文（他在流亡海外时，曾用化名"中山樵"，因此又叫孙中山）。

孙文跟郑观应一样，也是广东香山人——后来这个县因此更名为中山县（市）。他出身贫寒，早年随母远渡重洋在檀香山的教会学校读书，后回香港学医，在澳门、广州一带行医。1894年4月，就在中日战事将起之际，孙文写出洋洋八千言的《上李傅相书》，6月专赴

▲ 18岁时的孙中山

天津向李鸿章投书。在这封信中，年轻的孙医生对发展农、工、商、学等提出了自己的见解。他写道："窃尝深维欧洲富强之本，不尽在于船坚炮利，垒固兵强，而在于人能尽其才，地能尽其利，物能尽其用，货能畅其流——此四事者，富强之大经，治国之大本也。我国家欲恢扩宏图，勤求远略，仿行西法以筹自强，而不急于此四者，徒惟坚船利炮之是务，是舍本而图末也。"

鸿文既成，需托人推荐，孙文找到了香山同乡郑观应，郑观应的老家雍陌乡与孙文的老家翠亨村相去仅仅30里。郑观应写函给盛宣怀，请他转达。在推荐信中，郑观应写道："敝邑有孙逸仙者，少年英俊，曩在香港考取英国医士，留心西学……其志不可谓不高，其说亦颇切近，而非若狂士之大言欺世者比。"盛宣怀接到信后，在信封上写下"孙医生事"和"陶斋"（郑观应的别号）6个字，就转了出去。

史料显示，李鸿章对孙医生的投书毫无反应。一种很大的可能是，正为国际纠纷忙得焦头烂额的他根本就没有看到这封信，当时的投书青年岂

止百千人，孙文所论也颇宏大而无具体方策，淹没其中，不足为怪。而对志向高远的孙医生来说，这却是奇耻大辱，他自此决意告别改良，投诸暴力，以血腥革命的激进方式来实现自己的治国理想。就在投书后的4个月，他赴美国檀香山组织兴中会，提出了"驱逐鞑虏，恢复中华，创立合众政府"的口号。1895年年底，他发动"广州起义"，计划尚未正式启动便被镇压，多人被处死，他则被通缉，流亡海外。用他自己的话说，此时"风气未开，人心锢塞……举国舆论莫不目予辈为乱臣贼子、大逆不道，咒诅谩骂之声，不绝于耳"。

1894年7月，中日开战，慈禧太后从颐和园移驾紫禁城，满朝官员都出城迎驾。当日，恰逢暴雨，路面积水颇深，文武百官个个匍匐路旁，衣帽尽湿，两膝泡在水里，顶戴上的红缨流下鲜红的水。其中有一位大臣是张之洞的堂兄张之万，已年过八十，久跪不能起身。慈禧乘轿经过众官时，竟连眼皮也没有抬过一下，眼前视若无物。百官之中，有一人目睹此景，心死如灰。多年后，他说，就在那一刻，"三十年科举之幻梦，于此了结"。

▲张謇

其实满朝文武最不应该有这种念头的就是他了，因为便在三个月前，他刚刚"大魁天下"，成了本年恩科取士的状元。而更让人瞠目的是，一年后，这个叫张謇（1853—1926）的江苏南通人宣布放弃仕途，转而去做一个商人。

状元下海办厂，是千百年来的一个天大的新鲜笑话。自从唐太宗李世民开科取士，自诩"天下英雄尽入吾彀中矣"以来，殿试折桂是中国书生一生中最大的荣耀。然而，张謇经商却颠覆了所有的光荣。他好像是往天下士人心中重重砸下了一个大锤,其震撼效应难以形容。

张謇经商的动机,与赚钱无关。他起自农家,苦读成名,有过10年不得志的游幕生涯,最远还去过朝鲜,当状元时已年过不惑,自然不再年少轻狂。早在1886年左右,他就产生过"中国须振兴实业,其责任须在士大夫"的想法。他还曾替张之洞起草过《代鄂督条陈立国自强疏》,明确提出"富民强国之本实在于工"。他把自己下海经商称为"舍身喂虎",竟有"我不入地狱,谁入地狱"的悲壮。在《大生纱厂股东会宣言书》中,他回顾说:"张謇农家而寒士也,自少不喜见富贵人,然兴实业则必与富人为缘,反复推究,乃决定捐弃所持,舍身喂虎。认定吾为中国大计而贬,不为个人私利而贬,庶愿可达而守不丧。自计既决,遂无反顾。"[①]

张謇要办一个纱厂,他起名为大生,其意源自《易经》的"天地之大德曰生"。当时,日本商人获准在上海开办纱厂、丝厂,张謇颇有与之争利的意思,而且江苏一带是丝绸之乡,纺布织纱古有传统。他联络了南通当地的6个布庄老板、木材商和典当行商人作为合伙人,商定办一个两万

▲大生纱厂

[①] 张謇著,《大生纱厂股东会宣言书》,《张謇全集》第3卷,南京:江苏古籍出版社,1994年版。张謇的相关资料基本出自《张謇全集》,下文不再一一注明。

锭的纱厂。

状元办厂，雷声很大，但是实际上却很窘迫。他的创业资金只有区区2 000两白银——其中700两还是向朋友借垫的，也就是说，并没有大官巨贾在背后支持。在官职上，他也不过是一个虚衔的翰林院编修，没有什么权力可以利用。于是，大生纱厂从一开始就很有现代企业的气息。他拟定了一份《通海大生纱丝厂集股章程》，公开向社会集股60万两，分6 000股，每股100两，预计每股每年可以获利22两。他打算以两个月为期，在上海、南通、海门三处完成认购。

然而，尽管投资回报颇为诱人，而且张謇还有一个显赫无比的状元光环，但是，募股却很是不理想，很多人对这个从来没有经过商的书生不信任，还有人问他："什么是工厂？"他去上海招股，数月下来一无所获，还把囊中的钱都花了个精光，只好摆摊卖字才凑齐盘缠回了南通。张謇连寺庙、道观的钱都想到了，有时凑不了100两一股，就连半股也收，最小的一笔仅37两，集股之难，可以想见。

一年半下来，那6个一开始跟着他玩的商人也先后跑了几个，到1896年年底，办厂的钱才筹了不到8万两。这时候，对张謇颇有好感的两江总督、南洋大臣刘坤一帮了大忙。他提出，国营的南洋纺织局有两万多锭积压已久的纱机没有用处，可以将这些设备折成官股，与张謇搞一个"官商合办"。这批英国造的机器已在上海码头搁置5年之久，日晒雨淋，连包装木箱都破了，机器零件锈坏的占了十之三四，仅是搬运和擦锈就需花去6 000两。聊胜于无，走投无路的张謇硬是咬牙接下这堆机器。他重修集股章程，大生股本定为50万两，其中，两万官锭折价官股25万两，他再另筹25万两社会资金。

就在这个时候，他还上了一回盛宣怀的当。作为江苏同乡，神通广大的盛宣怀答应帮他筹资金，两人还一本正经地亲笔签了一份《通沪纱厂合办约款》的合同，有当时名士郑孝胥、何眉生做见证人。谁知合同一签，盛宣怀觉得油水不大，就开始甩手不管。张謇写了很多封告急之书，几乎字字有泪，到最后盛宣怀却是一两银子也没有兑现。张謇对此大为恼火，一直不能原谅盛宣怀的言而无信，并从此对官商绝了念想。

终于又过了一年半，到1899年夏，大生纱厂才算筹足资金开了工。5月23日，第一批"魁星"牌白棉纱出了厂，当日开动纱锭6 000锭。到1900年2月，大生纱厂就赚回利润2.6万两白银。

张謇有天生的管理和经商才能。在大生创办之初，他亲自执笔撰写《厂约》，对自己和几个董事做了分工，各人均有明确的职责，奖罚措施、利润分配方式等都有具体规定，每天下午2点各部门主管举行例会，有什么问题及时在这个会上讨论解决。有趣的是，《厂约》细到对招待客人几个小菜都有规定，平常饭菜两荤两素，休息天加四碟，二斤酒。另外每月犒劳两次，逢节日或招待来客，"八碟""五簋""四小碗""一点"，不得超过这个标准。《厂约》之外还有25个章程，规矩达195条，在当时，这恐怕已是中国人自办企业能达到的最高管理水准。

由史料可见，张謇办厂，唯一沾了点政策便宜的是，他在南通注册了"二十年内，百里之内，不准别家另设纺厂"的专利权，算是有了一点垄断的优势，不过这在当时也是很通行的做法。① 除此之外，大生的壮大几乎全凭商业上的运作。在纱厂正常生产后，为了降低棉花的收购成本，张謇接着创办了通海垦牧公司，开始自己种棉花。接着，他又陆续开办广生油厂、大兴（复新）面粉厂、资生冶（铁）厂、阜生蚕桑染织公司、泽生水利公司、大达内河轮船公司、大生轮船公司等。这些企业都与纱厂有产业上的关联性：办广生油厂是要利用轧花下来的棉籽，办大隆皂厂是利用广生的下脚油脂，办大昌纸厂最初是想把大生的下脚飞花利用起来，为大生生产包装纸和印刷用纸，办复新是因为大生有富余的动力而且每天浆纱

---

① 李鸿章在上海杨树浦创办机器织布局时，就要求"酌给十五年或十年之限，饬行通商各口，无论华人洋人，均不得于限内另自纺织"。开平矿务局开办时，他也规定距唐山10里内不准他人开采。

织布需要大量面粉，办轮船公司最初是为了大生的运输需要，办懋生房地产公司是外来人口渐多需要住房，办铁厂则是为了制造织布机、轧花车等设备。

如此完备而精妙的产业链打造，完全是大工业制造的理念，不但在当时中国绝无仅有，百年后视之，仍是商业战略上的正道。当时的英国人曾在一份报告中写道："推张殿撰之意，凡由外洋运来各种货物，均应由中国自行创办。"[1] 比张謇小一辈的天津实业家范旭东后来感慨不已地说："南方的张季直先生（张謇字季直），在科举施毒那种环境之下，他举办的工业，居然顾虑到原料与制造的调和、运输、推销，兼筹并重，确是特色。"

张謇办厂，另外一个大的贡献是"绅督商办"，跟盛宣怀的"官督商办"相比，这是晚清企业的一大进步模式。

作为股份制的大生纱厂，股本中有一半是那堆英国纱机折算过来的官股，所以在一开始它也被称为"官商合办"。不过张謇终其一生，都没有让官府的手伸到企业里，数十年中，官股从来只拿官利、分红，并不干涉厂务。身为"总理"，张謇本人虽也是股东之一，但股金不过区区 2 000 两（在全部资本中只占 0.4%）。他在大生的权威从来都不是靠资本、靠股份，而是靠他的状元头衔、人脉资源和治理才干。他以士绅身份，居官商之间，负责全权办厂，这是他独有的不可替代的优势，官替代不了他，单纯的商也不可能替代他。张謇另外一个伟大的地方是，在事业蒸蒸日上的时候，他并没有凭借自己的权威，将企业一点点地据为己有，这在当年的制度和人文环境中，是多么不容易的事情。在大生事业中，他尽管也有被"神化"的时刻，但是，却始终受到股东的监督，特别是在经营窘迫的晚期，他不得不一次次地面对股东会的指责和压力。

知识分子下海经商——我们称之为"士商"或"绅商"——在甲午战争之后的中国渐成时尚。

---

[1] 《关册》（中文本），1905 年，镇江口。

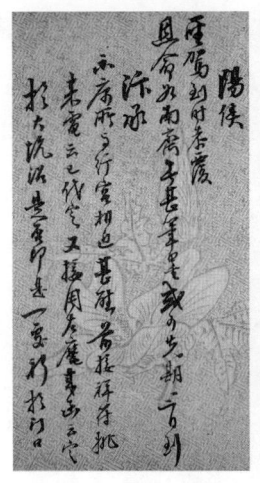

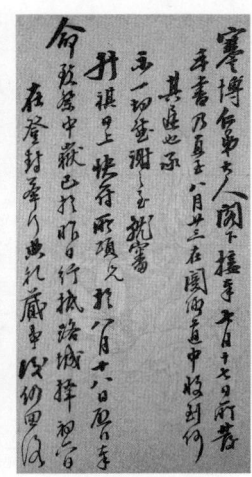

在晚清，投身于现代工业的新兴企业家群体，主要由4类人组成：一是盛宣怀式的官办商人，二是郑观应式的买办商人，三是草根起家、面大量广的民间商人——代表人物是后面将重点讲到的无锡荣宗敬兄弟，四就是张謇式的士绅商人。中国学者马敏认为："在官与商这两大社会阶层之间，士商以其'兼官商之任'的双重身份，模糊了官商界限。他们往往上通官府，下达工商，即所谓'通工商之邮'，构成官与商之间的缓冲与媒介，担负起既贯彻官府意图，又为工商界代言的双重使命。"① 主编《剑桥中国史》的哈佛学者费正清在谈及"张謇现象"时指出，19世纪末，其实中国还没有资产阶级，"相反，正是这些维新派首创了资产阶级，或者可以说是发明了资产阶级。像张謇等士绅文人，在甲午战败后之所以突然开始投资办现代企业，主要是出于政治和思想动机。其行动是由于在思想上改变了信仰，或者受其他思想感染所致。中国的资本主义，长期以来具有某种出于自愿的理想主义的特点"。

▲陆润庠手札

张謇经商在当时确实引起了轩然大波。在他的感染下，两年后，苏州另外一位状元公陆润庠也宣布下海创办纱厂，还有一位咸丰朝的老状元、已经官居礼部尚书的孙家鼐则命他的两个儿子孙多森、孙多鑫在上海创办

---

① 马敏著，《过渡形态：中国早期资产阶级构成之谜》，北京：中国社会科学出版社，1994年版。

了我国第一家机器面粉厂——阜丰面粉厂。这些状元公的行动,可以说是史无前例、惊世骇俗的,对于视"工商"为"末业"的中国社会来说,简直不可思议。

这一士商阶层的陡然出现,因其思想、资本与政治资源的多重组合,很快将成为影响中国变革进程的一大力量,他们中的很多人都在日后的社会动荡中扮演了重要而微妙的角色。

对日战争的惨败,让洋务派颜面扫地,李鸿章落到"国人皆曰可杀"的地步。他被解除了位居25年之久的直隶总督兼北洋大臣职务,投置闲散,住进了京郊虎头峰下的贤良寺。

▲陆润庠的苏纶纱厂

有很多史家认为,甲午战争后,一路曲折的洋务运动便已宣告终结。不过,从事实来看,1895年之后,洋务事业反倒进入了一个高潮期,之前因意识形态争论而搁浅或迟滞的各项工程都得到了迅猛的推进。

甲午战争以后,国人对新事物的接受已非20多年前可比。铁路、工厂影响风水之说终成笑谈。

1896年11月,《纽约时报》在一篇报道中写道:"保守的中国正在觉醒。"该报记者在江苏省的镇江采访了一家新建的丝厂,那里安装了最新型的机器设备,还新树了一个高达90英尺的烟囱。"烟囱对中国人的封建迷信是个重大打击,是对所谓风水观念的极大挑战。此前,中国民众是多么崇尚迷信和风水呀!毫无疑问,现在他们连句抗议的话都没有说。"

据学者汪敬虞在《中国近代经济史》①中的统计，从1895年到1898年的4年中，全国各省新开设的资本万两以上的厂矿共62家，资本总额1 246.5万两白银，远远超过甲午战争前20余年的总数，

▲孙多森的阜丰面粉公司

从增长速度来看，平均每年设厂数是甲午战争前的7倍，平均每年的投资数则是甲午战争前的15.5倍。

在民间投资大热的同时，国营事业也屡有重大突破。在这期间，一直在实业一线操盘的盛宣怀成了最耀眼的人物，他所经手的项目几乎全部关乎国脉。

1896年5月，盛宣怀被湖广总督张之洞招去接手当时国内最大的钢铁企业——汉阳铁厂，张香帅的官本官办实在撑不下去了。一开始，他想到的是交给洋商承办，这当然又是一种典型的官家思维。盛宣怀得悉后，再三去电请缨，力陈"铁政属洋商，利大流弊亦远，属华商，利小收效亦远"。最后，香帅被说动了。

盛宣怀接手铁厂后，当即邀请郑观应担任总办。

郑观应与盛宣怀互相欣赏，是一辈子的好朋友。他们是当世最杰出的实业家，在胸怀抱负、思想高度、战略眼光和经营能力上可谓一时瑜亮。

---

① 汪敬虞主编，《中国近代经济史》，上海图书馆影印版。

不过，他们在"官督商办"的理念上却始终格格不入，郑观应信仰民本主义，对官商体制从来深有不满，10多年前唐廷枢、徐润在招商局的下场更是寒透了他的心。可是，他对盛宣怀又有知遇之心，也很想借盛宣怀的官府背景和强势力量振兴国家实业。这种矛盾心态纠缠了他的一生。对于接管汉阳铁厂，他曾十分犹豫，最后决定"义务出山"。他在给友人的信中说："总理汉阳铁厂，当时声明系当义务，不领薪水。不过欲为整顿，以救危局，而慰知己耳。"

郑观应虽然不领薪水，办起事来却是当仁不让。他一上任后，就宣布招募民股，充足股本。同时，他将化铁炉改建在铁矿产地大冶，大大降低了铁砂长途运输的成本。接着在生产改进上，他提出"觅焦炭，选人才"是拯救铁厂的两大当务之急。汉阳铁的问题是价高质差，英美工厂的生铁每吨生产成本为15两，汉阳厂需25两，而其关键就在于原材料焦炭的紧缺以及提炼技术落后。为了解决焦炭问题，他派人在较近的江西、湖南等地勘探煤矿，最终选定用最近的萍乡焦炭，"自行设局买煤炼焦"。为了降低运输成本，他还建成由萍乡到湘潭、株洲180里的铁路。解决了原料供应问题后，他对炼铁技术再做创新，聘用高水平的英国工程师，还专设学堂，培养自己的技术人才，双管齐下，仅仅一年，汉阳铁厂的生产很快起死回生。

在他的战略调整下，汉冶萍（汉阳、大冶和萍乡）形成了亚洲地区规模最大的钢铁联合体，在中国工业史上地位显赫。

在郑观应十分利落地解决了资本不足、焦炭价高及质量低劣等诸多难题后，接下来就该盛宣怀出手了，他要解决的是产品的销路问题。

在当时，钢铁生产出来主要用途有两个：一是生产枪炮，用汉阳铁造成的步枪史称"汉阳造"，在后来50年里一直是中国陆军最重要的基本装备，几乎每战必有，无役不与；二就是建造铁路。

一直到甲午战争之后，从朝廷到地方才开始痛切地认识到铁路之重

要。当时，全国铁路才有360余公里，相比而言，美国是18.2万公里，英国是2.1万公里，法国是2.5万公里，连小小的日本岛国，也有3 300公里。铁路在当年对经济之重要程度，宛若今天的互联网。在19、20世纪之交的20多年里，伦敦和纽约两大股票交易所中的公司证券差不多都和铁路有关。美国经济史专家威

▲ 1898年，清政府开始修建卢汉铁路

廉·罗伊甚至认为，铁路公司塑造了公司化美国的早期历史，"简而言之，公司体制结构就是铁路体制结构"[1]。

　　铁路的原材料就是钢铁。盛宣怀接手汉阳厂，与张之洞达成的第一个约定就是，如果在湖广境内修铁路，就一定要用汉阳厂的铁轨。张之洞对此十分认同，他在给朝廷的奏折中说："当今时势日急，富强大计，首以铁路为第一要图。"那么，举朝之内，谁堪担当？张之洞一言以蔽之曰："今欲招商承办铁路，似惟该员堪以胜任。"该员，盛宣怀也。

　　郑观应对此也洞若观烛，他对盛宣怀说："铁路不归我公接办，铁厂事宜即退手。"他还观察到当时的一个现象，各地官员们非常乐于采购国外公司的铁轨，表面上的堂皇理由是外货质量好，实质则另有猫腻。"盖购于洋行，则用钱浮冒，一切皆可隐秘，购于华官，则恐一旦漏泄，有碍

---

[1] [美]威廉·罗伊著，《社会化资本：美国大公司的崛起》，1997年版。

▲ 张家口火车站

局员左右辈之自私自利。"可叹的是，郑观应描写的这种景象，百年以降仍未杜绝。

盛宣怀自然深知其中关键，他积极自请出任卢汉铁路公司督办，接着又千方百计成为粤汉铁路督办。1896年9月，也就是接管汉阳厂4个月后，光绪皇帝准奏筹建中国铁路总公司，盛宣怀为督办，授少常寺少卿，并享有专折奏事之特权。他上任后的第一份奏章就是，请求"嗣后凡有官办钢铁料件，一律向鄂厂（也就是汉阳铁厂）订购，不得再购外洋之物"。也就是说，把"轨由厂出"定成了国家政策。有一回，他听说广西开建镇南关至百色的铁路，将用法国造的铁轨，他急电张之洞请予阻止，硬是把这单生意揽了下来。

其后10年，盛宣怀的全部精力几乎都投注在修路一事上。当时修筑的第一条铁路干线是距京城10余公里的卢沟桥（40年后，此地发生"七七事变"，抗日战争全面爆发）至湖北汉口的卢汉铁路。盛宣怀在谈修路困难时称："有三难，一无款，必资洋债，一无料，必购洋货，一无人，必募洋匠……风气初开，处处掣肘。"从1896年到1906年，盛宣怀共修铁路2 100多公里，是之前30余年的6倍，甚至超过民国成立至民国二十年（1911—1931年）所修铁路的总数。

靠"轨由厂出"的垄断政策，盛宣怀打通了钢铁厂与铁路公司的产业链。但是，他还碰到了另外一个大难题，那就是修铁路的钱从哪里来。

在这一点上，赋闲在家的恩公李鸿章给他的建议是，"洋债不及洋股容易"。当时，几乎所有的洋行和外资银行都对铁路事宜垂涎三尺，如要招募股份，可以说马上会被踏破门槛。然而，盛宣怀则表示万万不可。在他看来，当时中国面对的是一个充满了敌意的世界，在国力羸弱之时，铁路权很可能被洋股控制，到时候，"俄请筑路东三省，英请筑路滇、川、西藏，法请筑路两粤，毗连疆域，初则借路攘利，终必因路割地，后患无穷。若借款自造，债是洋债，路是华路"。他对李鸿章表示，宁可借钱也不能出让股份，唯有这样，主权才不会外泄。尽管困难陡增，不过，"唯有坚忍，力持得步进步，渐图成效"。

作为"国企大当家"，盛宣怀对外国资本高度警惕。谁料，10多年后，他竟因修路事宜被国人"误读"为"卖国求利"，最终导致帝国的覆

▲铸铜元的工人

灭，其情曲折，令人百年感慨。1897年，也是洋务派名士的容闳提出用法国资金修筑天津至江苏镇江的津镇线，盛宣怀得知后，"恐以后各路事权均属外人，无一路可以自主"，因此急电朝廷，百般阻挠。容闳是曾国藩时代就已成名的人物，为盛宣怀数十年好友，此议且得到李鸿章认同，盛宣怀仍不惜翻脸，直言反对。

洋股不得入，郑观应给他的建议是，创办新式银行。他在信函中说："银行为百业总枢，藉以维持铁厂、铁路大局，万不可迟。"盛宣怀马上依计而行，他给接替李鸿章出任直隶总督的内阁大学士王文韶写信说："因

铁厂不能不办铁路，又因铁路不能不办银行。"就在出任铁路总公司督办一个月后，他又乘光绪皇帝召见的机会，提出开办银行。

此议很快准奏。1896年11月，中国第一家现代银行——中国通商银行[①]获准成立，盛宣怀受命出任督办。他招募上海、南洋等地的10多个民间商人入股得300万两，朝廷入100万两，银行章程均以英国汇丰银行为蓝本。通商银行成立之际，一度代行了中央银行之职责——清政府正式的央行（户部银行，1908年更名为大清银行）要到1905年才成立——负责铸币及发行货币，其利润当然丰厚，盛宣怀在给朝廷的报告中得意地说："询诸汇丰开办之初，尚无如此景象。"

建铁厂、修铁路、办银行，盛宣怀在1896年前后一口气干成三件大事，而且产业垄断、混业经营、上下游通吃，自然成就为当时最显赫的大实业家。

---

① 中国通商银行：1897年5月在上海外滩6号开业，实收资本金250万两，100万两来自盛宣怀主管的轮船招商局和电报局，78万两来自李鸿章等官员投资，其余为商股；民国成立后，日渐衰落；1934年，在上海各大银行中排名第15位；1935年，被国民政府收编；1949年，新中国政府接管；1952年，公私合营。

企业史人物 | 一代"商父" |

在百年企业史上,盛宣怀被视为"商父",他是一个绝代的天才型官商。然而,也正是因为他的才华出众和意志坚强,才把洋务事业引向了一个万劫不复的深渊。

盛宣怀每办一实业,必身躬亲为,不嫌其烦。修建铁路时,他已年过五旬,而且时患哮喘、痢疾等恶疾,但他仍然奔波各地,在病榻上处理事务。他交际广泛,据记载,常年通信的人士就多达2000余人,每有私密重要信函,必亲撰亲写,其精力旺盛实在骇人。

终其一生,盛宣怀的所有事业都是在跟国际资本的竞争中壮大起来的。他所开拓的实务,无论是轮运、矿务、电报,还是铁路、钢铁和银行,都是一个现代商业国家的基础性产业,每一项俱事关国计民生,稍有不慎,都可能动摇国本。更为惊心的是,他身处一个财尽民贫、国家饱受侵略屈辱的乱世,国库空虚,官僚腐败,民众迷信,几乎没有可以依赖的力量,却凭一己之力,以弱者的身份呈现强人之姿态,从列强手中夺回了诸多的国家主权和经济权益。

他对国外资本从来十分排斥,以强悍的姿态与之抗衡。在招商局时期,他跟英美公司在长江航运上打了10年的"水仗"。洋商为了压垮招商局,一度把运费降到过去的一成,他硬是挺身而战,最终把对手逼到谈判桌上签订了"齐价合同"。在办电报局的时候,他顶住压力,通过艰苦谈判,将两家外资电报公司在沿海地区的电线全数拆除,让"洋线不得上陆",维护了国家的主权。办铁厂和修铁路也是一样,他坚持以我为主,反对洋股介入,甚至因此与李鸿章、张之洞等洋务重臣公开抗辩。在矿务勘探和开采上,他每一听说洋商发现或打算开采某一矿藏,就必定要急急地写信给朝廷,要么阻止要么抢先,总之千方百计要把矿权揽入怀中。数十年间,在很多时刻,盛宣怀的确扮演了国家经济利益捍卫者的角色,这也是他十分值得尊敬和怀念的地方。

盛宣怀与洋人竞争的重要手段，就是充分利用政府垄断资源。早在创办轮船招商局的时候，他就提议用40万石漕运业务来为公司"打底"。在跟洋商打"水仗"的时候，他要求李鸿章给予种种政策上的优惠扶持，譬如减免漕运空回船税、减免茶税、增加运籍水脚以及缓提官本等。办铁厂和修铁路的时候，他更是双管齐下：一方面要求"轨由厂出"，保证了汉阳铁厂的利润，另一方面则全面排斥洋资进入。1893年，上海机器织布局因失火造成重大损失，盛宣怀被派去救局。他以保护民族纺织业为由，提出两大产业政策：一是严禁洋商进口纺织机器而设厂，二是织布局的纺织品销售"免完税厘"。这一卡一免，就给了陷入困境的企业一条活路。

盛氏的这种经营战略，在后来的中国经济学者看来一点也不陌生，它几乎是所有国营垄断型企业的必杀招数。其利在于，垄断能够产生庞大的效益和竞争力；其弊则在于，企业因此患上"政策依赖症"，并没有形成真正的市场竞争能力，就跟百年后的无数国营企业一样，在摆脱了初期的困境之后，国营企业内在的制度弊端必然愈演愈烈，终成不治之症。据当时人士记载，盛氏所属的诸多企业都官气沉沉，同乡遍地，效率低下。费正清在《剑桥中国史》中如此描述盛宣怀主持下的通商银行："董事们主要关心的，是控制各省与北京之间汇划政府经费这一有利可图的业务，没有向工业提供贷款的打算。其少数的工业贷款，也主要给了盛宣怀自己掌控的企业。"这种垄断型国营企业的利弊，百年以后视之仍然是昭然若揭。费正清因此对他的评价是："由官员变为官僚企业家的最明显的例子是盛宣怀……他喜欢搞官场上的权术，而不惜牺牲健全合理的商业经营方式。他在那些明显地享受着垄断或者大量官方津贴的企业中无往而不胜，而在有竞争的企业中却往往败北。"

盛宣怀的恩师李鸿章曾用十六字形容盛宣怀："一手官印，一手算盘，亦官亦商，左右逢源。"这种"一体两面"的官商形象，正是洋务运动的一大特色。在千年的正统儒家思维中，商人天性重利，社会地位排在官士农工之下，与乞丐、妓女为同流。晚清国衰，几乎所有的有识之士都开始改变对商人的观感,"官督商办"既是无奈之举,也有深刻的进步性。可是,在具体的操作中,政府始终无法遏制自己对权力的欲望,情形危急时,商人总是被推在前面,而等到环境稍有更新,当即无情出手,不但揽事争利,而且罗罪逐人,从来不假颜色。

作为"官督民办"模式的首倡者,盛宣怀的基本理念就是:"民资可用,也可欺凌。洋资可用,绝不可信。"

他的所有实业都有一个共同的特点,就是均有民间资本参与。他深信"非商办不能谋其利,非官督不能防其弊"。在拯救汉阳铁厂一案中,盛宣怀的实业理念显然比只知道"政治正确"却从来"不问费多寡"的张香帅务实很多。不过从实践来看,"非商办不能谋其利"或是商业真理,"非官督不能防其弊"却是大大的未必。在官督商办企业中,商股在经营中都没有话语权,仅为可利用者而已。在盛宣怀的经营团队中,多有买办出身的职业经理人,其中不乏像郑观应这样的经营奇才。不过,这些资金及人才在盛宣怀看来,都无非是可以利用之"物"而已。对所有项目,他一直以政府代管人的身份牢牢地掌握着控制权。

盛宣怀到底是官员还是商人,在当时就有争议。1897年6月,正当他的事业如日中天的时候,他的一个下属、上海电报局总办经元善就尖锐地提出了这个问题。经元善早年是一个钱庄商人,与郑观应曾结拜金兰,也是一个改良思想很激进的人,曾在上海创办了中国第一所女子学校——上海经正女学。他在给郑观应的一封信中就直言盛宣怀"身份不明","任官督,尚忽于统筹全局之扩张,任商办,犹未能一志专精乎事功"。他还引用一位苏州商人的话说,盛宣怀的做派是"挟官以凌商,挟商以蒙官"。

数十年间,盛宣怀多次被言官弹劾,对其指责大多是"害则归公,利则归己",此指摘半是诬陷,半是事实所在。盛宣怀所经营企业,往往公私不分,没有回避制度,更没有透明、公开的监管体制。他掌印招商局后,把买办出身的徐润、唐廷枢先后驱赶出局,同时乘人之危将他们的股份据为己有,经多年暗箱操作,终于持股2.2万股,值银440万两,成为最大的个人股东。接管之初，他在清算产业时发现，并购旗昌洋行时有47处房产约合50万两，没有列入账册，便密函李鸿章，建议派心腹数人另立一家公司收买下来，估计每年可得8%的收益，并询问李鸿章是否愿意附股。在创办通商银行的时候，为了争取朝廷支持，他公然向大学士王文韶行贿，为他在银行中"代留500股"。

正是在这种暧昧不清的经营活动中，他继胡雪岩之后，成为晚清"首富"。在他去世后，盛家请出"世家恩公"李鸿章的长子李经方出面主持清理财产，认定财产总额为白银1 349万两。盛宣怀一生自诩为国经略，尝说："言者皆指为利权在手，不知此皆千百人之公利，非一人之私利也……不过想要就商务开拓，渐及自强，做一个顶天立地之人，使各国知中原尚有人物而已。"在如此慷慨陈词之下，身处一个民穷财尽的年代，居然能聚敛如此财富，实在是一个天大的讽刺。

盛宣怀这类天才型官商的出现，既是偶然，也为必然，总而言之是中国商业进步的一个悲剧。他以非常之手段完成不可能之事，却始终无法摆脱官商逻辑。在某种意义上，一方面，正是他的强势试验，在暮气重重的晚清掀起了一轮实业建设的高潮，取得了惊人的突破；另一方面，其强势的官商风格，则让洋务运动越来越浓烈地笼罩上了国营垄断的色彩。

1900 / 国变中的商人

秋风宝剑孤臣泪，落日旌旗大将坛。

——李鸿章：《绝命诗》，1901年

受甲午国耻之刺激，借康梁维新之春风，清朝的洋务事业出现了一个小高潮。可是，仅仅三年后，风云再变。1898年9月28日，谭嗣同等"六君子"被问斩于北京菜市口，维新派领袖康有为、梁启超逃往海外，变法维新彻底失败，是为戊戌政变。

变局起于上一年的冬天。11月，德国强占山东胶州湾，康有为上书，陈述列强瓜分中国，形势迫在眉睫。他随即在北京发起成立保

▲谭嗣同

▲ 实行"新政"谕旨

国会。1898年6月11日，光绪皇帝颁布《明定国是》诏书，宣布变法。此后三个月，光绪颁布了一系列变法诏书和谕令。主要内容有：经济上，设立农工商局、路矿总局，提倡开办实业，修筑铁路，开采矿藏，组织商会，改革财政；政治上，广开言路，允许士民上书言事，裁汰绿营，编练新军；文化上，废八股，兴西学，创办京师大学堂，设译书局，派留学生，奖励科学著作和发明。

变法的所有内容，俱在之前多年已被反复议论，绝大多数成朝野共识，可是，在执行的过程中，却被保守人士以及王公贵戚视为"人事清洗"，一时间，"帝党""后党"竟成水火不容的对立之势。9月，维新派向光绪密奏，建议重用握有兵权的工程右侍郎、山东巡抚袁世凯，由袁世凯去杀掉慈禧最宠信的满人将军荣禄。袁世凯向老上司荣禄告密。9月21日凌晨，慈禧太后突然从颐和园赶回紫禁城，直入光绪寝宫，将之囚禁于中南海瀛台。紧接着，慈禧宣布临朝"训政"，废止几乎所有新政法令，捕杀维新派，从6月11日至9月21日，进行了103天的戊戌变法宣告失败。33岁的湖南人谭嗣同在狱中题壁诗曰："我自横刀向天笑，去留肝胆两昆仑。"临刑前他又留绝命词："有心杀贼，无力回天。死得其所，快哉快哉！"其志慷慨，其情悲绝，感动全国。

百日维新的血腥收场，意味着变革在清王朝的正常体制内已经难以完成。当洋务派、维新派先后丧失了主导权之后，改革的主流开始从体制内的官僚、士绅、文人等阶层，向体制外的力量转移，改革的方式从和平的渐进式，向暴力、颠覆式革命转移。用梁启超的话说，"革命党者，以扑灭现政府为目的者也。现政府者，制造革命党之一大工场也"[1]。

戊戌政变仅仅一年多后，风雨飘摇中的国家再遭劫难。

1900年，中国北方爆发义和团运动，数万由贫困农民、小贩和手工业者组成的秘密团体突然发动对在华洋人的袭击。他们捣毁教堂，冲击租界，杀死中外教徒，数十年的深重屈辱转化成民族主义的熊熊烈火。义和团提出的口号是"扶清灭洋"。6月初，他们捣毁了长辛店铁路和丰台铁路，攻击正在保定修铁路的外国工程师，然后向北京、天津进发，攻打东交民巷的各国使馆。6月10日，英、俄、日、法、德、美、意、奥八国联军共2 000余人，从天津向北京进犯，双方在廊坊附近发生激战。义和团的拳民充满了神怪气质，他们宣称穿上一件画有符咒的衣服或喝了一种"神水"后就可以刀枪不入。6月初，慈禧曾委派军机大臣刚毅和赵舒翘前往涿州，亲自验看义和团各种"神功"是真是假，两个老兄弟经过两天考察，竟认定"神功可恃"，老糊涂的慈禧信以为真，于是下决心与诸国开战。这很像60年前林则徐深信英国士兵的膝盖是不会弯曲的，一个误判的细节足以改变一个国家的命运。慈禧下诏与各国宣战，号召"义民成团，藉御外侮"。8月14日，八国联军两万人攻陷北京，洗劫三日，并冲进紫禁城，掠走大量珍宝，犯下所谓的"文明人"最野蛮、最不齿的罪恶行径。慈禧化装成东北老太太携光绪皇帝仓皇西逃。后世将这一段很哀伤而奇异的历史称为"庚子国变"。

---

[1] 梁启超，《现政府与革命党》，载《新民丛报》，1907年。

▲义和团揭帖

北京惨遭洗劫的同时，各国军舰也气势汹汹地游弋在上海港、广州港及长江沿岸，商业富足的南方眼看也难逃一劫。这时候，官商盛宣怀和士商张謇联手演出了一出很精彩的"互保大戏"。

5月间，义和团进入北京的时候，盛宣怀就觉得大事不妙。他借口到上海"考察货物时价"悄悄南下，一边打理实务，一边密切关注时局。对义和团运动，他力主镇压，认为"拳会蔓延，非速加惩创，断难解散"。他的观点得到洋务派大佬们的认可。当时，李鸿章被派到广东任总督，张之洞在湖广，刘坤一在江浙，袁世凯在山东，也就是说最清醒的官员都不在朝堂，北京任由慈禧胡来。当老太后悍然向八国宣战的时候，四大总督都知道大祸将至，张之洞在圣旨下达同日电奏朝廷，"恳请严禁暴民，安慰各国，并请美国居中调停"。李鸿章更绝，他径直对辖内官员说，北京的电报发错了，"此乱命也，粤不奉诏"。但是，大家对如何解决危机仍束手无策。

这时候，盛宣怀提出"东南互保"方案。具体来说，就是四大总督向各国公使保证，他们将"奉诏"自保疆土，长江及苏杭内地的外国人生命

▲庚子国变时北京外国使馆情景

财产,由各督抚承诺保护,上海租界的中外商民生命财产,则由各国共同保护,"此疆尔界,两不相扰"。

互保方案明显与慈禧的宣战圣旨相悖,若按清律,是大逆不道的灭门大罪。盛宣怀斗胆提出,居然得到李鸿章、张之洞等人的响应。在南通办纱厂的"状元企业家"张謇得闻此议,也非常认可,并积极参与促成。几位总督中,刘坤一最为首鼠两端,他对形势判断不清,与李鸿章、张之洞等人又有心结矛盾。这时候,跟他交情最深的张謇出面劝说,张謇在回忆录中对这一段有精彩的描述:"刘坤一犹豫,复引余问:'两宫将幸西北,西北与东南孰重?'余曰:'无西北不足以存东南,为其名不足以存也;无东南不足以存西北,为其实不足以存也。'刘蹴然曰:'吾决矣。'告其客曰:'头是刘姓物。'即定,议电鄂约张(张之洞)。"由此可见,刘坤一听了张謇的进言,终于决定提着脑袋搞互保。

张謇搞定刘坤一后,盛宣怀则连日周旋在各国公使之间,"忧心焦思",力图说服。盛宣怀主商多年,身份亦官亦商,在各国公使看来,是全中国最有信用的人之一。况且,他们也不希望江南战乱,损害自己已有的商业投资。互保动议竟然得到了实施。经过盛宣怀、张謇等人的努力，在北京硝烟满天的时候，南方终于没有发生战事。《清史稿》记录此事，认定"宣怀倡互保议"。

"东南互保"在中国政治史上是一个标志性事件，圣旨被当成"乱命"，意味着中央政权至高无上的权威性已经瓦解，皇权陨落，看来只是一个时间和方式问题了。而让人意外的是，促进此事者，却是一群注重实业的官商和士商。盛宣怀在当时的官阶只是一个二品顶戴的"道员"，而张謇更不过是一个已经下海经商的状元，其他活跃的人还包括汤寿潜和沈曾植等人。汤寿潜当时是浙江一个学堂的校长，后来与张謇合资创办了中国第一家民营轮船企业大达轮步股份有限公司，沈曾植则是南洋公学（后来的上海交通大学）监督（校长），后来创办过造纸厂。

在某种意义上，这是近现代史上，新兴的企业家阶层第一次在政治上展现自己的智慧和能力。他们的成功，得益于开明理念、社会声望、商业实务上的积累以及独特的妥协智慧。

庚子国变后，慈禧被吓破了胆，日后讲出了"倾举国之力，与洋人结欢"，"宁与洋人，不与家奴"等著名混话。为了跟列强谈判，她又想到了李鸿章，于是急命李鸿章复职直隶总督，从广州赴京与列强谈判。

李鸿章奉诏北上，途经上海，专门召见刚刚忙完互保事宜的盛宣怀。两人在位于宝昌路的盛家花园（现在的淮海中路1517号）促膝对话两昼夜。烛火明灭黯淡月，天公不语对枯棋，此情此景，竟比30年前曾国藩与赵烈文的那场夜谈更为凄切。临别，77岁的李中堂与比他小20岁的盛宣怀，执手相看泪眼，留下六字曰："和议成，我必死。"

1901年冬，李鸿章签下中国历史上最大的赔款条约《辛丑条约》，赔款列强共4.5亿两白银，分39年付清，本息共计9.8亿两。当时清政府的年财政收入约为8 800万两，也就是说，辛丑赔款相当于11年的全国财政

▲ 清朝签订不平等条约——《辛丑条约》

收入总和。①11月7日，李鸿章在京郊贤良寺郁郁而亡，临终时"双目犹炯炯不瞑"。

　　李鸿章去世，清政府失去了最后一根支柱，凄风苦雨，大厦已是摇摇欲坠。李鸿章曾对自己做如下总结："我办了一辈子的事，练兵也，海军也，都是纸糊的老虎，何尝能实在放手办理，不过勉强涂饰，虚有其表，不揭破尤可敷衍一时。如一间破屋，由裱糊匠东补西贴，居然成一间净室，明知为纸片糊裱，然究竟不定里面是何等材料。即有小小风雨，打成几个窟窿，随时补葺，亦可支吾应付。乃必欲爽手扯破，又未预备何种修葺材料，何种改造方式，自然真相破露，不可收拾，但裱糊匠又何术能负其责？"②

　　他的死敌、维新派人士梁启超认为李鸿章的局限在于对制度改革缺乏认识和决心，"以为吾中国之政教风俗无一不优于他国，所不及者惟枪

---

　　① 赔款数字是按当时中国人口约为4.5亿人来计算的，每人被摊派1两银子，以此作为对中国人民的处罚。

　　② 吴永口述，刘治襄笔录，《庚子西狩丛谈》，桂林：广西师范大学出版社，2008年版。吴永是李鸿章的幕僚，这段话源自李鸿章写给他的信。

第一部　1870—1910　留着"辫子"的洋务运动　　　101

耳，炮耳，船耳，机器耳"。梁启超因此说："吾敬其才，惜其识，悲其遇。"①

李鸿章临终前一日，俄国公使还逼他在条约上签字。他呈慈禧太后《绝命诗》一首曰："劳劳车马未离鞍，临事方知一死难。三百年来伤国步，八千里外吊民残。秋风宝剑孤臣泪，落日旌旗大将坛。海外尘氛犹未息，请君莫作等闲看。"言辞凄惨，若秋风落叶。

跟恩师曾国藩一样，他倾毕生之才智没有能够拯救这个给他带来无上荣耀和漫天耻辱的帝国。学者刘广京在《剑桥中国史》中对他的基本判断是："李毕生对外国的意图始终怀疑。他同外国人的所有交道中，都坚持维护中国的利益。"遥想59年前的1842年夏天，风华正茂的安徽才子李鸿章弱冠赴京。是年，中英《南京条约》刚刚签订，少年李鸿章心忧国难，做《入都》十首，诗内有"一万年来谁著史，三千里外欲封侯"，一时传诵京城。②然而，在其后的将近一个甲子里，他却连续签下《烟台条约》《中法新约》《马关条约》《中俄密约》及《辛丑条约》，成了人人唾弃的"卖国第一人"。1979年版的《辞海》称他是"中国近代史上媚外卖国的典型人物"。造化弄人，竟可至此。

李鸿章逝后，曾有人预言他的"幕中第一红人"盛宣怀肯定是鸿运到头了。没有想到，他仍然是屡当重任。究其原因固然颇多，而最紧要的一条则是，国内实在没有人比他更会办理实业了。1901年12月，他被加赏为太子少保衔，第二年2月，授工部左侍郎，进入中央决策机构。

从戊戌变法失败到庚子国变，中央威严尽失。变革力量从体制内转到体制外，后来10年，孙中山的革命党不断起义，激进思潮日渐蔓延。而

---

① 梁启超著，《李鸿章传》，天津：百花文艺出版社，2008年版。
② 李鸿章另一首《二十自述》诗："蹉跎往事付东流，弹指光阴二十秋。青眼时邀名士赏，赤心聊为故人酬。胸中自命真千古，世外浮沉只一沤。久愧蓬莱仙岛客，簪花多在少年头。"

中国企业成长的主流，也从由上而下的洋务运动，转而为由下而上的民间创业热潮。

1900年之后，张謇的大生纱厂进入全盛期。在义和团运动中，北方大乱，南方却未受影响，而局势动荡，造成洋纱进口明显减少，机纱市场价格挺俏。这年秋天，张謇在日记上高兴地写道："厂事复转，销路大畅。"到年底，大生获纯利达11.8万元。从1901年到1907年，张謇一口气先后创办了19家大大小小的企业，赫然成为国内规模最大的民营企业集团。

张謇经商十分成功，不过作为士商代表的他却志不在此。

在"东南互保"中倾尽全力后，他继而起草了一份《变法平议》，提出42条具体的改革意见，呈递给朝廷后，竟无任何下文。失望之余，他决心从实业、教育入手，在民间层面实现自己改造社会的理想。他曾对人说："我知道，我们政府绝无希望，只有我自己在可能范围内，得尺得寸，尽可能得心而已。"

▲大生纱厂

▲张謇办的南通师范学校

张謇的精心构思是,靠一己之力量,彻底改造自己的家乡南通县。而实行的办法就是"父教育,母实业",把南通建成一个带有自治性质的模范城市。

1903年开春,张謇在南通创办小学。那时一般都叫"学堂",张謇称"学校"很是超前,10年后,新生的民国教育部才通令全国一律改称"学校"。张謇的小学分为本科和讲习科。4月23日,本科生复试的试题是他亲自拟的,经义兼国文的题目是"先知先觉释义",历史题为"三代学制大概",地理题为"中国生业物产大概",还有两道算术题。

据记载,考试那天,大雨滂沱,学生都是撑着油纸伞来的。监考的教习中就有以后鼎鼎大名的国学大师王国维,另外还有多位日本籍教习。张謇壁立校门,淋雨迎候每一个学生。学校开学前夜,张謇和一个助理逐一检查学生宿舍,月沉星稀中,助理举蜡烛,他拿锤子,在每个房间门口钉名牌,把钉子敲牢,直到后半夜。他为学校立的校训是"坚苦自立,忠实不欺"。为了提高教师收入,有一年,他在一次股东会上提议,把旗下一家垦牧公司原来的3 000多股按4 000股分派,多出的近千股作为红股份,给南通师范学校450股，公司职员460股。

南通原本是个偏处一隅的小城，在张謇办厂之前，城内人口不过4万，没有任何工业，只有零星的手工作坊，人们按农业社会的节奏遵循着传统的生活方式。小城被一条叫濠河的河流环绕，千百年来有"富西门，穷东门，叫花子南门"之谓，张謇便把自己的事业都投注在南门之外、濠河以南的荒地上。他立誓要在这里建一座中国最好的模范城。随着他的企业日渐增多，荒芜的城南竟渐成气候。南通旧城内民房矮小密集，街道狭窄，宽不过两间，只能通人力车。南边的新城则道路宽广，可通汽车，沿着濠河和模范路，南通师范、图书馆、博物苑、更俗剧场、南通俱乐部、有斐旅馆、桃之花旅馆，以及女工传习所、通海实业银行、绣织局等企业及公共设施比邻而兴，南通向外界展示出自己最近代的一面。

张謇经商一生，所积财富数百万两，大多用于教育和地方建设。他的平常生活十分俭朴，每餐不过一荤一素一汤，没有特别客人，不杀鸡鸭。1903年，他应日本博览会之邀去日本考察，买的是最便宜的三等舱客票。有人惊讶于他的节俭，他答曰："三等舱位有我中国工、农、商界有志之士。一路与他们叙谈振兴实业之大事，乃极好良机，求之不得。"他曾计算，经商20多年中，用在公共事业上的工资、分红可计150多万两，加上跟他一起办企业的哥哥所捐，总数超过300万两。

张謇多有名言留世。他尝言："天之生人也，与草木无异。若遗留一二有用事业，与草木同生，却不与草木同腐。故踊跃从公者，做一分便是一分，做一寸便是一寸。"斯人的眼光与胸怀，实为百代仅见。

从张謇等人身上，我们看到的事实是，在国难乱世之中，新生的企业家阶层并不是一群只知道维护一己利益的人，也不是一群被改造的、随波逐流的人。他们在很多时候表现出来的勇气和理性是其他阶层的人们所不及甚至不能理解的，他们因自己的事业而形成了一股特别的力量，在有些时候，竟让人觉得他们也许是真正勇敢的人。

在晚清，张謇与盛宣怀是民营企业与国营企业的两大代表人物，对比两人的事业格局，十分有趣。

自 1895 年之后，盛宣怀的注意力全部投注在钢铁、矿产、铁路和银行等领域。这些公司均属于资源性行业，需得到强大的政府政策扶持，因垄断而具有暴利性。张謇的事业则在纺织业、围海养殖等民生产业。在这些领域中，进入已无门槛，国际资本聚集，是一个充分竞争性市场。两人事业，上下游泾渭分明，竟俨然成了规律。在后来 100 年的中国经济中，国营资本大多循的是盛式路径，而民营资本走的正是张謇道路。

1900 年之后，正当张謇的纱厂生意十分兴隆的时候，江浙一带的民间资本也迎势而上，纷纷投入现代的民生产业。其中，对日后影响最大的是无锡荣家兄弟。

1902 年 3 月，一家保兴面粉厂在无锡西门外梁溪河畔的一个土墩上悄悄开业了。它占地 17 亩，工人 30 个，最显眼的是它有 4 套法国造炼的大石磨，引擎 60 马力，磨出来的面粉又细又白，每日夜可出面 300 包。它的主要投资人是荣宗敬（1873—1938）、荣德生（1875—1952）兄弟，共集资 3.9 万两白银。荣家兄弟出身贫寒，太平天国起事期间，无锡遭遇战乱，荣氏一门几乎灭绝，其父因为在上海铁铺当学徒才幸免于难。10 多岁时，两兄弟就背着一个小包裹到广州、上海等地谋生计。因头脑活络、手脚勤快，他们竟慢慢地有了一些积蓄。到 1896 年，他们与父亲一起在上海开了一家广生钱庄，自己当起了小老板。又过了几年，钱庄生意清淡，父亲也因病去世，兄弟俩决定转行去做面粉厂。

当时国内已开业 12 家机器面粉厂，最出名的就是老状元孙家鼐家族开办的阜丰面粉厂，保兴是最小的一家。荣家兄弟的工厂

▲荣宗敬

从一开张那天起就不顺利,当地乡绅告荣家兄弟私圈农田,还投诉他们搞了一根大烟囱正对着学官,有碍风水。一场官司风波打到了两江总督府,幸好总督刘坤一是个洋务派,把讼书给驳了回去。面粉生产出来以后,销路很差,头一个月就积压了上千包,因为江南人以大米为主食,面粉销路在北方。荣家兄弟从来就没有跨过江,对那边的市场是两眼一抹黑。开厂一年多,其他股东就灰心丧气地撤了资,两兄弟只好把名字改成茂新,重新去办了注册。

　　天下的生意都是咬牙熬出来的。荣家兄弟渐渐显出了经营上的才干。他们先是物色到了营销上的能人,专门去打开北方市场。他们在销售上还动了很多脑筋,比如在面粉包里随机放进一块铜元,作为"彩头",给消费者带来意外的惊喜,这种促销花样在很多年后仍然有效。1904年,东北爆发了日俄战争,面粉需求陡然增加,生意一下子就好了起来。两兄弟还十分重视对新技术的投入。1905年,他们得知英国的制面设备比法国的要好,马上决定购进六部英制钢磨机器,生产能力顿时翻了一番。不久后,他们得悉美国研制出了新的面粉机,性能更加优良,于是又下决心举债采购。

▲面粉车间

荣家兄弟是一对十分奇特的组合。兄长荣宗敬长得浓眉方脸,英气逼人,做起事来雷厉风行,手段霹雳;弟弟荣德生则面圆耳长,慈眉善目,慎思笃行,稳健保守。两人在衣着上的区别也很明显,老大喜欢穿西装,整日发蜡闪闪;老二终年是青衫长褂,一副乡绅打扮。这种截然不同、颇为互补的个性也充分体现在生意上,甚至成为荣氏事业得以壮大的最重要的保证。荣宗敬大胆扩张,见到机会咬住就上,他的经营哲学是"只要有人肯借钱,我就敢要,只要有人肯卖厂,我就敢买",是一个典型的激进战略痴迷者。在进口美制面粉机时,需12万两白银,茂新根本拿不出那么多钱,荣宗敬力主向洋行借款,先付两成,其余两年还清。荣德生有点迟疑,他则认定,"只有欠入,赚下还钱,方有发达之日"。1905年,就在面粉厂刚上正轨之后,荣宗敬当即提出"吃着两头,再做一局",再办一家棉纺厂。从此,荣家靠面粉、纺纱起家,"既管吃,又管穿",构筑出一个惊人的商业王国。当然,他的冒进个性也常常陷企业于巨大的危机。

1907年,荣宗敬在上海做金融投机失手,造成数万元的巨额损失,连他先父创办的广生钱庄都搭了进去,钱庄被迫倒闭关门。生死关头,身在无锡的荣德生捧着自家田单及房屋单契,火速赶到上海,以此作保,才把荣宗敬从烂泥中拉了出来。

后来20多年中,这种危急景象居然发生了多次,荣宗敬舔净伤口,依然猛打猛冲,荣德生则在后面掩护救难,每每把兄长和公司从悬崖边拉回。就这样,荣家事业在激进与保守之间,十分奇妙而迅猛地扩张。

▲荣德生

1900年前后,中国商业界还发生了一个很大的事件,那就是洋务派最重要的矿务实业——开平矿务局被英国人骗走了。这个骗局牵涉英、德、美三国，甚至还是由一个后来当上了美国总统的年轻人操盘的。

开平煤矿由李鸿章决策、大买办唐廷枢一手创办。到1895年之后，它跟招商局一样，落入了佩着顶戴的官商之手，出任督办的是恭亲王的亲信张翼。煤矿的发展需要不断投入资金，朝廷没有资本注入，而张翼又不愿意让商股在总股本中占据优势，于是他选择了对外举债。1899年9月，张翼通过德国顾问德璀琳向英国墨林采矿公司借款20万英镑，以开平矿务局的全部资产作为抵押。代表墨林跟张翼谈判的是一个时年25岁、叫赫伯特·克拉克·胡佛（Herbert Clark Hoover）的美国年轻人。他在30年后成为美国的第31任总统，在他任内爆发了著名的1929年美国经济大萧条。

毕业于斯坦福大学地质系的胡佛是一年前来到中国的，他对勘探金矿充满了兴趣。在张翼的帮助下，他曾经在120名大清骑兵的护卫下，在华北一带四处探险。他还为自己起了个中国名字：胡华。在成为墨林公司驻天津代表后，他写了一份《开平矿务局报告》，内称：“这项产业肯定值得投资100万镑，这个企业绝不是一种投机事业，而是一个会产生非常高的盈利的实业企业。”

1900年6月，义和团在天津起事，很快蔓延至北方，京津一带惊恐万状。胡佛和很多外国人一样在天津公馆内被围困了一个多月。而此时，张翼也躲进了英租界的家中。一个多月后，八国联军攻陷北京。某日，英国驻天津领事亲自带兵冲进张宅，以张家养有大量鸽子为由，认定"疑与拳匪相通"，逮捕了张翼，把他关在太古洋行的一个旧厨房里。

当时，慈禧已经西逃，京津被联军控制，"通拳匪"是一个不用审判就可以杀头的罪名，张翼被吓得魂飞魄散。在被关押了两天后，德国人德璀琳出现了。他告诉张翼，天津的煤栈被烧毁了，唐山矿区乱成一片，为了避免战火，他建议将开平煤矿挂上英商的招牌。他随即取出一份事先拟好的"护矿手据"，内容是"委派古斯塔·冯·德璀琳为开平煤矿公司经纪产业、综理事宜之总办，并予以便宜行事之权。听凭用其所筹最善之法，以保全矿产股东利益"。也就是同意德璀琳可以自行处理一切事宜。德璀

▲ 胡佛

琳说，只要张翼签了字，由他向各国使馆担保张翼性命无虞。张翼签字，第二天就被放了出来。

7月30日，得到"便宜行事之权"的德璀琳跟胡佛坐在了一起，前者代表开平矿务局，后者代表墨林公司，签订了出售合约，价格是象征性的8英镑。根据这份合约，"开平矿务局所有之地产、码头、铁路、房屋、机器、货物，并所属、所受、执掌或应享有之权力、利益，一并允准、转付、移交、过割与胡佛……胡佛有权将其由此约所得的一切权力、数据、利益，转付、移交与开平有限公司"。胡佛把合约带回墨林公司后，得到了5 000美元的奖赏，这在当年是一笔不菲的报酬。接着，墨林又转手将开平卖给一个名为"东方辛迪加"的英国财团。12月28日，新组成的开平矿务有限公司在伦敦注册。在签署正式"移交约"的时候，昏庸的张翼又被耍了一把，中文合同与英文合同存在明显的表达差异，中文为"保管、托管"，英文则为"出售"。为了安抚这个慷慨的大官商，胡佛则答应张翼可以担任终身"驻华"督办，其所持有的3 000股开平老股可换成7.7万新股，此外还给他20万两白银用于打点上下。第二年2月下旬，英军进驻矿区，升起米字旗，胡佛被任命为新公司的总办，并得到8 000股的公司股票。他搞了半年的接管工作，在写给董事会的报告中称："我们的任务完成得令人满意，而留给我们后任的乃是一个前程远大的企

110　　跌荡一百年：中国企业1870—1977

业。"①

开平矿务局被骗走后,闯下大祸的张翼一直刻意隐瞒此事。直到1902年11月,因为一次"降旗事件"此事才被捅了出来。当时煤矿悬挂了清朝黄龙旗和英国米字旗,英国人认为转卖事宜已经底定,就强行降下黄龙旗,结果引起矿工的强烈抗议。有人将此事密告袁世凯,骗局才大白天下,顿时引起朝野震惊。清政府责成张翼赴英国起诉墨林公司骗取煤矿一案,随张翼一起去的,是因翻译《天演论》、提倡"物竞天择""适者生存"而出名的著名学者严复。这场国际官司一直打到1905年年底,张翼花费了百万白银,经过数月14次的开庭审理,法庭最终的判决却是,承认墨林有欺骗行为,但仍然以"无法强制执行"为理由将煤矿判给英方。清政府不敢得罪英国,此事居然不了了之。

就在胡佛操盘骗取开平的时候,唯一提出抗议的是一个比他年长8岁的中国商人,他叫周学熙(1866—1947),时任矿务局总办。根据规定,在"移交约"上需有督办、总办一起签字,周学熙拒绝签字,并因此愤然辞职。在其后10年中,周学熙为了夺回开平,谋篇布局,大开大阖,商战从清朝一直打到民国,最终却还是功亏一篑。

---

① 胡佛后来又在中国待了不少年。1904年,他还曾向南非斯互金矿输出华工,收取了43万银元的佣金。至此,他成为美国第一个在中国发财的百万富翁。1913年,胡佛携大量财产返回美国,在旧金山开设了自己的公司,成为商界知名人士。从1921年开始,他当了8年的商务部长,1928年11月6日,当选为美国总统。

企业史人物 | 北方一周 |

▲周学熙

晚清至民国初,北方最著名的实业家就是周学熙。

周学熙是继盛宣怀之后,声名最隆、成就最大的官商。他出身官宦世家,父亲周馥早年追随李鸿章,官至两广总督,也是一个著名的洋务派大臣。他跟袁世凯关系紧密,一度成为北洋政府的财政操盘手。周氏实业庞大,是民国初期规模最大的实业集团之一,周学熙与江南的张謇并称为"南张北周。"

周学熙30岁时就当上了开平矿务局的总办,一方面是因为他精于商略,另一方面则因周家与张翼是儿女亲家关系。张翼卖局后,周学熙愤然辞职,随后投奔当时正冉冉升起的政治新星、山东巡抚袁世凯。两人气味相投,袁世凯的一个儿子与周学熙的妹妹结婚,于是亲上加亲,结成官商同盟。

周学熙对开平被骗耿耿于怀,发誓要将之收回。他认为能源是一切工业的基础,"煤为制造之根本,根本不立,他事皆无基础"。在张翼伦敦败诉后,他当即向袁世凯提出"以滦制开"的策略,就是在开平矿附近,再开办一个比开平大10倍的滦州煤矿,将开平矿区的矿脉团团围住,然后通过竞争压垮开平,使其就范,最终达到收回的目的。

这个很有创见和野心的想法得到了实施。1907年,滦州煤矿有限公司成立,周学熙出任总理,以50万两官银启动,另募200万两商股,注明"招股权限为华商,概不搭入洋股"。为了表达支持,已经升任直隶总督兼北洋大臣的袁世凯宣布"滦州煤矿三百三十平方里严禁他人采矿",同时明定该矿是北洋官矿,为北洋军需服务。

周学熙在滦州开矿时,手脚并用,土洋齐上,既使用了最新式的采煤机械，也土法上马挖了很多小煤窑，一时间开平矿区四周星罗棋布，顿成被围之势，十分恐怖。从1908年正式投产到1912年，滦州煤矿产煤130多万吨，在京津市场的销量不断上升。为了形成市场压迫，周学熙一开始就用上了价格战，同样品质的煤硬是比开平的价低。1906—1910年，开平的效益一直非常不错，年均获利有200多万两，股息率年均达12.5%。滦州煤的骚扰战略让英国人大呼吃不消，1911年之后，开平也就地降价销售，甚至一度把价格压得比滦州煤还低。周学熙也有点受不了，他向各洋行借款，又遭到开平公司的暗中阻挠，最后不得不发行了150万两的债券。

开平与滦州的缠战，打到双方皮开肉绽，两败俱伤。周学熙与英方就两矿合并事宜多次谈判交涉，双方在公司性质、利润分配和管理权三个敏感问题上争执不下。最后，英商眼看中央政府抱定支持周学熙的态度，争执下去已没有好处，便同意将开平交还中方，代价是要"赎款"270万英镑。周学熙讨价还价，减至178万英镑。英方已决定同意。可是，局势在1911年10月又发生了180度的大突变。

那个月，武昌爆发了辛亥革命，朝廷岌岌可危，北方港口各国军舰拉响警笛，仿佛又重现11年前庚子国变的凶险景象。滦州公司的股东们生怕再次出现当年被洋人枪杆子夺走煤矿的悲剧，匆匆同意再议合并。于是，主客顿时易位。11月，开平、滦州达成"合办条件协议十款"，同意合并成中英开滦矿务有限公司，股权对等平分，利润则由开平得六成，滦州得四成，管理权由英方把持。

开滦合并的得失，在商业史上很有争议。有学者认为，这场合并对于开滦双方都是好事，两大煤矿从此不再打价格战，达到了整合的规模效应，在商业谈判上也算是平等，与当年的张翼卖局已不可同日而语。也有学者认为，开滦合并实质上是"以开并滦"，滦州煤矿以十倍面积只得四成利益，而且管理权尽入英人之手，其结果与周学熙的开办初衷简直南辕北辙。开滦案例再次以最直接而残酷的方式证明了那个道理——国不强，则商不立。此后30多年，开滦煤矿始终被英资公司控制，一直到1948年年底才由新中国收回。

周学熙对开滦合并的结局当然是十分伤感，他拒绝出任新公司的督办。在日记中，他慨然曰："吾拂虎须，冒万难，创办滦矿，几濒绝境，始意谓，将以滦收开，今仅成联合营业之局，非吾愿也。"[1] 他还在家中写了一副对联："孤忠惟有天知我，万事当思后视今。"壮士未竟之意，斑驳落寞纸上。

就在滦州煤矿跟英国人大打出手的同时，周学熙利用袁氏背景创办了众多实业。跟盛宣怀一样，他经商的主要手段是谋求官商垄断，而一生最重要的商业对手，则大多是跨国公司。

1906年，他办了启新洋灰厂，是当时唯一的大型国产水泥工厂。当时水泥市场被日本企业垄断，为了挤垮启新，日商采取价格战，一袋日本水泥在日本本土的销售价是2.97两，运来中国的运费平均每袋2.5两，但日商却以每袋3两的价格出售，明摆着每袋亏损2.4两。启新起而应战，将原来每桶的售价从2.25两降到1.55两，袋装水泥则从每袋1两降到0.7两。为了降低制造成本，周学熙要求自己控制的滦州煤矿以七折价格向启新供煤。同时，他充分利用官商优势，包揽了当时几乎所有重要的建筑工程项目，诸如淮河铁路桥、黄河大桥，青岛、烟台、厦门、威海等地的海坝、码头，以及北京图书馆、燕京大学、大陆银行、交通银行、河北体育馆、上海邮政总局等有名建筑，用的都是启新公司的马牌水泥。在修建京张、京汉铁路时，朝廷甚至明令要求使用马牌水泥。双

▲当年北京水票

---

[1] 周学熙著，《东游日记》，1903年7月。

管齐下，周学熙硬是从日本商人手中抢走水泥市场，垄断中国市场10余年，销量达到全国总销量的92%以上。

1908年，周学熙获准在京城建设自来水工程，他用22个月把20万米长的水管铺遍了北京城。1915年，周学熙在天津创办纱厂。他向袁世凯讨得特权，所购机器物料及棉花等原料免除一切捐税，制成的纱布也只征收一道出厂税，之后在各省销售不再征税。这种优惠自然让纱厂获得暴利。此外，他还创办了中国实业银行，投资创办耀华玻璃公司，拥有公路、铁路和运河的运输主动权，逐渐形成了一个庞大的周氏企业集团，其总资本最高时达到4000多万银元，为全国最大的企业集团之一。

在经商的同时，周学熙还担任了袁世凯的"钱袋子"。1912年，袁世凯出任民国大总统，国库空空如也，周学熙受邀出任财政总长。他跟英、法、美等六国财团洽谈借款事宜，当时国事一日三变，南北貌合神离，以周学熙的手段竟也没有腾挪的空间。在袁世凯的催促下，向英国汇丰、德国德华等五国银行借款2500万英镑的《善后借款协议》最终达成。这笔贷款以全国盐税为抵押，是财政史上的一大痛事，而且，债券九折出售，八四实收，实际借到不过2100万英镑，再扣除之前的种种垫款600万英镑、各省已借的280万英镑以及革命期间各国损失赔款200万英镑，政府实得竟不过债面的一半，可是，47年的利息却高达4285万英镑。周学熙在这场谈判中百般周旋，受尽折磨，条款公布后更是被国人痛骂卖国，他深以为耻，不久就辞去职务。

1915年，他再度被袁世凯请出担任财政总长。当时，张謇担任农商总长，"南张北周"一同入阁，算是报章上的一件逸事。两人都由官绅而成巨商，但是却因路径不同，而有着完全不同的经济政策理念。

张謇在创业过程中深受官僚之害，所以他一直认为官方介入企业只会破坏经营自由，与民争利，必然导致企业的失败。他同情在官僚和外商夹缝中艰难生存的民营企业，用"千万死中求一生"来形容私人企业的困境，所以他愿意代表私人资本发出缩减垄断、扩张民营的呼声。他就任农商总长后就发布公告:"从今天开始,凡隶属本部的官办企业全部停办,改由招商承办;但是有一些大宗的实业,比如丝茶机械等,一两家私人公司是无法经营的,但其重要性关乎社会农商业的进步,那么,可由官方先作规划,引起人民的兴趣,然后交给民营承办。"其思路脉络,与日本明治维新的主张基本吻合。

周学熙则俨然是官商出身,所从事商业都与政府丝缕相关,颇得其利。所以,与张謇的自由商业主义全然不同的是,他在财税经济等各方面都表现出强烈的国家主义。他提出要"实行国家社会主义,使各种产业勃兴,大开利源"①。他主导规划了十大实业与交通建设项目,包括云南铜矿、延长石油、利国铁矿、漠河金矿、秦皇岛商埠、海塘船坞、口北铁路、各省铁路,沿江一带实行森林法,开设纺织工厂等。这些项目都带有浓厚的中央计划色彩。

也是在当总长的时候,他谋划在天津办纱厂。他一方面广邀政府中的大员入股,袁世凯的儿子、政府总理、内阁部长及大军阀等多人成为股东;另一方面就是向政府争取种种政策优惠,在取得了税收上的重大减免后,他甚至还提出"在直、鲁、豫三省专办30年",也就是整个华东地区只能由他老周家独营纺纱厂。此议要得到财政部和农商部的共同批准。周学熙自己就是财政总长,很爽快地盖了"同意"的大印。到了张謇执掌的农商部却卡了壳,这一条硬是被拦

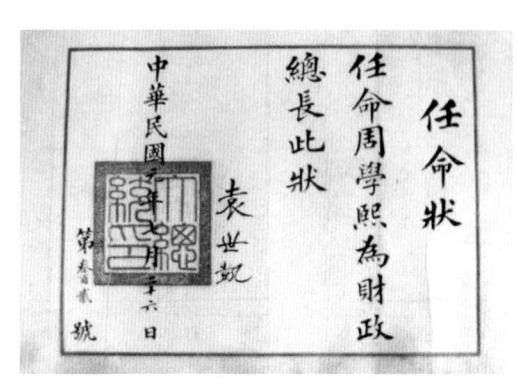

▲任命状

---

① 周叔媜著,《周止庵先生别传》,民国自印本。

了下来，周、张二人一时闹得很不愉快。

袁世凯称帝未遂，身死北京。周学熙失了靠山，以往优惠一一失去，各家实业更是成了军阀们侵蚀争夺的对象。周学熙急流勇退，到1927年已基本退出商界，这时他不过61岁。其后20年，他一直躲在天津三多里的周公馆里当十分低调的寓公。他在家中设了一个师古堂，整天穿着蓝布袍子，以诵读程朱理学打发时光，他甚至反对子孙上新式学堂。临终时他留下《示儿最后语》诗两首，内有"但愿子孙还积德，闭门耕读续家声"。周氏后人再无大商者，他的儿子周叔迦成一代佛学大师，创办中国佛学院，其孙周绍良是著名的红学家和敦煌学家。

后世，罕有人知周学熙。他极偶尔会被提及，却是因了一则戏剧"八卦"。1934年，出生于天津的清华大学学生曹禺创作了四幕话剧《雷雨》，因鲜明的反封建主题和浓烈的悲剧色彩而轰动一时，曹禺成了中国最杰出的话剧家之一。《雷雨》的故事地点发生在天津，主人公是个大实业家，名叫周朴园，而其居所就叫"周公馆"，因此很多人猜测该剧讲的就是周学熙家族的故事。一直到很多年后，曹禺才在一篇短文中"澄清"说："周家是个大家庭，和我家有来往，但与事件毫无关系。我只不过是借用了一下他们在英租界的一幢很大的古老的房子的形象。"[①]

[①] 曹禺著，《曹禺自述》，北京：京华出版社，2005年版。

1905 / 立宪急先锋

> 一个人办一县事，要有一省的眼光，
> 办一省事，要有一国的眼光，
> 办一国事，要有世界的眼光。
>
> ——张謇：江苏省咨议局演讲，1909年

1905 年，是中国近代史上最激进的年份。朝廷以令人炫目的速度推出了各项变革，涉及政治、社会和财经等诸多方面，其力度之大、范围之广、震撼之强早已远远超出百日维新时期提出的所有内容。

然而，正如法国政治思想家托克维尔（Alexis de Tocqueville）所言，"对于一个坏政府来说，最危险的时刻通常就是它开始改革的时刻"。[①]1905 年的晚清留给后世的悬念正是：为什么变法力度如此之大，而最终还是无法避免帝国的覆灭？覆灭是变革导致的结

---

① ［法］托克维尔著，冯棠译，《旧制度与大革命》，北京：商务印书馆，1992 年版。

果，还是变革失败的结果？在改朝换代的过程中，经济变革与政治改革的权重各有多大？它们应该如何协调推进？而且，企业家阶层到底扮演了怎样的角色？

变革的能量其实已经蓄积了30年，它只是不断地被打断，然后又在内部的争乱与外部的侵辱下，再次更猛烈地集结。它如地火在地表层下愤怒地流淌，一有裂缝，就会不可遏制地喷射出来，造成巨大的、难以控制的动荡。在1905年，三种力量角力中国的态势已经十分明显，一是立宪派，一是革命派，一是摇摆迟疑的朝廷执政者。三者之间的力量消长以及妥协合作，将决定中国的命运。企业家阶层在这时还没有构成一支独立的力量，他们因各自理念、利益诉求的不同，而分别选边投靠。

庚子国变后，国民情绪曾经陷入短暂的消极，然后又被极大地激发起来，而刺激点便是1904年爆发的日俄战争。当年2月6日，日本对中国旅顺口的俄国舰队发动突然袭击，两国为了争夺在东北的利益，以中国领土为战场，展开了一场大战，清政府竟然以"彼此均系友邦"为理由，宣布"局外中立"。这一仗一直打到1905年5月，以日本战胜结束，这个东亚小国，在不到10年的时间里先后战胜人口、国土面积均数十倍于自己的两个大国，真正不可一世，崛起为亚洲最强的现代国家。

在日俄战争中，中国东北变成焦土一片，百万国民生灵涂炭，而主政者却无比屈辱地作壁上观，其

▲慈禧

第一部　1870—1910　留着"辫子"的洋务运动　119

无耻低能已无以复加，帝国的威严和信用双重破产。在士大夫和知识阶层，民族主义猛然抬头，求变之声不可阻挡。据日本学者市古宙三的计算，在这一年前后，前往日本留学的青年大大增加，人数很快超过万人，费正清称之为"到此时为止世界史上最大规模的学生出洋运动"[①]，其中不少人成为中国政界、军界、知识界和商界的重量级人物。日本著名教育家松本龟次郎在1927年曾统计说："今日中国军人中，位居中上将者，有三分之二曾经留学我国。"[②] 在国内，一项又一项的变法被提上了日程。

变法的内容，主要涉及财经、社会和政治三大方面。

清政府在财经上的除旧立新显得最为大胆，这一点在后世很少被观察到。因为不涉及政体，所以，晚年的慈禧对财经变革的奏折几乎是"从善如流"。然而，由于缺乏整体性的规划以及国家主义的模式，晚清的经济变革宛如一个怪胎，最终也因为国家资本与民间资本利益链条的崩裂，而直接导致了帝国的灭亡。

早在1903年7月，朝廷就专门设立了商部，作为中央政府制定商事法及相关法律的主要机构，下属设立了商务局、劝业道、商律馆、商报馆、公司注册局、商标局等各级商务行政机构，张謇等商界名流被延聘为商部顾问官。第二年1月，商部颁布《钦定大清商律》，包括《商人通例》9条和《公司律》131条，这是第一部现代意义上的公司法。此后，商部又颁布实施《商会简明章程》等一系列商事法规，1906年颁布《破产律》和《试办银行章程》《大清矿务章程》，等等。这些法律的拟订和发布，建立了第一套比较完整的商法体系，意味着中国公司由沿袭千年的特许主义，进入了现代商业的准则主义。1906年，朝廷进一步将商部改组成农工

[①] ［美］费正清等编，中国社会科学院历史研究所编译室译，《剑桥中国晚清史》，北京：中国社会科学出版社，2006年版。

[②] ［日］松本龟次郎著，《中华民国留学生教育沿革》，载《留东学报》第1卷第4期，1935年。

商部，同时设立学部。

商部还仿照西方国家和日本的商会模式，倡导各地商人设立商务总会和分会。1904年颁布的《商会简明章程》有26条具体的操作规则，其中第二条规定："凡各省、各埠，如前经各行众商，公立有'商业公所'及'商务公会'等名目者，应即遵照现定部章，一律改为'商会'，以归画一。其未设立会所之处，亦即体察商务繁简，酌筹举办。"这是中国第一次允许民间创建商人组织。

在行政机构创建、法律拟订和商人组织的倡建中，朝廷多次表达了对商业的尊重。在商部成立的章程第一款中，就明文规定："设保惠司，专司商务局、所、学堂、招商一切保护事宜。"1904年的一份上谕中更说："自积习相沿，视工商为末务，国计民生日益贫弱，未始不因乎此。"所以，必须"扫除故习，联络一气，不得有丝毫隔阂，致启弊端，保护维持尤应不遗余力"。这些圣旨语言上传下达，对社会风气和舆论的引导无疑是十分具有震撼性的。

更有趣的是，为了表达重视商业的决心，朝廷算是费尽了脑筋。虽然皇帝手中已经没有"米"了，但还是可以送出一大堆的"帽子"，在专门公布的《奖励公司章程》中就明确写着，"现在朝廷重视商政，亟宜破除成见"，于是规定，奖励之大小视集股之多少而定，集股5 000万元以上者，奖予商部头等顾问官职，并加一品顶戴；集股2 000万元以上者可封一等子爵、一品顶戴及双龙金牌；1 000万元以上封男爵；500万元以上、800万元以下者，则奖予商部四等顾问官，加四品顶戴。一个叫张振勋的商人因集资招股和捐献"贡献尤大"，被授予侍郎衔三品京堂候补、考察外埠商务大臣、太仆寺卿。

这种重商政策，自秦始皇以降，千年一见。民国学者杨杏佛曾感叹地说："中兴名臣曾国藩仅赏侯爵，李鸿章不过伯爵，其余百战功臣，竟有望男爵而不可得者，今乃以子男等爵奖励创办实业之工商，一扫数千年贱商之陋习,斯诚稀世之创举。"① 这种用行政等级"吸引"和"奖励"企业家的行为,似乎是中国文化的一个特色,百年以后仍屡试不爽。

清政府在经济领域接二连三地释放出来的变革决心和措施,让中国气象为之一新。费正清在《剑桥中国史》中认为:"只是在1905—1911年中国工业出现之后,利润的诱惑才占了上风,经济收益才变成主要动机。"

自《公司律》等法律出台后,中国有了正式的公司数量统计。据张忠民在《艰难的变迁——近代中国公司制度研究》②一书中的计算,从1904年到1910年,全国正式注册的公司大约410家,远远高于1903年可能存在的100多家公司。另据林增平的统计,前30年有据可查的72家近代企业中,官办、官督商办占总资本额的77.6%,商办只占22.4%,到这一时期前后正好倒了过来,商办资本已占76.3%。1905—1908年,全国新设厂201家,投资合计达4 581万元,年均设厂50家,年增资本1 145万元。年均设厂数分别超过洋务运动30年间所设厂数的20多倍与甲午战争后的2.5倍,投资额分别超过5.7倍与2.9倍。投资范围也更为广泛,除原有的缫丝、棉纺、火柴等业有了较大发展外,烟草、肥皂、电灯、玻璃、锅炉、铅笔、化工等业也有了民族资本企业的出现。股份制公司到1911年时已达977家。

很多学者称,1905年前后数年,"民之投资于实业者若鹜",公司创办数量超过了洋务运动30年国家投资的总额。日本的中国问题专家安原美佐雄因此断定,1905年是中国现代工业发展的新起点,即从"国家兴业时代"进入了"国人兴业时代"。

1907年,创办8年的大生纱厂举行第一次股东会。当时,大生对其他企业的投资和资金往来达到了40万两,这些投资并未经过股东同意。会议的记录迄今仍较为完整地保存在南通档案馆的大生档案中。在1904

---

① 杨杏佛著,《五十年来中国之工业》,《东方杂志》1912年第7期。

② 张忠民著,《艰难的变迁——近代中国公司制度研究》,上海:上海社会科学院出版社,2001年版。

年《公司律》颁布之前，大生的地位可以说是"无限制、无法律之地位"。张謇的好友、官股代表郑孝胥提议"改为有限制、有法律完全之公司"，取名"大生股份有限公司"，全体赞成。至于另外投资的企业，则建议成立一家"通海实业公司"来管理，不与大生发生直接关系，在原有40万两以外加拨20万两，共60万两，算是大生拨给通海的股本，分12万股，每股5两，股票分发给大生股东。

在股东会上，还发生了一场官股与民股的争论。

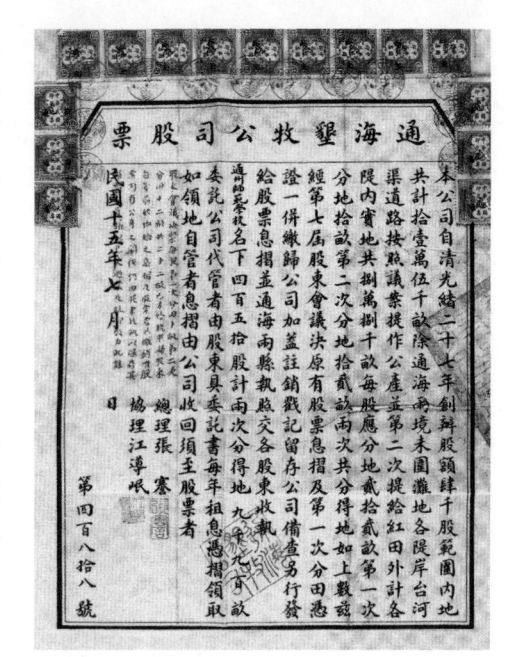

▲张謇的通海垦牧公司股票

会上有股东提议确立股权，1~100股，每股一权；100~500股的每20股加一权；500股以上到无限股，每40股加一权。股东王绍延当场提出："商股没有500股以上的股东，所定500股以上每40股加一权，明明是为官股而发。"另有股东则认为："这样设计，大股太吃亏，特别是官股。"股东张澹如说："官股股数多，不是商股所能敌，股数多的，权数递减，为保护小股，不能不这样。"股东陆叔同则质疑："为什么官股一定不能保护小股？"此外，还有一个叫刘厚生的股东给出了其他公司的做法，譬如，浙江铁路公司权数用递加法，江苏铁路公司权数至多不得超过25权，两公司都没有官股，但对大股都有限制，"可见这是公例，不是专为官股而定"。

这场争论的焦点是如何规范官股在大生中的决策权力。尽管在张謇任内，官股一直只分红而不参与决策，但是民间股东显然对此还不放心，他们试图用制度的方式来加以明确。

好在官股代表郑孝胥是个开明之士,他说,《公司律》不分官、商,凡是入股的都称股东,股有大、小之别,无官、商之别,会场上不可提"官股""商股"字眼。在他的支持下,股东会最终通过决议,"将'500股以上,每40股加一权'删去。1~100股,每股一权,101股以上至无限股,每20股加一权"。这样的制度设计,明显有利于股份较小的民间股东。

跟经济变革上的大刀阔斧相比,清政府在社会变革上的力度稍显不足,而在政治变革上则是迟疑摇摆。

早在1902年,皇帝便下令禁止妇女缠足。1904年,谕令创办新学和颁布教学大纲,同时准许妇女就读新式学堂。所有这些,实际上是从法律上承认了近30年中所发生的一系列变化,包括女权主义、现代化教育。到1905年,最惊天动地的变革法令就是"废科举"。

9月,张之洞、袁世凯等人会衔上奏,要求立即停开科举,理由是:"科举不停,学校不广,士心既莫能坚定,民智复无由大开,求其进化日新也难矣。"当月,慈禧就下旨准奏,宣布从下一年起废除有1300年历史的科举制度。

"废科举"是一桩具有划时代意义的大事件。它让中国人从落后、刻板的孔孟儒学中彻底解放出来,在知识体系和思想体系上向现代文明靠拢,其深远意义是怎么评价都不为过的。不过,从国家治理上来看,它却成了现有政权被颠覆的前兆。延续千年的科举制具有一定的公平性,是一般贫苦子弟向上层社会跃进的唯一途径。费正清评论说:"在一个我们看来特别注重私人关系的社会里,中国的科举考试却是惊人的大公无私的。每当国势鼎盛、科举制度有效施行时,朝廷总是尽一切努力消除科场中的徇私舞弊。"[①]它的废除,熄灭了一代知识青年对朝廷的最后一丝眷恋,精

---

① [美]费正清等编,中国社会科学院历史研究所编译室译,《剑桥中国晚清史》,北京:中国社会科学出版社,2006年版。

▲女子学校

英阶层从科举的既定轨道中散溢出去,很快衍变成一股反对的、无从把控的力量。一个可比照观察的事实是,1978年,中国进行改革开放之初,最早的一个变革措施就是恢复高考制度。在敏感的社会转轨时期,一废一复,颇可参研。

在政治上,最重要的变革呼声是君主立宪。

在这一点上,洋务派和维新派达成了高度的共识,他们都成了立宪派。6年前被追杀的康有为、梁启超等人已成主流,谭嗣同临死前的那句"去留肝胆两昆仑"竟成事实。日俄战争被看成是两种体制的较量,立宪派的《东方杂志》在评论中认为,"此非日俄之战,而立宪、专制二政体之战也",日本的胜利似乎佐证了这个观点。1905年6月,也就是日本获胜后的一个月,张之洞、袁世凯等人连连上奏要求立宪,当时全国八大总督中有5人明确主张立宪。朝廷在7月发布圣旨,同意委派大臣出洋考察。

站在立宪派对立面的是革命派，他们提出了比君主立宪更为激进的政治主张，那就是暴力革命。1905年2月，年方20岁的革命党人邹容病逝于上海监狱中。他之前出版了《革命军》一书，鼓吹推翻现有政权，他痛斥清朝历代皇帝都是"独夫民贼""无赖之子"，慈禧更是"卖淫妇"。他高呼"革命！革命！得之则生，不得则死，毋退步，毋中立，毋徘徊"。12月，身在日本的留学生、30岁的陈天华蹈海自杀，留下《警世钟》《猛回头》两书。他们的思想代表了当时最为激进的革命思潮。还是在这一年，9月24日，清政府委派出洋考察的"五大臣"在北京车站出行前遭到炸弹袭击，27岁的刺客吴樾被炸裂胸腹，手足皆断，当场身死。他生前与陈天华等人结为至交，推崇"恐怖革命"。①

▲派往欧洲考察宪政的"五大臣"及随行人员

---

① 吴樾临行前，与安徽同乡陈独秀、赵伯先等人，密谋于芜湖科学图书社小楼上。三人为争北上任务，扭打成一团。吴问："舍一生拼与艰难缔造，孰为易？"陈答："自然是前者易，而后者难。"吴曰："然则，我为易，留其难以待君。"议遂定，饮酒悲歌，以壮其行。陈独秀后来成为中国共产党的缔造者之一，并当选第一任总书记。

我们接下来要观察的事实是，在这种大转型的年代，当立宪派与革命派形成对立，中国命运面临重大抉择的时候，企业家阶层将做出怎样的选择，他们又有过怎样的作为。

我们先从当年的一个新闻说起。1905年12月，上海发生了一起轰动一时的大闹会审公堂案。

当时，一名广东籍的官太太黎黄氏因丈夫亡故，带着15名婢女由川返粤，路过上海时被上海英租界巡捕房以贩卖人口罪拘捕。租界会审公廨审理此案时，又发生中英两国会审官对女犯应当关押在何处的争议。英方陪审官德为门粗暴地宣称："本人不知有上海道，只遵守领事的命令。"中方会审官关炯之愤然说："既如此，本人也不知有英领事。"争执之下，德为门喝令巡捕用武力抢夺犯人，并将关炯之的朝服撕破。旁听的中国人对本国官员受辱反应强烈，冲上公堂，四处围打巡捕，还放火烧了巡捕房和德为门的汽车，英巡捕则悍然开枪打死多人，并抓了500多个中方民众。血案爆发后，英租界的华人商号纷纷罢市抗议，而洋巡捕也不甘示弱，竟一律罢岗，租界顿时陷入混乱。上海的这起国际纠纷引出一番喧嚣风波。

英人在中国最为势大傲慢，清政府懦弱无能，不敢正面应对，便委请商人出面协调。那些被派出交涉的华商大佬一一出场，却都碰了一鼻子灰回来。这时候，一个不到40岁的上海商人虞洽卿（1867—1945）出手，扮演了一个调停者的角色。

自1843年上海开埠以来，一向善于经略的宁波商人就是人数最多、势力最大的一个商帮。孙中山曾评述说："凡吾国各埠，莫不有甬人事业，即欧洲各国，亦多甬商足迹，其影响与能力之大，固可首屈一指者也。"虞洽卿的崛起颇得其势。跟上海滩上的许多商人一样，虞洽卿的出身也是一个贫穷的"掘金者"。1881年，他14岁时从宁波乡下来到十里洋场。当日下大雨，他生怕妈妈亲手缝制的新布鞋被雨淋湿，就把鞋抱在怀里，赤着脚去投奔一个开颜料行的亲戚。他仅读过三年私塾，但是干活勤快，头脑灵活。在颜料行里，虞洽卿经常与外国洋行接触，便苦学英语，不多久

▲虞洽卿

就讲得十分流利,这为他日后的洋场生涯打下坚实基础。很快,他未及满师就升为跑街,负责店里的业务联络。店主为了留住这个年轻人,不断用加薪、赠干股等办法笼络他。在颜料行做了10年后,虞洽卿进德商鲁麟洋行任跑街,不久升买办。4年后,他捐了400多两银子,从朝廷领得了一个候补道台的顶戴头衔,同年靠自己的积蓄买进闸北升顺里、顺徵里的几十幢房产,组成了一个不大不小的房地产公司,此外他还筹建了一家名叫通惠银号的小银行。又过了6年,他跳到华俄道胜银行出任买办,继而又转任荷兰银行买办。荷银是当时远东最大的国际财团之一,虞洽卿一直到抗战时逃离上海才卸任此职。在随后的30多年里,虞洽卿一边为洋行当买办,一边操持自己的生意,左右逢源,互不耽误,竟成就一番事业。

与同时代的上海商人比肩而立,虞洽卿的产业并不是做得最大的,不过,他却是影响力最大的一位。在后来的数十年间,他游走在洋人、劳工、资本家、政治家以及黑社会帮派之间,是最为八面玲珑和有斡旋能力的中国商人,有"老娘舅"[①]之称。他以"一品百姓"自居,精明、急利却也有着兼济众生的古典情结。在乱世之中,他始终艰难地坚持商者的独立人格,然而却又在后来一个最敏感的时刻,做出了一个改变中国企业家阶层集体命运的举动。

虞洽卿第一次展露"调解人"才能,是在1898年。在当时的上海法

---

① 老娘舅,上海俚语,对那些有威望、善于调停纠纷的年长者的俗称。

国租界，法国商人以建立医院和屠宰场为由，强行平毁了一处宁波商人的墓地坟冢。华人向以祖坟为最不可侵犯之神地，法人的蛮横当即引起喧天公愤，甬商原本就在上海势力庞大，一怒之下宣布大罢市。谁想法租界当局竟也十分强硬，不肯让步，双方一时僵持不下。便在这当头，虞洽卿跑去找同乡的"短档朋友"，鼓动这些卖苦力的穷人也一起罢工。他特别说动了租界里的女佣们，鼓动她们不去给洋雇主们洗衣烧饭，他则在背后出钱襄补。商人罢市、苦力罢工、女佣罢洗，法租界立即乱成一团，虞洽卿又只身前往当局交涉。法国人只好让步，墓地产权终被归还。经此一役，虞洽卿在上海滩上开始小有名气。

大闹会审公堂案发生后，又是虞洽卿摆平了这场棘手的风波。

虞洽卿的伎俩还是在洋人和民众间玩"危险的游戏"。一方面，他以买办的身份跟英人斡旋沟通，另一方面则又找来那些"短档朋友"，请他们在自己的公寓里聚会暗谋。他鼓动说："华官尚复侮辱，若不力争，商

▲清朝的巡警

第一部 1870—1910 留着"辫子"的洋务运动

民之受辱必日甚一日。"在他的策划下，各个阶层的租界华人宣布实行无限期的总罢工。当事态闹得不可开交的时候，他转而找到德、俄、法、日、荷等国的驻沪领事馆——他曾经为三个国家的银行当过买办——恳请他们出面协调平息此事。靠着这番纵横捭阖，英租界当局终于退让，被迫撤去滋事的主审官，撤惩殴打华官的巡捕房捕头，向中国官厅公开道歉，并释放黎黄氏和所有被押华人。

过去数十年间，华夷相争几乎都以中方的隐忍和妥协收场，屈辱避让已成惯性，此案得以这种完胜结局收场，当然让朝廷和所有华人大呼痛快。公案了结当日，苏淞太道台袁树勋、公堂公审官关炯之特意携手虞洽卿，三人一道来到上海最繁华的南京路，缓缓步行，沿途大声招呼各家商号大胆开市。虞洽卿顾盼生风，一时妇孺皆识。

"会审案"后，虞洽卿顺势再上。他写信给租界的工部局①，以协调英华商人的各类事宜为由，提议增设华商董事。1906年2月，工部局同意成立华商公议会，虞洽卿等7人为首届华商董事。

虞某两次调停得逞，与他善于利用"短档朋友"的力量十分有关。他出身草根，自然跟底层群众有天然的呼应。20世纪初的上海滩，鱼龙杂处，是一处天大的"冒险场"，除了政客、文人及商人之外，人数最为众多、情绪最容易被煽动的劳工阶级以及底层社会人士是一股不可忽视的势力，每一次社会动荡及革命，他们都是被利用和倚重的最主要的力量。

当时上海底层主要有两大帮会势力。一是黄金荣（1867—1953）。他是虞洽卿的宁波同乡，此人从光绪十八年（1892年）起任法租界巡捕房包探，后升探目、督察员，直至警务处唯一的华人督察长。他自立黄门，招募弟子过千人，操纵上海滩的鸦片、赌博等黑色生意，是名声最大的"流

---

① 工部局：存在于上海租界的一个不受中国法律管制的市政机构，1854年，由英、美、法三国租界联合组成，由7人选举产生"工部局"（Shanghai Executive Committee）董事会，中文译成上海市政委员会或上海市政厅。它拥有租界的管理权、行政权、对人的管辖权以及征税权。

氓大亨"。二是杜月笙（1888—1951）。他出生于上海浦东，在十六铺水果行当学徒，后入青帮渐成老大。他开赌场、运鸦片，笼络数千门徒，还以豪爽疏财出名，广结名流，连大学者章太炎、名士杨度、名角梅兰芳都与之私交甚笃。

跟黄金荣、杜月笙二人相比，虞洽卿则是一个正经商人。他深谙在乱世之中，"枪杆子里面出真道理"。于是，在倡议成立华商公议会之后，他顺势提出创办"华商体操会"，组成一个自卫的武装力量以保护华商在租界的利益。此议经他奔走呼吁，竟也得通过。"体操会"的成立让虞洽卿拥有了一支自己的武装组织，这使得他不但在商场和官场上平添了新的话语权，更让他在与黄金荣和杜月笙的交际中，腰板又硬朗几分。此三人用不同的方式，在看上去莺歌燕舞，实质上暗潮汹涌的上海滩各自控制着一股黑色的势力。虞洽卿自此以"一品百姓"自居，他见朝廷官员时必穿西装，见洋人时则一身对襟大衫，见商贾同人和帮会兄弟时，则西装、长衫或道台顶戴按需轮换，从容行走于各色人等中，宛若一条游走自如的"变色大龙"。

虞洽卿与朝廷诸多大臣关系密切，特别是跟皇亲爱新觉罗·载洙、南洋大臣端方私交甚笃。他曾为北洋新军采购军装，很是赚了一笔。1909年，他通过端方向清政府建议筹组"南洋劝业会"，以提倡实业。此会系官商合办性质，是中国第一次国货展览会，经过一年多的筹备，次年在南京开幕。劝业会分设农业、医药、教育、武备、机械和通航等分馆，还专门为外国物品设了三个参考馆，会期三个月，观摩人数达20万之众，各地机巧商品让国人大开眼界，可谓盛况空前。筹办人虞洽卿因此得到朝廷的褒奖，端方甚至保荐他出任正三品的劝业道。

不过同时，虞洽卿又跟革命党人走动十分频繁，尤其是与上海同盟会首领陈其美称兄道弟。便是在这时，他结识了陈其美的结拜兄弟蒋志清。蒋志清比虞洽卿小20岁，因为是宁波同乡，所以很是能谈到一起。此人日后更名蒋中正，字介石。

虞洽卿在1905年前后的种种活动，泄露了两个"线头"：其一，企业家阶层日渐以自觉的姿态，成为新市民社会的主流，在执政机构疲软消极的情形下，他们部分地担负了行政主管的责任；其二，他们游走于各种政治势力之间，在立宪与革命之间摇摆。

在这一阶段，企业家集团的参政意识已经普遍苏醒，甚至得到了理论上的论证。郑观应便认为："欧美政治革命，商人得参与政权，于是人民利益扩张，实业发达。"早在1904年，上海的《商务报》上便刊文公开宣言："商兴则民富，民富则国强，富强之基础，我商人宜肩其责。"商人势力的积聚，则与商会组织的兴起密切相关，这一特征在上海、武汉和广州等大城市表现得最为显著。

据史料显示，晚清最早的商业组织是成立于1902年的上海商业会议公所。1904年，《商会简明章程》颁布后，各地商会如雨后春笋般冒了出来。在朝廷的鼓励下，全国各省会和商业繁荣地区设立了商务总会，中小城市设立商务分会，村镇设立商务公所。商会有处理商务诉讼的职权，负责调查商情，处理破产和倒骗，受理设立公所、申请专利、进行文契债券的公

▲晚清的上海

证等职责，部分地承担了政府的经济管理功能。随着各地、各市镇商会的组建，商业势力得以聚集，并从此成为一股不容忽视的公共力量。1907年，全国80个重要的城市商会代表聚集上海，倡议成立了华商联合会，全国商会呼吸相关，连成一体。到1911年，全国各种商人组织近2 000个，会董2.3万人，会员达20万人以上，这几乎是当时中产阶级的全部。①

在一些开放的大城市，商会实际上不同程度地控制了城市的市政建设和管理大权。1905年，上海组建"城厢内外总工程局"，一经创立即以一个初具规模、较为完备的地方自治团体面貌出现。它承担了包括学务、卫生、治安、户籍管理、道路工程、城市建设、农工商务、公用事业、慈善赈济、财政税收以及其他例归地方政府的各项事务，比较全面地担当和掌握了市政建设与管理的责任和权力。在总工程局、上海商会、自治公所以及市政厅这一脉相承的自治组织的经营管理下，上海城市面貌发生了较大变化，展现出类似西欧早期自治城市与市民阶层的某些特点，东方大都市初显宏伟气势。

商会组织除了在维护自身利益以及承担市政管理职能之外，在国家命运上的选择也引人注目。

作为既得利益集团的一部分，企业家阶层是保守而反对动荡的，非万不得已，他们是绝不会选择革命的。这从他们与革命党人的交往便可见一斑。到1905年，孙中山从事革命活动已经10年。该年8月，他在日本东京创建中国同盟会，确定了"驱除鞑虏，恢复中华，建立民国，平均地权"的革命政纲。多年以来，他一直秘密辗转于东京、伦敦和纽约之间，为革命筹措经费。为他提供资金支持的绝大多数是海外华侨，国内著名的大商人或有同情，却很少有实际的资助。唯一稍有知名度的资助者是浙江

---

① 另据白吉尔在《中国资本主义的黄金年代》一书中的统计，到1911年，全国有商会794个，教育会723个，各省的咨议局和各县的自治会更是不胜枚举，其主持者大多为新式商人。

▲张静江

的张静江（1877—1950），他是南浔"四象"之一张家的后代。自胡雪岩豪赌失败之后，与之结盟的南浔巨豪再无神气。张家当时在国内少有实业，张静江的财富来自他在法国巴黎的贸易公司，其主要生意是把中国的珍贵文物私贩到国外销售。

1905年冬，28岁的张静江在一艘海轮上邂逅孙中山。民国元老、一直追随孙中山左右的胡汉民回忆了这段很富戏剧性的故事。当时，孙中山有戒心，回避他。不意张静江在甲板上拦住孙中山，说："你不要瞒我，我知道你是孙文，你不要以为我是反对你的，我却是最赞成你的人！"会谈之后双方有了了解，两人约定，将来如果革命起事需要钱，孙中山可拍电报给张静江，并约定暗号，如拍"A"字即是1万元；如拍"B"字即2万元；"C"字则3万元，依此类推即是。孙中山将张静江的地址记在了小本子上，当时并未很在意。两年后，孙中山在河内计划发动起义时，经费没有保障，他忽然想起了张静江，于是对胡汉民说："我上次在船上碰到一个怪人，脚微跛，说要帮助革命，约定三个字，第一字即1万元，第二字为2万元，我怕此人是清政府的侦探。"胡汉民听了则说："反正横竖不亏本，拍个电报试试又有何妨？"于是孙中山按张静江留下的地址拍第一个字的电报，不多时果真1万元汇到了。之后，张静江成了孙中山最重要的"金主"之一。他后来当过国民政府建设委员会委员长、浙江省省长等要职，在国民党第一次全国代表大会上，孙中山亲自提名他为中央执行委员候选人，"全场报以经久不息的掌声"。

除了张静江这样的戏剧性故事外，我们再难找到国内大商人对革命的资助事迹。《纽约时报》曾经披露过一封孙中山写给伦敦金融家的私人信函,孙中山在信中恳请他"积极寻求愿为我们提供资金的金融家"。他还透露说:"我已找到了一家愿意提供担保的中国钱庄、三家在曼谷的米厂、一些新加坡商人以及马来西亚的三个煤矿主,他们的资产合计2 000万美元,折合400万英镑……为了确保成功,我们需要50万英镑贷款以完善我们的组织,使我们能够在第一次突然行动中就夺取至少两个富裕的省份。"

共产党元老、早年的同盟会会员吴玉章在自己的回忆类著作《辛亥革命》中,曾经讲述了一个很有代表性的故事。1903年,农民出身的吴玉章去日本学习明治维新的经验,在轮船上结识了同为四川人的邓孝可,邓父邓徽绩是全国最大火柴公司之一重庆森昌火柴厂的老板。吴玉章记录道:"由于思想上有许多相同之点,我们一路上倒也谈得颇为投契,他约我到日本后,一定和他一起去横滨拜访梁启超,我也就答应了。但是我们自从在轮船上分手后,他一直沿着改革主义的道路走下去,后来一到日本就拜在梁启超的门下,终于成了反对革命的立宪党人,而我却与他分道扬镳,走上了革命道路。"[1]

吴玉章、邓孝可都是有志的热血爱国青年,因阶层身份迥异,而对国家前途有了不同的抉择。无产者选择革命,有产者选择改良,这就是当年中国的现实。事实上,企业家集团对革命党人的靠拢是在立宪运动失败之后。

从1905年到1910年,企业家阶层一直是立宪运动中最活跃的一个群体。推动清政府立宪,虽是时代大势,却也要冒无穷的风险。朝中洋务派出身的大员往往顾忌身份,对喜怒无常的慈禧颇有忌惮,不敢出头领衔。维新派的康、梁诸人,虽然名望很高,有极大的舆论引导能力,但是在地方上则没有根基,而且缺乏资金,不能形成大规模的实际行动。于是,多金而理念超前的企业家集团成了唯一的可能。

当时最热烈的立宪运动发生在民营经济发达的上海、江浙一带,而领

---

[1] 吴玉章著,《辛亥革命》,北京:中国人民大学出版社,1960年版。

▲代表清朝政府政权的衙门

袖就是"状元企业家"张謇。

随着纱厂的成功,张謇的声望已达顶点。1903年商部成立后,他被任命为"商部头等顾问官",俨然就是官方认可的商界最高领袖。1904年,张謇为张之洞起草了《拟请立宪奏稿》,同时,他主持刻印《日本宪法》,意在为中国变法提供范例,一时间"奏请立宪之说,喧传于道路"。连袁世凯也写信给张謇,用十分自谦的口吻说:"各国立宪之初,必有英绝领袖者作为学说,倡导国民,公夙学高才,义无多让,鄙人不敏,愿为前驱。"①

在朝野的共同推动下,1906年9月1日,慈禧终于下达了"预备立宪诏书"。同年11月,张謇等人在上海成立预备立宪公会,入会者都是一时精英,东南工商界、出版界、教育界、报界的重要人物几乎囊括其中,比如高梦旦、张元济、狄平子、孟昭常、孟森等,有一半会员都曾投资办企业,包括荣家兄弟、李平书、虞洽卿、朱葆三、周金箴、王一亭、王清穆等。2007年,历史学者傅国涌在南通档案馆看到当年预备立宪公会交纳

---

① 张一麐著,《拟复张季直殿撰》,收录于《心太平室集》。

会费的一张收据，印制漂亮，绿色边框，红色印章，百多年后仍光鲜如初。张謇对立宪的前景十分向往，他认定："立宪大本在政府，人民则宜各任实业教育为自治基础；与其多言，不如人人实行，得尺则尺，得寸则寸。"

学者侯宜杰在《二十世纪初中国政治改革风潮：清末立宪运动史》一书中用大量的事实证明，企业家阶层是立宪运动最强大的推动力。在推动立宪的过程中，各级商会形成网络，并逐渐学会英国式商会的自治和民主管理。在预备立宪公会等组织中，商人占明显优势。如侯宜杰所言，企业家们认识到，"今日中国之政治现象，则与股份公司之性质最不相容者也。而股份公司非在完全法治国之下未由发达，故振兴实业之关键在于通过立宪确立法治，限制政权，保障民权来改良政治环境与政治组织"①。

在上海的示范下，湖北宪政准备会、湖南宪法政分会、广东粤尚自治会、贵州宪政预备会和自治学社等先后成立，梁启超在日本成立政闻社，杨度等人则在东京组织宪政讲习会，研究各国宪政模式，为以后的参与做准备。据当时媒体报道，预备立宪诏书下达后，全国的许多地方召开了庆祝会，四处张灯结彩，敲锣打鼓，热烈庆贺，莫不"额手相庆曰：中国立宪矣，转弱为强，萌芽于此"。这一年的11月25日（农历十月十日）是慈禧寿诞，北京各学堂万余人还齐集京师大学堂，举行了庆贺典礼。另外，在天津和江苏南京、无锡、常州、扬州、镇江，以及上海松江等地都举行了立宪庆贺会。在1907年5月，天津甚至还举行了有史以来的第一次市政选举。在袁世凯的主导下，12 461人参与投票，选举产生了"天津县议事会"，负责辅助政府处理地方兴办教育、征税、市政建设、公益事业、移风易俗等事宜。盐商李士铭被选为议长。

立宪开局看似大顺，但是其后的推进却非常艰难。1907年秋，宪政讲习会向政府呈递请愿书，要求速开国会，各省闻风响应，中央政府却无

---

① 侯宜杰著，《二十世纪初中国政治改革风潮：清末立宪运动史》，北京：人民出版社，1993年版。

动于衷。1908年8月，政闻社因"明图煽动，扰乱治安"的罪名被查禁，同时，朝廷颁布钦定《宪法大纲》，正式宣布预备立宪，预备期为9年。立宪派很是不满，觉得预备期太长，郑观应便直接写了一封《上摄政王请速行立宪书》，提出："早开国会，颁布宪法……决不迟延，斯人心悦服，党祸自消，内乱悉平矣。"继而，他十分尖锐地说："若不及早立宪，效法强邻，尚自因循粉饰，必致内乱，四面楚歌，悔之无及。"其言辞威胁，已十分露骨。

最大的变数出现在11月。14日，百日维新后就一直被软禁的光绪皇帝去世，一天后，慈禧太后去世，两人死期如此接近引发无数猜测。三岁的溥仪被抱上皇座，其父醇亲王载沣监国摄政，年号宣统。慈禧的去世让清王朝失去了一个铁腕的统治者和"最大公约数"，原本就威严尽失的中央政权面临更为严峻的考验，缺乏政治技巧的载沣等人为了维持满人统治，组建了一个"皇族内阁"，通过种种手法剥夺了汉人总督们的权力，还逼着当时声望最高、继李鸿章之后最有权势的袁世凯交出大权，回老家钓鱼。自此，统治集团内部的洋务派大臣开始对政权产生严重异心。

在野的立宪派的绝望则是因多次请愿运动的失败而酿成的。1909年12月，奉天、吉林、直隶、江苏、湖南等16省的咨议局代表在上海聚会，委派代表进京请愿，要求速开国会，清政府以"筹备既未完全，国民知识程度又未划一"为由拒绝请求。第二年的6月，请愿团再次北上请愿，清政府仍然拒绝松口。10月，参加请愿的人数急剧增加，规模扩大，不少省份出现游行请愿行动，政府恼羞成怒，在一些城市进行了强行镇压。张謇等人从此大为失望。朝野破局，渐进的变革道路到此彻底断裂。

就这样，清政府尽管在经济改革上表现得超乎寻常的激进和开放，但是在政治改革上则犹豫摇摆和缺乏远见，它相继失去了洋务派、维新派、知识分子以及工商阶层等几乎所有人的信任，颠覆式革命已成必然之势。然而，即便是这种时候，革命仍然需要一根导火索。

谁也没有想到，点燃导火索、被《清史稿》确认为"误国首恶"的那个人居然会是他。

第二部

1911—1927

唯一的"黄金年代"

1911 / 在革命的炮火中

孩儿立志出乡关,学不成名誓不还。
埋骨何须桑梓地,人生无处不青山。
——毛泽东:《赠父诗》,1911年①

1911年1月,盛宣怀被任命为邮传部②尚书。这时候,立宪运动搁浅,社会矛盾极端激化,革命党人四处暴动,各省军阀心怀鬼胎,中国宛若一个一触即发的火药桶。历史的讽刺是,点燃这个火药桶的人,居然就是过去40年间一直为朝廷打造实业

---

① 晚清求变风潮激发了一代青年人的革命热情。1911年春,17岁的湖南湘潭县韶山冲农村青年毛泽东赴省城长沙求学,临行前写下此诗。48年后,他再回韶山,已成为创建中华人民共和国的国家领袖。

② 邮传部是清政府于1906年11月6日(光绪三十二年九月二十日)设立的中央机构,总管邮政、船政、铁路、电政事务。1912年中华民国建立后,邮传部改为中华民国交通部。

基石、期望以此名垂后世的盛宣怀。

其事发端于铁路之争，与盛宣怀历来的国有化理念密切相关。

甲午战争之后，大兴铁路渐成热潮，朝廷将之当成国策，民间看到巨大利益，国际资本也不甘失去机会。于是，铁路成了各方争夺和博弈的最大热点。

盛宣怀坚定地认为，铁路必须国有化。他的逻辑是，铁路既然是事关国家命脉的经济事业，而且有如此丰厚的利益，则自然应该由国家来垄断经营。所以，在过去的7年里，他一直不遗余力地修筑铁路，同时密切关注各条铁路的权益动向。在投资理念上，他的想法是：如果国家有钱，就坚决国家投资，如果没有钱，就只好引进外来资金，但宁可借款而不出让股份，如果借款，宁借外债，不信内资。

1897年，英国公司提出修建从广州到汉口的粤汉铁路。盛宣怀认为这条铁路线至关重要，如果路权为英国人所得，"恐从此中华不能自立"。然而，他又实在拿不出钱来修建。于是，他提议向美国财团借款兴建，由他领导的中国铁路总公司"总其纲领"。在他的主持下，清政府与美国合兴公司草签《粤汉铁路借款合同》，借款400万英镑，年息五厘，九扣，铁路财产作保，借款期限30年。1899年，合兴公司代表来中国议立正约，并提出在韶州、衡州、郴州等处开矿，引起鄂、湘、粤三省地方不满。美国驻华公使康格（E. H. Conge）出面干涉，扬言粤汉铁路"美国必办，断不能让他人"。于是在1900年7月，盛宣怀与之再签《粤汉铁路借款续约》，续约将借款金额增至4 000万美元，并有两条主要补充：第一，进一步扩大美国的路权，规定建筑萍乡、岳州、湘潭等支线，并速造渌口至萍乡路线，从而使美国获得沿线矿权；第二，粤汉铁路及支线所经过地区不准筑造与干线、支线平行的铁路。

盛宣怀的这一决策，被民间资本视为"出卖国家利益"，他则至死不予认同。在修筑京汉、沪宁等干线铁路时，他一再尝试的办法就是向比利时、美国及英国等国际财团大举外债。他曾为此辩解说："设当日不费美约,则粤汉、京汉早已一气衔接,南北贯通,按照原奏先拼力偿比(比利时)款,继偿美(美国),最后偿英(英国),不逾三十年,京汉、粤汉、沪宁三路,皆徒手而归国有,然后以所赢展拓支路,便利矿运,讵不甚伟!"他的思路表述得非常清楚:先靠外债把铁路尽快建设起来,然后逐笔还债,大不了过个三十年,铁路的所有权就全部归国有了。

可是,现实并非如他设想的那样推进。粤汉线工程命运多舛,其后数年风波不断。随着国内民族主义情绪大涨,要求收回路权的声音不绝于耳。民间资本与国有资本在铁路事务上产生尖锐的矛盾,盛宣怀的国营垄断理念遭到坚决反对。

1903年,四川总督锡良倡议不借外债,靠民间资本建造川汉铁路,一时应者如云。11月,朝廷由商部颁布《铁路简明章程》,准许各省官商自集股本建造铁路干线或支线,设立铁路公司。1905年7月,张之洞在武昌召集三省绅商会议,决议向美国合兴公司收回粤汉铁路的修筑权,粤、湘、鄂"各筹各款,各修各路"。美方提出高额的转让价码,张之洞指示"但期公司归我,浮价不必计较",最终以675万美元赎回。此后,全国很快掀起了铁路商营的热潮,从1904年到1907年间,各省先后成立18家铁路公司,其中,13家商办,4家官商合办或官督商办,1家官办。

在中国百年企业史上,能源产业(煤、铁矿及后来的电力、石油)和资源性产业(铁路、银行以及后来的航空、电信业)一直是利益最为集中的领域,对其的争夺及利益配置构成了国家经济政策的所有标志。这一特征在晚清已经呈现得十分清晰。自洋务运动之后,国际公司最早投入这些领域,国营资本紧随其后,民间资本则因散弱且政策不明而作为颇小。一直到1904年以后,随着《公司律》等法令的颁布,企业运作及股本权利有了相对的明确界定,特别是股份公司制度的出现,民间资本开始大胆进入能源和资源性产业。

据当时编纂的《湘路新志》记载,在湖北、湖南、四川等省份出现全民入资办铁路的热潮,甚至出现了"倡优乞丐亦相率入股"的壮观景象。"一时大绅富商咸以倡办本省铁路为唯一大事,如风起潮涌,蔓延全国……乃至农夫、焦煤夫、泥木匠作、红白喜事杠行、洋货担、铣刀磨剪、果栗摊担、舆马帮佣,亦莫不争先入股以为荣。"[①]

这种连倡优乞丐都来参与办铁路的景象,在盛宣怀看来却未必是好事。修铁路需要大资本投入,而且投资回报期较长,股散本弱,难成大事。而情况也确实如此,因缺乏规范化的管理能力和修筑技术支持,很多商办铁路都进展缓慢。但是在这一阶段,铁路是民办还是官办,是用民间资本还是借外国资本,已经成了一个敏感的政治问题和民族感情问题,黑白对立,到了难以调和的地步。1909年,张之洞修筑湖广铁路,在盛宣怀的游说下,他一改4年前支持民间资本建铁路的立场,以商股筹集不易为由,与德、英、法三国银行团签订了《湖广铁路借款合同》,借款550万英镑。此事公开后,当即激起大规模的反对浪潮,英名一世的张之洞竟在此次风潮中"心焦难堪,呕血而死"。他在临终前的最后一份奏折中,仍然摇摆于官办、民办的矛盾之中:"铁路股本,臣向持官民各半之议,此次粤汉铁路、鄂境川汉铁路,关系繁重,必须官为主持,俾得早日观成,并准本省商民永远附股一半,藉为利用厚生之资,此尤臣弥留之际,不能不披沥上陈者也。"

跟张之洞的摇摆相比,盛宣怀则一力坚持铁路国有化。正是在这个问题上的不妥协,导致了民间的企业家集团与朝廷的彻底决裂。当时著名的工商人士中,除了郑观应,大多对盛宣怀的这一决策不以为然。一向力主企业民办的张謇持鲜明的反对意见,曾与盛宣怀、张謇一起发动"东南互保"的汤寿潜更是与之断交。汤寿潜在1905年发动旅沪浙江同乡会抵制英美公司修筑苏杭甬铁路,并在上海成立由民间资本投入的"浙江全省铁路公司",自任总理。1910年8月,邮传部强行革除汤寿潜的铁路公司总理职,不准干预路政。一向温和的汤寿潜当即倾向暴力革命。在一年多后

---

① 童子谅著,《湘路新志》,湘路集股会出版,1911年版。

的辛亥革命中,他策动杭州新军起义,被推举为浙江军政府都督。

1911年5月,就在当上邮传部尚书不久后,盛宣怀上奏要求将已经民营化的粤汉、川汉铁路收归国营,朝廷准奏,并委派曾当过直隶总督的洋务派满人大臣端方督办此事。盛宣怀则与英、德、法、美四国加紧洽谈借款事宜。

后世视之,盛宣怀在铁路事宜上,除了国有理念与民间有重大分歧之外,还犯了两个严重的错误。一是,缺乏与民间资本的坦诚沟通。他以多年的政商经验认为,在朝廷的威权之下,民间资本从来都是"软柿子",招之即来,挥之即去。二是,在股权回收上,明显欺凌民股。根据他公布的方案,政府只还给民间股东六成现银,另四成是无息股票。也就是说,投资人不但没有任何投资收益,还承担了四成的损失风险。他的方案受到好友、当过粤汉铁路董事的郑观应的坚决反对,郑观应分别给端方和盛宣怀发去急信,认为"如政府收归国有,自应本利给还,不能亏本。若不恤人言,挟雷霆万钧之势力,以实行此政策,恐人心解体"。盛宣怀接信后,置若罔闻。

于是,"路权回收令"颁布后,各省商民群起反对。

1911年5月14日,长沙举行万人群众集会,接着长沙至株洲的万余铁路工人上街示威,并号召商人罢市,学生罢课,拒交租税以示抗议。紧接着,四川组织保路同志会,推举立宪党人蒲殿俊、罗纶为正副会长,宣誓"拼死破约保路",参加者数以十万计。当年与吴玉章在日本分道扬镳的邓孝可此时是保路同志会董事,他在《蜀报》上撰文《卖国邮传部!卖国盛宣怀!》,一改之前的温和改良立场。他十分激烈地写道:"既夺我路,又夺我款,又不为我造路。天乎!此而欲川人忍受,除吾川一万万人死尽,妇孺尽绝,鸡犬无存或可耳!否则胡能忍者。有生物以来无此情,有世界以来无此理,有日月以来无此黑暗,有人类以来无此野蛮,而今乃有盛宣怀如此横蛮以迫压我四川之人。"据记载,当时川人"得报展读,

▲ 保路同志会报纸

涕泗横流,且阅且哭"。盛宣怀已俨然成川民公敌。[1]

6月30日,郑观应再写信给盛宣怀,紧急提议:"查反对党所说不公者,其意不过要以后之四成给还有利股票,照原议商议,不成,原银缴还而已……恩威并制,迎刃而解。"一意孤行的盛宣怀还是无动于衷。

9月7日,四川总督赵尔丰逮捕罗纶、蒲殿俊等人,枪杀数百请愿群众,下令解散保路同志会。被激怒的四川民众将各处电线捣毁,沿途设卡,断绝官府来往文书。民变骤生,清政府紧急抽调湖北新军驰援四川,导致武汉空虚。10月10日,在同盟会的策动下,数百新军发动起义,星火顿时燎原。这就是推翻了千年封建统治的辛亥革命。督办铁路国有事宜的端方在资州被起事的新军杀死——策动者之一就是已经加入同盟会的吴玉章——脑袋被割下来送到了武汉。

---

[1] 辛亥革命成功后,邓孝可任四川军政府的盐政部长。他的弟弟邓孝然继承父业,专心商事。邓孝然有一个大名鼎鼎的外孙,就是当世最著名的经济学家之一吴敬琏。

《清史稿》十分详细地记录了铁路国有化导致帝国覆灭的整个过程。

先是给事中石长信疏论各省商民集股造路公司弊害，宜敕部臣将全国干路定为国有，其余支路仍准备各省绅商集股自修。谕交部议，宣怀复奏言："中国幅员广袤，边疆辽远，必有纵横四境诸大干路，方足以利行政而握中枢。从前规画未善，致路政错乱纷歧，不分支干，不量民力，一纸呈请，辄准商办。乃数载以来，粤则收股及半，造路无多；川则倒账甚巨，参追无着；湘、鄂则开局多年，徒供坐耗。循是不已，恐旷日弥久，民累愈深，上下交受其害。应请定干路均归国有，支路任民自为，晓谕人民，宣统三年以前各省分设公司集股商之干路，应即由国家收回，亟图修筑，悉废以前批准之案，川、湘两省租股并停罢之。"于是有铁路国有之诏，并起端方充督办粤汉、川汉铁路大臣。

宣怀复与英、德、法、美四国结借款之约，各省闻之，群情疑瞿，湘省首起抗阻，川省继之……宣怀又是会度支部奏收回办法；"请收回粤、川、湘、鄂四省公司股票，由部特出国家铁路股票换给，粤路发六成，湘、鄂路照本发还，川路宜昌实用工科之款四百余万，给国家保利股票。其现存七百余万两，或仍入股，或兴实业，悉听其便。"诏饬行。四川绅民罗纶等二千四百余人，以收路国有，盛宣怀、端方会度支部奏定办法，对待川民，纯有威力，未为持平，不敢从命……川乱遂成，而鄂变亦起，大势不可问矣。

"意外"酿祸后，朝廷宣布革去盛宣怀所有职务，"永不叙用"，他惶惶然登上德国货轮，逃往日本神户。

《清史稿》最后给出的结论是："宣怀侵权违法，罔上欺君，涂附政策，酿成祸乱，实为误国首恶。"

"误国首恶"四个字道出了历史的无奈与残酷。在任何一个国家的现代化进程中，国有资本的自我瓦解是一个共同的路径，我们至今还没有看到一个例外。后世人读史至此,当惕然自醒。

1911年10月10日深夜,南通的"状元企业家"张謇在汉口登上"襄阳丸"返沪。当时,大生纱厂的湖北分公司刚刚开业,他是来参加开工仪式的。轮船开动时,他站在甲板上,看到长江对岸的武昌城内火光冲天,隐约枪声此起彼伏,没有人知道发生了什么事情。他心生不祥之感,嘱咐水手加速离去。

从留存至今的记录看,他是唯一目睹了辛亥革命爆发的当世大企业家。

在历史的节点上,日本明治维新的结束与清王朝的覆灭无比偶然地巧合在一起。1911年,是明治四十四年,60岁的天皇患上了尿毒症,于第二年的7月去世。而就在明治维新即将结束的时候,中国爆发了辛亥革命。

清政府的倒台,在很多中国人的内心,似乎是一个命定迟早会发生的事情,无喜无悲,只有漠然。在过去的数十年里,天灾人祸,内忧外患,傲慢的王族贵胄们却从来没有显示出一丁点儿处理的智慧,他们看不到时代症结之所在,一切苟延残喘的作为都仅仅为了维护自己那点可怜的利益与尊严。自10年前李鸿章陨亡后,最后的卫道者也消失了,中国已经成了世界上一个最抽象、最做作的空壳。当它终于倒塌的时候,无非是一个悠长的噩梦随晨雾一同消失。在清政府灭亡的过程中,垄断的官僚资本集团的反动性,主要体现在其利益与广大民间资本集团的冲突。因此,执政的合理性受到质疑,如果在这时又发生其他的社会或政治变故——如外来政权的入侵、严重的自然灾害和经济危机或者如清末反对异族统治的暴动——那么,就非常容易爆发革命。

在革命爆发的时候,对清政府已极端失望的企业家集团表现出了顺应时代大势的特征。不过这一点也不奇怪,商人的生存原则就是与强者结盟。

作为立宪派的民间领袖,张謇此前一直反对革命。他感叹:"断言清廷之无可期望,谋国必出他途以制胜。"但是,他想盖新房子,却也不愿意放火烧掉旧房子。10月12日,他从汉口坐船到安庆,得悉武昌爆发起义后,当即赶到江宁,求见驻防将军铁良,建议他派兵增援湖北。但是,随后的形势发展完全出人意料,他的两位最亲密的立宪派同党汤寿潜和程德全相继在浙江、江苏宣布独立,张謇在愕然之余,不得不接受现实。他致电袁世凯说:"今则兵祸已开,郡县瓦解。环顾世界,默察人心,舍共和无可为和平之结果,趋势然也。"很快,他与上海同盟会取得联系,由他的三哥出面迎接革命党前往南通,成立通州军政府,宣布和平光复。张謇的内心转折与矛盾,反映了企业家与革命的复杂关系。

在武昌,10月的起义期间,城市很快因革命而陷入极度的恐慌。《纽约时报》是第一个报道辛亥革命并在标题中大胆预言"清朝统治恐将结束"的国际媒体。它在10月14日的报道中记录道:"革命军无法有效地维持秩序,汉口、汉阳以及武昌的贸易已经完全陷入停顿。劳工阶层失去生计,并且正试图抢劫。城内50多万人逃往乡下。让人们更感到危险的是,所有监狱的大门都被打开了,囚犯都获得了释放,他们在这座城市里到处游荡。"

便是在这样的乱景中,武汉的商人们起到了维持稳定的作用。没有史料证明他们曾经直接参与了起义,不过,他们很快积极协助起义军人,维护社会秩序,组织商团,驱赶趁火打劫的暴徒。被起义士兵推选为军政府督军的是湖北新军协统黎元洪,他跟武汉当地的商贾和外国人有良好的互动,更不可思议的是,他竟然能说一口结巴的英语。在黎元洪组建的新政权中,武汉商会会长被任命为警察局长,而商会承诺借款20万两白银给起义者。

在东南沿海,国内最重要的两大商业城市上海和广州的独立起到了显赫的示范效应,把清政府推进了绝望的深渊,对立宪失去信心的商人群体是幕后的重要推动者之一。

1910年入秋以来,李平书、虞洽卿等商人就一直在暗地组织"革命军饷征募队",为陈其美积极募集钱饷。1911年10月,武昌起义消息传来,

第二部　1911—1927　唯一的"黄金年代"

李平书、虞洽卿与陈其美天天在同盟会办的《民立报》报馆秘密开会商讨。10月24日,陈其美、宋教仁、蔡元培等同盟会人召开会议,议决以"联络商团、沟通士绅"为上海起义的工作重点,利用《民立报》宣传革命胜利消息,激励民气。11月3日,陈其美率同盟会会员火烧上海道,攻占城门,上海随即宣布光复,陈其美出任沪军都督。在他的军政府中,企业家的比例惊人地高:中国通商银行总董、轮船招商局和江南铁路局董事李平书担任了民政总长,信成商业储蓄银行大股东沈缦云是财政部长,信成银行董事、大达内河轮船公司总董王一亭是交通部长,老买办朱葆三、郁屏瀚和大粮商顾馨一都担任了重要的职务。

其中,虞洽卿是极其活跃的一个。上海光复后,一直参与此事的他自告奋勇,孤身冒险前往苏州策反江苏巡抚程德全,凭他的三寸不烂之舌,说服程德全宣布起义,苏州和平光复。苏州在太平天国运动期间,数次爆发惨烈的攻伐激战,千年锦绣古城累毁战火,工商根基几乎动摇。此次幸赖虞氏斡旋,竟得保全。因襄助有功,他被任命为上海都督府的顾问官和闸北民政长,后来还当过江南制造局代理局长。

广州发生的景象也十分类似,两广总督张鸣岐宣称在内战中保持中立,他还想仿效10年前的"东南互保",在旁观中选择立场。他下令集中兵力加强广州防务,严禁报纸登载有关革命的新闻。10月29日,由粤商自治会会长陈惠普发起,广州七十二行商总商会等商人组织参与,共百余人在爱育善堂集会,认为"现专制政府万不可恃",决定"应即承认共和政府",随即派人向总督府和革命党人两方面表达商人承认共和制度的意思。11月8日,革命军向广州步步推进,张鸣岐弃城出逃。次日,商绅各界代表在咨议局集会,正式宣告"欢迎民党组织共和政府及临时机关","宣布共和独立,电告各省及全国"。

1912年1月1日,从美国归来的孙中山在南京宣誓就任中华民国第一任临时大总统。2月12日,6岁的小皇帝溥仪发布《退位诏书》,清王

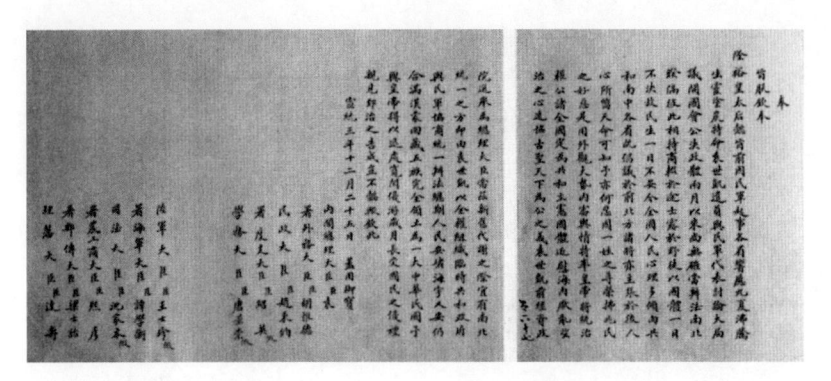

▲清帝退位诏书

朝历时276年后覆亡。第二天，孙中山辞去临时大总统职务，向临时参议院推荐袁世凯接任。

正如德国思想家斯宾格勒（Oswald Spengler）在《西方的没落》中不无悲观地写到的，"一种力量只能为另外一种力量所推翻，而非为一种原则所推翻"。① 共和政体在中国的诞生，很像一个匆忙制造的"仿制品"。哥伦比亚大学教授N.佩弗曾评论说："它在中国的历史、传统、政治经历、制度、天性、信仰观念或习惯中毫无根据地。它是外国的、空洞的，是附加在中国之上的……它只是政治思想的一幅漫画，一幅粗糙的、幼稚的、小学生的漫画。"② 正因如此，辛亥革命所具有的某种原则性，譬如对独裁的反抗、对民主的向往以及对国家建设的承诺，在相当长的时间内只是幻觉。

清王朝覆灭，民国新生，那些靠理想和暴力获取政权的政治家到底有怎样的治国蓝图和多大的实务才干呢？

---

① ［德］奥斯瓦尔德·斯宾格勒著，吴琼译，《西方的没落》，北京：生活·读书·新知三联书店，2006年版。

② 转引自［美］斯塔夫里阿诺斯著，吴象婴、梁赤民译，《全球通史》，上海：上海社会科学院出版社，1999年版。

▲袁世凯

张謇被任命为国民政府第一届实业总长。1912年1月3日,他以这个身份与孙中山商谈政策。这也是他们的第一次交谈。他在当天的日记中对孙中山的评价只有四个字:"不知崖畔。"历史学者章开沅的解读是:"'崖'就是'边际'的意思。这话就是说,他觉得孙中山没有实际办过实业,把事情想得太简单和浪漫。他不知道建设比革命更加困难,以为一革命,就什么问题都解决了。实际上当时政令都不能出南京,军饷都发不出来。"

甚至在大军阀眼中,革命家也是一派"不知崖畔"的印象。

这年8月,孙中山赴北京与袁世凯谈判。两人面晤13次,所谈皆国家大事、中外情形,包括铁路、实业、外交、军事等问题。袁世凯是传统中国里的"治世之能臣,乱世之奸雄",才大心细,做事扎扎实实,有板有眼,是位极有效率的行政专才。然而,他没有理想,对现代政治思想一无所知。孙中山正相反,满脑子的爱国理想却"道不得行"。他认定当时中国的第一要务是修铁路,因此在密谈中他表示愿"专任修路之责",希望把全国铁路延长至20万里。袁世凯表面大加赞赏,转身却对幕僚说,孙文是个"孙大炮"。

袁世凯当上了民国大总统,孙中山果然出任中国铁路总公司总理,袁世凯顺水推舟,把他当年专为慈禧太后特制的豪华花车拨给孙总理使用。就这样,孙中山率领大批失业的国民党人,坐着花车到全国各地视察去了。他还拉上只会打仗的大将军黄兴当汉粤铁路督办,甚至写信邀请躲在

152　　跌荡一百年:中国企业 1870—1977

日本神户的盛宣怀一起来共襄大业。事后来看，铁路总公司花去官银110万两，却没有修成一寸铁路。到1998年，全中国的铁路还没修到7万公里。历史学家唐德刚因此在《袁氏当国》一书中无奈地评论说："孙中山先生要在民国初年建20万里铁路，岂非大炮哉？"[1]

孙中山的经济理念很有国有化经营的倾向。1912年4月4日，他曾说了这样一番话："余乃极端之社会党，甚欲采择显理佐治氏主义施行于中国，中国无资本界、劳动界之争，又无托拉斯之遗毒。国家无资财，国家所有之资财，乃百姓之资财。民国政府拟将国内所有铁路、航业、运河及其他重要事业，一律改为国有。"[2] "显理佐治"（Henry George），后世翻译为"亨利·乔治"，是一位主张土地国有化的美国思想家，他所著《进步与贫困》一书深受孙中山的推崇，被孙中山认为"深合于社会主义之主张"，"实为精确不磨之论"。

孙中山的国有化思想，至少在铁路事务上，与盛宣怀是十分相近的。所以，他写信邀请后者返国襄助修路。他在1912年3月15日的信函中写道："兴实业以振时局，为今日不可少首。执事[3]伟论适获我心。弟不日解组，即将从事于此。执事经验至富，必有以教我也。"盛宣怀则在回函中为他的铁路国有化辩解说："民间资本微而利息高，不可使投入铁路股本，须留以办其他实业。语语皆如铁铸，宜乎中外欢呼！"

孙中山的国有化思想在当时并没有形成政策，其得到实践要等到1927年之后。

1911年之后，随着清政府的覆灭，国营的洋务企业大多被民营化。其中最具标志意义的是，当时最大的官督商办企业轮船招商局的股权变革。

---

[1] 唐德刚著，《袁氏当国》，桂林：广西师范大学出版社，2004年版。

[2] 1912年4月4日，在孙中山正式解除临时大总统职务后的第三天，答《文汇报》记者问。

[3] 执事不是一个职务，而是当时对人之尊称。

招商局一度是洋务运动最显赫的成果，被李鸿章自诩为"开办洋务以来，最得手文字"。可是，自从唐廷枢、徐润被逼走之后，官商接手，日渐暮气重重，最后竟落到了严重亏损的境地。

国营企业的一切弊端，在招商局身上都无比生动地一一呈现。首先是体制僵化，管理极度混乱。在国营体制下，没有人真正对企业利益负责，于是，从督办、总办到所有管理者，大都是"豪滑之徒"，"六总办、三董事、一顾问，无一非分肥之辈"，被荐入局内的人，则是一些"不士、不农、不工、不商"的"四不像"。他们挂名企业，坐地分肥，冗员无穷。据1908年的统计，招商局总局有各等管理人员207个，每年薪水开支7.4万两白银。

局内贪污成风，一个叫杨士琦的督办上任不久，干的第一件事情就是主持私分了10万两的漕运费用。他还给朝廷写了一份自我表扬的报告，称"官督商办，已著成效"。于是在这种督办的领导下，全局上行下效，互相串通，以贪污为能事，在船运业务中，夹带私货、少报客位、多报开支、偷漏客货、私收仓储费用等，成了公开的现象。这种企业怎么可能有竞争的能力？到1895年前后，招商局在长江航运中的优势已经消失殆尽，太古、怡和等外国公司再度横行中国江海，"航路挽夺，主客之势互易"。更为可笑的是，连漕运业务也出现了亏损。为了扶持招商局，李鸿章原本专门给予漕运以政策性扶持，到了后期，漕运业务竟也被洋行争走不少。1897年，太古就曾经与北洋军私下签订了每年装运军米的合同。1902年，太古夺走了运河漕运量的60%。从1898年到1911年，招商局的漕运竟结亏98万余两。

在经营极度混乱的同时，雪上加霜的是，政府还把这家国营企业当成了"提款机"。因中央财政空虚，清政府以各种名目向招商局摊派。1899年，朝廷规定招商局每年在分配红利之前，需先上缴两成盈余，"以尽报效之悃"。此后，企业所得利润的68%作为官利上缴，13%作为"报效"上缴，其余的19%才按股权进行分配。此外，捐款项目更是层出不穷。凡是一个新事业出现，招商局都是重要的出捐对象，仅盛宣怀便以创办北洋大学堂、南洋公学及达成馆为名义，要求招商局每年捐款8万两。

到晚清后期，招商局更是成了北洋军队的"免费运输队"。继盛宣怀之后，袁世凯曾经控制招商局长达5年之久。在这期间，从接送官兵到运输军需，都是招商局免费承担，甚至连外国官员到华访问，也要招商局出船免费护送。1897年，总理衙门谕令招商局派轮船专送俄国使节由沪返津，为时13天，费银8 232两，这笔钱"禀报作为报效"。据民国初年编纂的《轮船招商局节略》记载，"北洋提去用款每年数十万，商情敢怒而不敢言"。郑观应在1909年算了一笔账，招商局历年的各类摊派费用高达130万两，相当于公司总股本的1/3。

从1895年到1905年的10年中，外国公司在中国江海航线上的船只总吨位增加了2.32倍。作为国内最大轮船公司的招商局则毫无作为，其吨位比例下降到17%左右。从1903年到1906年，是全国经济成长较快的时期，招商局竟然仍然面不改色地连年亏损，"四年之内，产业既有减无增，公积亦有少无多。仰且亏空百万，局势日颓，人人得而知之"。就这样，在长达17年的时间里，招商局不仅尽失市场优势，而且毫无积累，反而净亏45.7万两，成了一家名副其实的亏损大户。

任何一家国有企业，

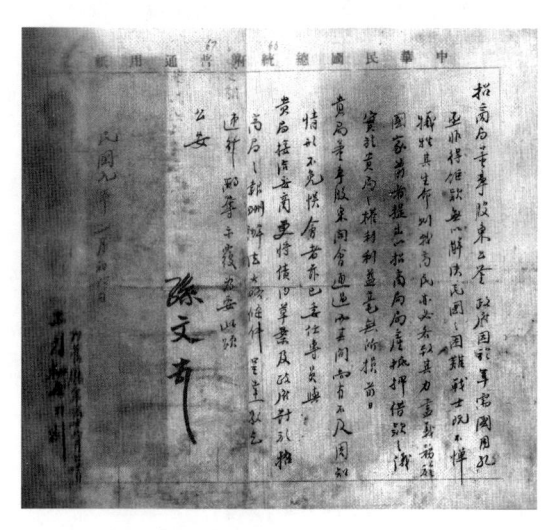

▲孙中山向招商局的借款信

第二部　1911—1927　唯一的"黄金年代"

只有烂到骨子里的时候，管制的手才会不情愿地稍稍松开，这几乎是一条"公理"。到清末，招商局已是百病缠身，官督商办体制完全成为约束企业发展的桎梏，民间的力量开始浮现。1910年6月，在形势飘摇之际，招商局召开第一次股东年会，与会股东500余人。会议通过提案，决定"注重商办，所有用人之权即由商主之"。1911年8月，在股东们的争取下，邮传部终于颁布《商办轮船招商局股份有限公司章程》，承认招商局"完全商股"，"悉按商律股份有限公司办理"。两个月后，辛亥革命爆发。又过了4个月，皇帝逊位，也就是说，在清政府即将覆灭前的半年，招商局才终于获得了资本上的自由。

然而，商办的招牌油漆未干，招商局很快又成为新政权的争夺之物。

1911年12月，新成立的上海沪军都督府都督陈其美致函招商局，要求"派员驻局为会长"。董事会讨论后决定予以回绝，回函称"毋庸派员"，可以指派一人随时来局交涉，同时还提出了两个条件：一是"以战事停止为度"，二是交涉人员不得干预局务。陈其美后来又几次去函，要求派员入驻，董事会均以"此事关系重大，非本会少数董事所能议决"为借口，婉言回绝。

1912年1月，孙中山在南京组建中华民国临时政府。当时，政权不稳，令不出南京，而且国库根本没钱，急得陆军总长黄兴"寝食皆废，至于吐血"。于是，在临时政府的第一次内阁会议上，革命家们做出了三条决议，其中第二条就是专门针对招商局的："筹措军饷，拟将招商局抵押一千万两。"抵押的接受国是日本。

第二天，广东北伐军总司令姚雨林以"陆军全体军官将校"的名义致电招商局，发出"抵押招商局，暂借于中央政府以充

▲孙中山给招商局的信

军用"的命令,电文限招商局在48小时内做出答复。姚总司令的命令遭到招商局抵制,在董事会上,除了两位广东籍董事表示赞成外,其余人都拒绝表态。22日,招商局复电政府,要求放宽期限为10天。23日,黄兴电令陈其美,如果招商局不立即做出答复,就派军队对该局"下拘获候令"。招商局仍然抵抗,董事会分别致电黄兴和孙中山,提出"中央政府必须有相当担保并相当利益,才可有词宣告各股东,不致临期反对"。为了引起舆论关注,这份电报还被刊登在上海的报纸上。

随后几天,双方仍然拉锯。2月6日,临时大总统孙中山亲笔写函给招商局,说明"政府因为军需国用孔亟,非得巨款无以解决民国之困难",并对董事会的抵制表示理解,提出委派专员与企业进行更进一步的沟通。4天后,政府特派陈其美、汪精卫参加了招商局的特别董事会,在再三的讨价还价后,董事会最终同意借款,同时提出几项优待条件。其一是"本利俱由中华民国政府担任偿还,不使招商局受丝毫之损害",还有一条则是要求"扩张其外洋航线,予以相当之补助津贴"。

这场借款风波,政商对立,剑拔弩张,惊险非常,堪称企业史上很奇特的一幕。招商局董事们的行为,表明在当时的氛围中,企业家阶层正呈现出前所未见的博弈力量。这项借款事宜达成后,英美两国担心日本从此控制招商局,便积极阻止,最终以招商局借给沪军都督府50万两了事。

虚惊一场的招商局从此进入完全商办时期,一直到1932年,它又被蒋介石政权以无比强势而血腥的方式收回为国有。[①]

[①] 因军饷无着,南京国民政府除了将轮船招商局抵押外,还试图以合办汉冶萍钢铁厂为条件,向日本人借款。实业部长张謇坚决反对,他在给孙中山和黄兴的信中说:"凡他商业,均可与外人合资,唯铁厂则不可。铁厂容或可与他国合资,唯日人万不可!日人处心积虑谋我,非一日矣,然断断不能得志,盖全国三岛,无一铁矿,为日本一大憾事。而我则煤铁之富,甲于五洲,鄙人尝持一说,谓我国铁业发达之日,即日本降服我国旗下之日。"1912年1月29日,中日"合办"汉冶萍草约在日本神户签订。此举引起各方的反对与责难。2月18日,孙中山咨复参议院,宣布此借款已取消。

清王朝的灭亡，在商业世界引起的另外一个连锁效应，是"天下第一商帮"晋商的"殉葬"。

山西商人从明朝中期起就因善于经营而崛起，他们在中国北方以及俄罗斯等北亚地区形成了一个庞大的商业网络，控制了绸缎、茶叶贸易和钱庄生意。而他们最大的商业模式创新发生在1823年，在山西平遥县，一个叫雷履泰的人发明了"通汇通兑"的票号模式。在当年的贸易往来中，商人们遇到的最头痛的难题是异地汇兑，10万两白银的重量就有2.5吨，往来搬运，不但费用高而且风险很大。这一直是千百年来商业贸易最棘手的难题，因此催生了两大生生不息的"衍生行业"，一是押钱的镖局，二是各地的劫匪。雷履泰原本是一家颜料行的掌柜，他发明了"汇银于此，取银于彼"的汇兑模式。他设计了一套完整的汇票防伪办法，能够保证异地兑换的安全性。他将颜料行改成了票号，起名为"日升昌"，挂出的牌匾就是四个字"汇通天下"。在不到20年的时间里，日升昌在国内主要城市开出35家分号，形成了第一个全国性的汇兑金融网络。受其启发，山西商人纷纷涉足票号业，有清一代，全国共有知名票号51家，其中43家为山西人所开，仅平遥、太谷、祁县三地就占了41家。日升昌所在的平遥县城西大街上，一度比肩林立了10多家票号总部，其显赫尊贵，堪比后来的纽约华尔街。因为汇兑灵活，诚信可靠，连朝廷的官银和王公贵族的存款也大多托付于山西票号。可以说，晋商控制了中国的金融业，他们也因此成为富甲天下的第一商帮。

1900年，八国联军攻陷北京，慈禧西逃。在经过山西时，山西票商盛情接待，支付了这个流亡朝廷的所有花销，日升昌因此还得了一块"急公好义"的御匾。然而，战乱给票商造成了惨重损失，京城一带的山西票号分号被抢劫一空，账本被烧。王公官吏们带着存折或银票逃到山西，要求兑现银钱，票号东家们挖出自己窖藏的银子，咬牙兑付。20世纪前10年，帝国摇摇欲坠，与之关系密切的票号也病入膏肓。时局稳定时，生意尚可一做，一旦战乱，票号首先遭殃。1911年武昌起义，各地票号受到散兵游勇的劫掠，仅日升昌在北京等5个城市被抢的银子和财物就达15万多两。天下更易后，清政府所欠的巨额债务无人承揽，票号遭到灭顶之灾。据计算，晋商因中央财政破产而造成的损失超过1 200万两白银。更致命的是，票号模式受到了新兴商业银行的挑战。一些先觉的票号掌柜曾经商议将票号改组为银行，但是，乱局之下重组无术。1913年，在袁世凯政府财政部的牵线下，山西票号提出向美国银行团借款500万元银洋作为本金，以重组票号体系，但终因不能提供抵押，被拒绝借款。这一年，山西14家最主要的票号，被拖欠的债权达3 100多万两白银，日升昌17个分号中债权近300万两白银。各地军阀更是催逼甚急，广西军政府端着步枪冲进日升昌的票号，强行提走10万两前清官银。

▲上海商业储蓄银行

第二部　1911—1927　唯一的"黄金年代"

1914年10月,天津《大公报》刊出了一条轰动中国商界的大新闻,"天下票号之首"日升昌宣布破产。报道描述道:"彼巍巍灿烂之华屋,无不铁扉双锁,黯淡无色;门前双眼怒突之小狮,一似泪下,欲作河南之吼,代主人喝其不平。前日北京所传,倒闭之日升昌,其本店耸立其间,门前当悬日升昌金字招牌,闻其主人已宣告破产,由法院捕其来京矣。"

晋商"殉葬"后,中国的金融中心从平遥县城的青石板大街南移至十里洋场的上海。穿马褂的票号日渐式微,着西装的银行取而代之。

就在日升昌破产8个月后,1915年6月2日,在上海宁波路8号的一个石库门房子里开出上海商业储蓄银行(后简称上海银行),资本7万银元,职工只有8人,总经理是34岁的美国宾夕法尼亚大学毕业生陈光甫(1881—1976)。他问员工:"我们该怎么服务于顾客?"员工答:"不论顾客办理业务的数额是多少,1 000元还是100元,我们都要热情接待。"陈光甫说:"你们只答对了一半,他就是一分钱不办,我们还是要热情接待。"

▲陈光甫

陈光甫办的不是第一家民资银行,但却是第一家与国际金融惯例全面接轨的银行。在之前,所有的票号、银行均将揽资对象定位于政府、企业和有钱人,陈光甫却把目光对准了普通市民。他破天荒地推出了"1元账户",只要有1元钱就可以在他的银行里开户,上海银行因此被同行讥笑为"1元银行",但是,正是这种平民理念让陈光甫别开天地。他将西方银行业的经营管理方法和制度逐步引入中国金融业,先后开创了零存整取、整存零取等一系列储蓄种类。他很善于从国人的消费中发现外资银行无法看到的商机。中国人在办红白喜事的时候有送礼的习惯,上海银行因此发行了红色、素色两种礼券,专门用于馈赠。①

此外,与传统的钱庄所不同的是,陈光甫敏锐地看到了中国民族工业的前途。上海银行积极向民营棉纱厂、面粉厂放贷,甚至还吸引工厂主成为银行股东,这让它在随即到来的工业化浪潮中大获其利。在此后20多年里,陈光甫先后在国内开了80多个分行,还在美国、英国设立分支机构,俨然成为最重要的民资银行家。

从雷履泰到陈光甫,中国金融业脱胎换骨。

---

① 关于银两、银元与银行券:在我国货币史上,白银自汉代起成为货币金属,实行的是银两制。1910年,清廷颁布《币制条例》,以"元"为货币单位,重量为库平银七钱二分,成色是90%,名为大清银币。1913年,袁世凯政府公布《国币条例》,规定重量七钱二分、成色89%的银元为货币单位,所铸银元因有袁世凯头像而俗称"袁大头"。在这期间的市面上,银元和银两一直并用。全国约有20多家银行拥有发钞权,其发行纸币被称为"银行券",持券人可随时要求兑换现银。1933年,南京国民政府宣布"废两改元",发行全国统一的铸有孙中山头像的银元,1935年,又实行币制改革,宣布废止银本位,推出全国唯一的纸钞,称为法币。以大米为换算参照,清朝中晚期1两银子价值人民币150~220元(2008年)。本书中两、元并用,请读者留意。

企业史人物 | 百货四子 |

1914年,上海南京路被铺上了铁藜木路面。"北京的蓬尘,伦敦的雾,南京路上红木铺马路。"一首童谣传唱沪上。也是在这一年,南京路、浙江路口的西北角开始兴建一座七层高的大楼。它的建筑具有异域的巴洛克风格,底层设骑楼式外廊,外廊内设大橱窗,二、三层间用爱奥尼克立柱支托三层以上部位的弧形出檐,四层为铸铁阳台,五、六层为双扇窗。东南转角立面的六层顶部盖一座摩星塔,基座设大钟,屋顶有花园。这座大楼盖了三年,1917年10月,先施公司开业,这是上海第一家大型百货商场。

先施开业一年后,在它的斜对角出现了另一家六层高的百货公司永安。它的建筑立面用圆柱与贴壁方柱墩做装饰,给人以西方文艺复兴时期建筑的感觉。外墙采用汰石子饰面,陈列窗口采用进口大玻璃,是上海大玻璃橱窗的先例。它也有一个屋顶花园和高耸的塔楼。除了一至四层的百货商场外,其他楼层还设酒楼、旅馆、弹子房、舞厅、游乐场和戏院,其模式类似后世的 Shopping Mall(大型购物中心)。

先施与永安的开张,是上海繁荣年代开始的标志,南京路因此成为"中国第一商业街",其商脉延续至今未绝。1926年,先施公司一个叫刘锡基

▲上海先施公司是民国时期四大百货公司之一。旁边的东亚大酒店保存至今

(1881—1926)的经理另辟山头,在先施的旁边建成了南京路上的第三家大百货商场新新公司。1936年,一个叫蔡昌(1877—1953)的商人在新新公司的西首开出大新公司。

富有传奇性的是,南京路上的这四大百货公司,其创业者的祖籍竟都来自广东省的一个小县城——香山。在近现代中国,这是一个让人肃然起敬的地方,它诞生了最著名的革命家孙中山,晚清"四大买办"中的三人,最早的留洋学生,以及显赫一时的"百货四子"。

先施的创办人马应彪(1864—1944)早年远赴重洋到澳大利亚做劳工,有点积蓄后就做起了水果铺生意。40岁那年他回到香港,开出了中国第一家百货公司先施,当时的商场面积只有500平方米。马应彪创出了很多第一,如首创了商品标价和"不二价"制度,售货一律开发票,首创了从业人员每逢星期日休息制度,还首次破例雇用了女店员,这在当年都轰动一时。在香港首创成功后,他北上创办了上海先施。

永安公司的创办人郭乐(1874—1956)、郭泉兄弟也是在澳大利亚开水

▲马应彪

果铺的。他们跟在马应彪后面亦步亦趋,1908年创办香港永安,10年后也到上海,在先施的对面开出了上海永安。永安经销商品1万多种,其中八成为世界各国的高档商品,号称"统销环球百货",一时竟有"销金窟"之称。郭乐还挂出了一幅霓虹灯制成的英文标语"Customers are always right"——"顾客永远是对的",这几乎是"顾客就是上帝"的翻版。

新新和大新的创办人刘锡基和蔡昌都是先施的旧臣,他们与先施、永安比邻竞争,竟都有后来居上的朝气。新新自行设计、自行装备了上海第

一个由中国人创办的广播电台，因电台的房子四周是用玻璃隔断的，俗称"玻璃电台"。1949年5月25日上海解放，电台最早向全市人民广播这个重要消息并播放革命歌曲。最后出现的大新公司更是咄咄逼人，它楼高十层，营业面积1.7万平方米，是四大百货之冠。蔡昌还率先引进了自动扶梯和冷暖气设备，开张之日，因看热闹的人实在太多，不得不卖票进场以控制人流。大新游乐场布置精巧，内有"天台十六景"，同时开辟京剧、话剧、电影、滑稽、魔术等节目的演出。

四个香山老乡在上海滩上做同一份生意，互相竞争起来却毫不留情，也因此留下无数精彩的商战故事。先施原本要盖五层，后听说永安是六层，于是硬是临时加盖了两层。永安也不示弱，当即决定在屋顶加一个"绮云阁"。先施自然咽不下这口气，马上又加盖一个"摩星塔"。有一年，先施推出优惠礼券，为了刺激消费者的购买冲动，它将香烟、酱油等几类热销商品的价格定得很低，永安就暗中派人拿了现款分批去吃进先施礼券，再以礼券全数购买香烟、酱油，这让先施很是吃了一个大暗亏。1936年，面积最大的大新公司开业之际，先施等三家公司先是联手威胁国货小

▲上海街道

厂，不得向大新出售产品，否则就集体停止向这些小厂进货，及大新开张之日，又联合举行"春季大减价"，将部分热销商品的价格定得很低。大新则大打薄利多销的广告，它还向厂商定制了独特规格的大新香皂、大新衬衫、大新雪茄，这已是一种很超前的零售模式了。在大新开张一年后，永安盖成了一幢22层的高楼，再次成了群雄中的领先者。

"百货四子"争奇斗艳，把一条南京路闹得花枝招展，国际媒体称之为"地球上最世界主义文化的马路"。抗战期间，上海沦为"孤岛"，大批外省豪门大户、地主逃进租界，寻求避难。一时间人口激增，商业畸形繁荣。1945年之后，内战爆发，因国民党政府的治理无能，上海出现了严重的通货膨胀，四大百货商场遭遇抢购潮。到1949年春季，除了永安，其余三家相继撤离上海。

新中国建立后，四大百货公司命运各异。1952年，先施公司大楼由上海时装公司、黄浦区文化馆、东亚饭店等使用，屋顶花园的纳凉晚会很受普通市民的青睐。1993年，先施公司重返南京路，新址在南京东路479号。1956年，永安公司改名为上海第十百货公司，1987年改建后称"华联商厦"。新新公司则从此歇业，原址改为上海市第一食品商店。1953年，大新公司大楼改为上海市第一百货商店，20世纪80年代前，这里一直是全国最大的百货商店。

第二部　1911—1927　唯一的"黄金年代"

1915 / 作为抵抗的商业

> 日本欺负我们，自私是它的宣言
> 是的，抵制所有日货
> 是每个人永远的责任
> ——《新闻报》刊登的诗歌，1915年4月1日

民国初立，人人期盼国家重建。但是，政治家们却不做如是想，他们算计的是自己的权力，不同的治国理念很快让脆弱的结盟分崩瓦解。在南方，孙中山就任临时大总统才一个多月，就被迫把职位让给了北京的袁世凯。他承诺去修铁路，可是，国民党不可能改组成"铁路党"，热血沸腾的青年革命党人又怎么甘心集体去当铁路工人？军阀出身的袁世凯更不愿意让人分享权力。在1913年举行的众议院选举中，国民党赢得压倒性胜利，盛传将出任内阁总理的国民党领袖宋教仁却被暗杀了。很快，国民党在江西宣布"二次革命"，袁世凯的北洋军在战争中获胜。1915年，利令智昏的袁世凯居然想当皇

帝。12月，云南首举义旗，南方各省群起响应。这次，北洋军吃了败仗，不得民心的袁世凯不得不于第二年3月宣布取消帝制，自己也很快在郁郁中去世。

接下来的4年，中国陷入军阀割据。北洋军分裂为皖、直、奉三大派系，分别控制了长江中下游、华北和东北地区。另外，山西、西南又有晋系和滇系、桂系。1917年，还有一个拥护帝制的军阀带着3 000名"辫子军"冲入北京城，搞了一出短暂的恢复帝制的闹剧。这年8月，孙中山发动"护法战争"，结果被皖系军阀段祺瑞打败。在后来的10年时间里，国民党偏据广东一地，卧薪尝胆，一直到1927年才恢复元气，再次宣誓北伐。

在中国历史上，每一次改朝换代便意味着财富积累的推倒重来，唯有那些善于左右逢源者才能够侥幸留存。在民国初年那样的乱世中，企业家要站稳"正确"的政治立场无疑是困难的。逐利和渴望稳定的职业天性让他们总是想跟强者站在一起，最严重的问题却是，到底"谁是强者"？

身处这样的风云变幻之中，就连以"调解人"著称、风舵手腕最为高超的虞洽卿也左右盼顾、不知所依。

某次，他在报刊上吹捧袁世凯是"世界上第二个、中国第一个华盛顿"。当夜，虞宅就被炸弹炸掉一角，人畜无伤，却是惊吓一场，一封匿名信插在门环上，信云："贵宅被炸，乃我辈为部下所逼，不得已下毒手。希以后对我党计划勿再破坏，以释前嫌。"虞洽卿哭笑不得。为了不得罪任何一方，这位"大调人"索性庭门大开，所有下台的政客，没了军队的将军，落难的前朝遗臣，破了产的商人，但凡找上门来一律来者无拒，绝不使之失望结怨。市井甚至有传言，凡是县知事一级，他都贷给300元，凡是道台、师长一级，则贷500元，所立字据，均是贷出有日，回收无期。

政局混乱如此，在很多人想来，民生经济一定低迷不堪。但是，现实却又大大出乎人们的想象。

事实上，自1911年之后的16年间，由于国家一直处在军阀割据及分裂中，这客观上造成了中央集权政府的弱势，是自"五胡乱华"的南北朝以来，1 400年间第一次出现"中央真空"。于是，这段时间成了一个绝对自由，而自由又变得十分吓人的时代。

在此16年中，中国民营经济迎来了一个"黄金年代"，这也是百年中唯一的"黄金年代"。

在这期间，国营企业体系基本瓦解，民营公司蓬勃发展，民族主义情绪空前高涨，明星企业家层出不穷，企业家阶层在公共事务上的话语权十分强大。中国社会史学会副会长唐力行在《商人与中国近世社会》一书中认为，中国民族工业的基础，就是在这一时期基本奠定的。从经济增长率的数据上看，尽管有不同的统计结果，但是，高速增长是一个不争的共识，国内学者认为工业增长率在1912—1920年达到13.4%，1921—1922年有一个短暂萧条，1923—1926年为8.7%。美国的经济史学者托马斯·罗斯基（Thomas G. Rawski）的计算显示，1912—1927年的工业平均增长率高达15%，位于世界各国的领先地位。在百年企业史上，这样的高速成长期只出现了三次，其余两次分别是20世纪50年代的第一个五年计划（1953—1957）和1978年之后的改革开放时期。

"黄金年代"的出现，除了中央集权"真空"的内因外，还有一个重要的外因，即第一次世界大战的爆发。

动荡的欧洲终于需要一场大战来解决所有的恩怨。1914年6月28日，一位19岁的塞尔维亚青年在萨拉热窝刺杀主张吞并塞尔维亚的奥匈帝国皇储斐迪南大公夫妇。奥匈帝国向塞尔维亚宣战，德、俄、法、意和英很快都卷了进去。战争无比惨烈地打了整整4年，一直持续到1918年11月，6 500万人参战，1 000万人丧生，最终以奥匈帝国解体、德国战败结束。

第一次世界大战彻底地改变了世界政治和经济的版图。在政治上，1917年11月，俄国爆发布尔什维克革命，世界上诞生了第一个社会主义国家。在经济上，远在战火彼岸的美国成了新的世界统治者。在过去

200年中,一直是世界第一经济强国的大英帝国在战争泥潭中耗尽了所有资源,它不得不靠向美国借贷才能支付战争费用。1916年10月,正在英国财政部就职的梅纳德·凯恩斯——他日后因凯恩斯主义而成为一位伟大的经济学家——忧心忡忡地向内阁汇报说:"英国每个月要向美国借贷2亿美元。"而一位叫尤斯·泰斯的勋爵大人则写道:"我们的工作是设法让美国人感到心情舒畅,这样他们就能不加限制地向我们贷款。"

在亚洲地区,世界大战的重要结局是,欧洲列强陷入混战,无暇东顾,日本乘机扩大势力,而对于中国来说,中国民族企业家获得了喘息和崛起的机会。①

1912—1917年,无锡的荣家兄弟一口气开出了9家工厂。

茂新面粉厂办了8年之后,终于站稳脚跟,到1910年,工厂产量比初建时提高了10倍,已经是国内数一数二的大厂了。这时候,两兄弟兵分两路,老二荣德生留守无锡,老大荣宗敬去了上海。1912年,荣宗敬在上海新闸桥开出第二家面粉厂,起名福新。他在股东会上提出,为了扩大再生产,三年内不提红利,所有的钱全部拿出来"滚雪球"。

为了加快"雪球"的滚动速度,以冒险为乐事的荣宗敬采取了新建、租办和收购等多种手段。在上海滩上,他放出风声:"只要有人愿意把厂子卖出来,我就敢买。"1913年夏,他租下陷入困境的中兴面粉厂(两年后全资收购,改名为福新四厂),到了冬天,在中兴厂东面,新建福新二厂。1914年6月,他又在福新一厂的旁边吃进土地,建起福新三厂。

至此,在上海闸北的光复路上,沿苏州河,一字排开4家荣家面粉

---

① 也有学者对这一结论持有异议。如杨小凯在《百年中国经济史笔记》中认为:"使中国民族工业在第一次世界大战期间有机会发展的看法是武断而没有根据的,实际上第一次世界大战使外国对中国的直接投资下降,使很多工业专案因缺乏所急需的设备不得不延缓,外国投资阻碍了中国民族工业的发展之命题并没有实证资料支持。"他的结论,亟待论证。

第二部 1911—1927 唯一的"黄金年代"

▲汉口福新公司

厂。其高耸的烟囱日日浓烟滚滚,机器的轧轧声昼夜不绝,苏州河里运麦装面的船只更是川流不息,景象已是十分壮观。1916年,荣宗敬又远赴汉口,建福新五厂,第二年,租办上海老牌的华资面粉厂华兴,改名为福新六厂。从此,无锡荣氏兄弟的名声轰响于中国商界。

▲兵船面粉

荣宗敬是一个疯狂的扩张主义者,他办厂有两大手段,一是求多,一是求新。他的经营哲学在下面这段话中显露无遗:"造厂力求其快,设备力求其新,开工力求其足,扩展力求其多。因之无月不添新机,无时不在运转。人弃我取,将旧变新,以一文钱做三文钱的事,薄利多做,竞胜于市场,庶几其能成功。"在讲求规模效应的同时,他在质量上也是不惜血本,工厂购置的制面设备都是

▲面粉奖状

当时最先进的美制机磨和600筒面粉机。他又根据中国小麦的特点,对打麦机、荞子机和圆筛等设备进行了技术改进,使得面粉的质量和产量都高于同期的外国工厂。

荣宗敬在上海等地拳打脚踢,弟弟荣德生在老家也没有闲着。当时无锡有5家面粉厂,1914年,他收购惠元面粉厂,改为茂新二厂,不久又租办了泰隆、宝新两厂,于是,5家工厂有4家归入荣氏旗下。

短短5年中,荣家手握10家面粉厂(其中8家自有,两家租办),每日夜可出面粉4.2万袋,已是无人可敌的"面粉大王"。随着第一次世界大战的爆发,欧洲工业停滞,面粉军需却暴增。中国面粉以价格低廉、产量可观而一跃成为全球新出现的采购市场,荣家的"兵船"牌面粉远销到欧洲和南洋各国,因质量稳定,它成了中国面粉的"标准面"。

在面粉上陡成霸业的同时,荣家的棉纱工厂竟也同步急进。

创办于1905年的振新纱厂到1912年的时候已经很赚钱了,每年可得利润20余万元。1915年,荣宗敬在上海郊外的周家桥开建申新纱厂,购

▲申新纱厂车间

英制纺机36台,第二年投产开工,正赶上欧战期间的需求饥渴。上海的棉纱价格大涨,从每件90余两狂涨到200两,出现了"一件棉纱赚一个元宝"的暴利景象。申新在开工后的三年里,棉纱产量从3 584件增加到9 811件,棉布产量从2.9万匹增加到12.8万匹,盈利更是惊人,从开办当年的2.06万元增加到22.2万元,3年增长10余倍。

荣宗敬还干了一件让中国商界很长脸的事情。1917年,他出40万元买下上海一家原本由日本商人经营的纱厂,改名为申新二厂。自1884年"红顶商人"胡雪岩斗丝惨败后,上海棉纱业先为英美商人控制,后成日本公司天下。如今,中国企业竟有气魄和能力收购日本企业,一时成了埠上让人津津乐道的新闻。

荣家兄弟在这些年所取得的成就,是新一轮工业化浪潮的缩影。

仍以棉纱业为例。在1914年之前,中国每年需从国外进口棉布1 900万匹、棉纱250万担,到第一次世界大战结束时已分别锐减到1 400万匹、

130万担，仅英国的进口棉织品，就减少了48%。而在亚洲地区，日本棉纱以细纱为主，中国市场则以粗纱为主，这就造成了巨大的需求空间，使得民族棉纱厂的盈利大增。据严中平等人编著的《中国近代经济史统计资料选辑》显示，在1916年，每生产一包16支纱可获利7.61元，到1917年盈利就猛升到36.93元，到1919年，竟达70.65元。

当时在江南一带，除了高歌猛进的荣家产业之外，张謇的大生纱厂是最重要的棉纱生产集团。在1918年，大生两家工厂的利润率都超过了100%。1919年，两厂的盈利高达380多万两，创下最高纪录，拥有纱锭数达13.7万枚，为国内第一。当时，上海报纸天天刊登大生的股票行情，大生是最抢手的股票。据时人回忆，"一股100两银子，红利最高的时候分红可以达到一股20两，一些股金多的投资者，得到利息银子甚至无法靠人力搬动，要用车子推。这就让那些开始不愿意投资的人后悔不及"。从1914年到1921年的8年间，大生两厂的利润累积超过1 000万两，这是张謇作为企业家的巅峰时刻。

纺织业的暴利让所有人都垂涎三尺，投资者纷涌而入。专门从事纺织设备引进的慎昌洋行在一份报告中记录了当时的热烈景象："对于纺织设备材料来说，其需求是如此强烈，以至于那些购买者所关注的只是如何迅速地提货，而不是价格问题。"尤为突出的是，纺织业的暴利甚至把政客、军阀也纷纷吸引进来，这又以天津最为突出。

在第一次世界大战前，天津还只有一家拥有5 000枚纱锭的小型纱厂，到1918年前后竟冒出6家纱厂，投资总额达到199万元，纱锭总数22.3万枚，成为当时中国棉纺织工业的第二大中心。

而细研天津纱厂的资本结构则非常有趣。以规模最大的4家纱厂——华新、恒源、裕元和裕大为例，其25个大股东竟有23个是民国政府的重量级要员。其中，有三个民国大总统——黎元洪、徐世昌和曹锟，两个政府总理——段祺瑞和龚心湛，五个内阁总长和次长——鲍贵卿、曹汝霖、王克敏、王揖唐和徐世章，四个省长或省督军——张作霖、陈光远、倪嗣冲和田中玉,其余不是部长就是次长。这些人以官僚或军阀之身,组成一群错综复杂的利益集团,投注实业,攫取暴利,实在已难分公私。这些纱厂在经济高涨期当然顺风顺水,成长迅猛,而到了经济危机关口却毫无竞争力,到30年代初,四大纱厂已有三家落入日本商人之手。

除了棉纱之外,几乎所有的生产资料和消费品都在战争中需求大增。以有色金属钨为例。1913年,每磅钨的价格为7.42美元,到1916年就涨到25.33美元。用于军备的皮革、羊毛、面粉,以及英国军人大量消费的红茶等,都是战时紧俏品,中国成了原料的大供应商。还有一个有利的事情是,战争加速了各国的货币铸造量,白银需求大增。在1914年,每一盎司白银为0.56美元,到1919年就上升到了1.12美元。作为一个传统的"白银帝国",中国因此大受其利。据美国商务部的一份报告,1917年的7 000万中国银元就足够偿付上一年所要付的1亿元债款,这大大增强了中国货币在国际市场上的购买力。

在大好的经济发展环境下,各种企业立法工作也得到了推进。

1913年10月到1915年12月期间,张謇担任袁世凯政府的农商部总长。在他的主导下,中央政府推出了商业注册和公司注册规则,颁布了《合股企业法》,这个法律比清政府的《公司律》有了更细致的规范,他还计划使度量衡制标准化。1914年2月,在他和梁士诒等人推动下,民国铸造了统一的银币,这是中国走向币制统一的第一步。这款银元采用的是袁世凯的大人头,因此被民间称为"袁大头"。由于铸造质量好、含银量较高,"袁大头"在1949年之前一直是最受欢迎的硬通货币,甚至到了1978年前后,东南沿海的渔民仍然在用它跟境外走私集团交换紧俏的手表、牛仔裤和双喇叭收音机。

开始于1914年的这一轮实业投资热,被史家认为是中国第二次工业化浪潮,它将一直持续到1924年(也有学者认为持续到了1926年)。与上一轮的洋务运动时期相比,它有明显不同的特征。

洋务运动是由处于衰落期的清政府自上而下发动的,它的主角是洋务派大臣以及附庸于他们的官商。其工业化的特点是对军事工业的关注，优先发展重工业，以国营资本为主力，以创办大型企业为主轴，到后期则把重点投注到铁路、矿务和钢铁等资源性领域。洋务运动奠定了中国近代重工业的基础。

这一轮工业化则是一次民营资本集体崛起的盛宴，它的主角是以营利为主要动力的新兴企业家。他们投资的产业主要集中于民生领域，以提供消费类商品为主，面大量广的中小企业是最有活力的主流力量。在这期间，中国完成了轻工业的布局。其中，上海是纺织、食品和机械制造的中心。1912—1924年，上海地区出现了202家机器工厂，主要是生产针织机、小型车床和马达、农产品加工设备等，广东地区则是烟草、造纸和火柴工业的集散地。

这些产业有一个共同的特点就是"进口替代型"。在过去的40多年里，外国公司已经在众多民生领域进行了大量的投资并引发了消费的空间，民族资本正是在这一前提下，靠生产成本的低廉以及对本土市场的熟悉而逐步发展起来的。这一特征与1978年之后中国民营公司的成长路径惊人地相似。正如我们在之前的章节中已经发现的，在百年企业史上，国营资本能够依赖政策优势在上游资源性领域形成优势，民间资本则靠灵活的机制和竞争能力，在下游民生领域获得生存空间，这样的格局一直未变。

除了实业界的成功之外，民营企业家们还在金融领域夺回了主动权，其领导者竟是一个只有27岁的青年银行家。

袁世凯政府的财政极为匮乏，为了对付南方的革命军，袁世凯拼命扩大军备，增加军费，而各地的督军大多自立为王，不向中央政府纳税，其财政始终是一个"破落户的财政"。在袁世凯看来，银行有的是钱，开动机器印钞票就是，所以中国银行和交通银行[①]，这两个他控制的官方银行都

[①] 交通银行成立于1908年，设立之初是辅佐路、电、邮、航四大要政的资金调度，长期被袁世凯的财政大管家梁士诒控制。

不得不印发巨额钞票,为此垫付了巨额资金。中国银行发行钞票,1913年只有502万元,1915年猛增到3 844万元。交通银行更多,1914年钞票发行为893万元,1915年增到3 729万元。为政府财政的垫款,中国银行达1 000多万元,交通银行竟达4 000万元。钞票发行过多,势必引起银行的信誉动摇。交通银行总办梁士诒是袁世凯的总统府秘书长,这时他出谋划策,主张将中国、交通两行合并,以集中现金,为政府所用。那时,北方早已人心浮动,这一消息传开后,立即引起了市民恐慌,北京和天津地区的两行钞票持有者,纷纷前往银行要求兑现。交通银行的情况尤为严重。在这种情况下,眼看银行库存危急,北洋政府国务院为稳住金融盘子,于1916年5月10日突然下令中、交两行停止兑现,一切存款止付。

法令传到上海,中国银行上海分行的经理宋汉章(1872—1968)和副经理张公权(1889—1979)居然公开抵制。

张公权出生在上海宝山的中医世家,他天资聪慧,15岁就考中了秀才,两年后赴日本进东京庆应大学攻读经济学,回国后当过北京《国民日报》《交通官报》的总编辑。他与年长两岁的哥哥张君劢均有强烈的立宪情结,后者更是中国国家社会党和中国民主政团同盟(简称民盟)的创建人之一,为民国时期著名的政治活动家。才情洋溢的"两张"都很受梁启超的青睐,在梁启超的举荐下,张公权南下上海就任中国银行上海分行的副经理。上海分行在整个中行系统中占有重要地位,一直是策应总行和各地分行的枢纽。宋汉章和张公权收到"停兑禁提"的命令后,认为事态非常严重。一个银行若不能兑现,等于卡住自己的脖子,今后就无法开门营业,等于自取灭亡。在张公权的竭力说服下,宋汉章决意与他一起"抗命"。一方面,他们寻找相关的法律依据,做到有理有节,同时联络上海银行同人和外资银行,请他们在此关键时刻,一定要为中行撑腰。大家深知中国银行是中国金融的支柱,一旦垮台,整个局面不堪收拾,于是都承诺力挺。

张公权计算了一下,中行当时库存有200多万两现银,恐怕不足应付,就与汇丰、德华等10家外国银行订立了200万元的透支契约。他还专程访问了南通张謇,决定成立中国银行商股股东联合会,由张謇任会长,并且登报声明,上海中国银行行务全归商股联合会主持,上海中行的钞票随时可兑现。

5月12日,交通银行服从了北洋政府的命令,停止钞票兑现,老百姓一片怨声。而中国银行因为事先有了充分的准备,来者照样兑现。尽管如此,中行门前还是人山人海,前来兑现的队伍排了几条马路之遥,有数千人之多。张公权在日记中记下了那可怕的局面:"余自寓所到行(汉口路三号),距址三条马路,人已挤满,勉强挤到门口,则挤兑者争先恐后,撞门攀窗,几乎不顾生死。乃手中所持者,不过一元钱或五元纸币数张,或二三百元存单一纸。"第一天兑现者有2 000多人,第二天仍不减少。第三天是星期六,下午本来应该休息,银行为了应付兑现,仍然照常开门,来者不拒,并登报公告,人心才稍稍安定,兑现者人数减到400人。第四天是星期日,银行又在报上登广告,宣布仍然开门兑现,而兑现者只有100多人了。到19日,再无挤兑者。

经此一役,宋汉章、张公权声名大振,中外报纸纷纷报道,把两人称许为"有胆识、有谋略的银行家",是两个"不屈从北洋政府的勇士"。一家银行的分行经理居然敢公开抵制政府法令,而后者居然无可奈何,中央政权的羸弱可以想见。

这场风暴过去之后,中行上海分行的声誉骤然提高。有钱人和生意人立即把钱存入中行,中行吸收的存款反而比挤兑之前大为增加。"抗令"一役大胜后,张公权乘势而进,开始大胆谋求中国银行的民营化。1917年,袁世凯称帝未遂身死,皖系北洋军阀段祺瑞组织新内阁,梁启超被任命为财政总长。在他的全力支持下,张公权着手修改中国银行的"则例"。当时的中行资本额为6 000万元,官商股份各占一半,然而,人事任命全由政府决定,商股股东毫无发言权。1917年11月,张公权提出修订公司"则例",主要修正两条:一是成立股东会和董事会,总裁、副总裁必须从选

第二部 1911—1927 唯一的"黄金年代"

举产生的董事中选拔,这就把银行的领导权从政府手中巧妙转移了出来;二是扩大招募商股,实现股本的民营化。

张公权被推选为中行唯一的副总裁,他拒绝到"权力旋涡"的北京上任,常年驻守上海,使中国银行的业务运作日渐南移,实际成了独立的局面。在其后的几年里,北洋政府由于财政困难,先后通过抽资、变卖和抵押的方式缩小股份。商股则三次扩募,到1922年,民营资本已占股本总额的99.75%,昔日的中央银行竟然就此实现了完全的民营化。在张公权的领导下,中国银行成为全国规模最大、实力最强、信誉最好、资本额最高的银行,其资本额一度占到全国银行总资本的1/5强。他日后很自豪地说:"一般舆论认为,中国银行、海关、邮政局并驾齐驱,成为中国组织最健全之三大机关,实亦中国资本最巨与最成功之民营股份公司……在上海金融市场,足以与外国银行相抗衡。"①

如果说荣家兄弟和张公权的成功令人欣喜,那么范旭东(1883—1945)式的崛起则显得更加珍贵。

1914年冬天,31岁的青年人范旭东独自一人到了天津塘沽。这里的海滩边盐坨遍地,如冰雪一般,无边无际。他目睹此景,显得有点激动。日后他对伙伴说:"一个化学家,看到这样丰富的资源,如果还没有雄心,未免太没有志气了。"

这是一个外表温和而内心倔强的湖南人,他的兄长范源濂曾任袁世凯政府的教育总长。世家渊源原本让他可走辽阔的仕途或成为一个轻松的官商,他却甘心以一个科学家的身份投身于艰辛的民族工业。早年,他被家人送到日本读书,一个日本校长对他说:"俟君学成,中国早亡矣。"此言,

---

① 到1922年的6月,另外一家官股银行——交通银行也实现了民营化,新选举出的11个董事均为工商业名流,张謇被选为总理。股东会甚至认定军阀盘踞的北京城"非工商之地",两年后,将总管理处迁到了天津。

刺激了他的一生。从京都帝国大学理学院应用化学系毕业后，他随即回国，立志于复兴中国的盐业。自秦汉以来，中央政府就对盐、铁实行专营，中国人虽然守着丰富的海洋资源，食用的盐却仍是土法制作的粗盐，制作效率低，纯度低，并且含有很多有害物质。当时，西方发达国家已明确规定，氯化钠含量不足85%的盐不许用来做饲料；而在中国许多地方仍用氯化钠含量不足50%的盐供人食用。因此，有西方人讥笑中国是"食土民族"。实际上，制作精盐并不难，成本也不高，只是中国当时缺少化工人才，无人涉足该领域。精盐市场，长期被英商和日商垄断。

▲范旭东

1915年，范旭东在天津创办久大精盐公司，股本5万元。他在塘沽的渔村开始研制精盐，很快令纯度达到90%以上。久大以海滩晒盐加工卤水，用钢板制平底锅升温蒸发结晶，生产出中国本国制造的第一批精盐。它品质洁净、均匀、卫生，品种主要有粒盐、粉盐和砖盐等，传统制盐方法生产出来的粗盐根本不能与之相比。范旭东亲自设计了一个五角形的商标，起名"海王星"。

久大精盐很快遭到国内外盐商的围剿，日商在报纸上散布"海王星"有毒的谣言，英国驻华公使甚至企图用军舰封锁天津港，阻止运盐船出港。国内的盐商更是群起攻伐。数百年间，全国的食盐产销历来由官商合伙垄断，江淮大盐商们左右着盐的价格，他们形成了一个庞大而错综的利益集团，无论是外国还是中国政府都不敢轻言改革。范旭东一出，显然将改变现状。久大精盐在很长时间内无法销到长江以南，范旭东甚至还被军阀绑架，靠他的总长哥哥四处斡旋才被放了回来。1917年，久大精盐销出1万担，1923年增加到4万多担，1936年达到顶峰，约50万担。

在精盐上取得突破后,范旭东马上又转战制碱业。

当时国人最常见的装束是粗布长袍,色彩单调,并且不耐磨。印染的布料是一种奢侈品,因为印染需要用碱,而碱十分昂贵。在制碱业,以氯化钠与石灰石为原料的"苏尔维法"是最先进的技术,西方国家在这方面已经形成专利垄断,对外绝不公开。当时在中国垄断纯碱市场的是英国卜内门公司(Brunner Mond)。第一次世界大战爆发后,远洋运输困难。英商乘机将纯碱价钱抬高七八倍,甚至捂住不卖,使许多民族布业工厂陷于停顿。范旭东曾到卜内门的英国本部参观,英国人嘲弄地说,你们看不懂制碱工艺,还是看看锅炉房吧。

▲久大精盐广告

范旭东决意雪耻制碱,一群跟他意气相投的青年科学家聚拢在了他的周围,其中有苏州东吴大学化学硕士陈调甫、上海大效机器厂的厂长兼总工程师王小徐、东京高等工业学校电气化学专业毕业生李烛尘和美国哥伦比亚大学化学博士侯德榜。这是企业史上第一个真正意义上的科学家团队,李烛尘日后出任共和国的食品工业部部长,侯德榜因独创的"侯氏制碱法"而闻名世界。

这是一群真正为中国而付出了一切的年轻人,有一年,陈调甫的爱妻潘瑛如去世,当时正值永利财务最紧张的时刻,痛不欲生的陈调甫在讣告中写明:"拒收挽联、挽幛等物,如送奠仪,只收现金。"葬礼之后,陈调甫将所收礼金全部交给了范旭东。

1918年,永利制碱公司在塘沽成立。陈调甫和王小徐在范旭东的家中建起了一座3米高的石灰窑,制成一套制碱设备,进行了3个多月的实验之后,打通了工艺流程,制出9公斤合格的纯碱。

永利经历的磨难更甚于久大,其前后竟长达8年之久。在工厂的筹备中,垄断制碱技术的几大国际公司严格保密,几乎无法采购到成套的机器设备,一切都需重新设计、钻研自制。

英国人知道这个范旭东不可轻视,便想方设法欲将永利扼杀在摇篮之中。卜内门公司游说北洋政府财政部,试图通过《工业用盐征税条例》,规定"工业用盐每担纳税2角",这将使每吨碱的成本凭空提高8元,让实验中的永利难以承担。时任财政部盐务稽核所的会办是英国人丁恩爵士,他当然竭力促成此事。范旭东愤而上告北洋政府行政院,起诉财政部盐务署违犯政府颁布的准予工业用盐免税30年的法令,几经周旋,才得胜诉。

▲永利制碱厂

1924年8月,永利投入200万元,终于产出了第一批成批量的碱制品。可是,令人失望的是,这批碱制品仍是红黑相间的劣质碱。消息传出,英资公司发出一阵嘲笑之声。此时,4台船式煅烧炉全部烧坏,无法再用,全厂一度被迫停产,苦候数年的股东们已经失去了耐心,唯有范旭东仍然咬牙坚持。卜内门公司乘机要求与范旭东会谈,希望入股永利,范旭东以公司章程明确规定"股东只限于享有中国国籍者"为理由,予以回绝。一年多后的1926年6月29日,永利终于生产出纯净洁白的合格碱,全厂欢腾。范旭东眼噙热泪,对身旁的陈调甫说:"这些年,我的衣服都嫌大了。老陈,你也可以多活几年了。"范旭东给产品取名永利纯碱,以区别于"洋碱"。8月,在美国费城举行的万国博览会上,永利纯碱荣膺大会金质奖章,专家的评语是:"这是中国工业进步的象征。"

范旭东的坚持,可谓壮烈。

在"黄金十六年"里,民族企业的崛起是一场与外资企业全面竞争的大商战。在相当长的时间里,洋面、洋布、洋火、洋盐、洋油(煤油)占领了几乎所有的民生市场,民族企业的"进口替代运动"便是在所有的领域内与国外公司展开一场面对面的竞争,进行一一的收复。于是,郑观应在40年前就预言过的"兵战之外的商战"无比激烈地展开了。

在几乎所有重要的产业领域里,我们都看到了中外企业对峙的景象:棉纺市场上,荣家兄弟、张謇等人的对手是日本的多家棉纺株式会社;纺织机械市场上,华资大

▲ 永利制碱商标

隆机器厂的对手是两个美国制造商——萨科-洛厄尔机器厂和维定机器厂；火柴市场，刘鸿生的大中华火柴公司与瑞典火柴公司和日本铃木会社杀得难解难分；出版市场，商务印书馆和中华书局与英资兆祥洋行势同水火；制碱与肥料市场，是天津永利制碱公司与英资卜内门和帝国化学工业之间的竞争；肥皂市场，是五洲皂药厂与英资联合利华的竞赛；水泥市场，周学熙的启新洋灰厂与日本水泥及英资青洲英妮公司打了一场长达10年的对手仗；钢铁市场，汉阳铁厂与日本南满株式会社难分高下。

对于这些中外商战，后世史家的评论各有不同。郑友揆、谢诺等人认为，这是一场"不平等的竞争"，外国公司在"获得资金、尖端技术、管理效率以及政商特权"等方面拥有强大的优势。而侯纪明、邓伯格等人则得出相反的结论，他们认为，中外竞争是平等的，华资企业在"了解本地市场、民族主义、劳动力成本低廉和企业易于转向"等方面更有优势。这些观点各有成立的地方，不过上述学者们都没有注意到另外一个重要的因素，那就是，支撑荣家兄弟、范旭东等企业家们的精神力量是一种民族主义的热情，而这种热情甚至成了一个商业竞争的武器。

按社会学家汉斯·库恩（Hans Kuhn）的定义，民族主义是一种思想状态，国家是政治组织的理想形式，也是文化创造与经济繁荣的源泉。人的至高无上的忠诚就应该献给国家，因为人的生命只有在国家的存在与国家的兴盛中才有意义。在中国近现代史上，民族主义是一个非常复杂的命题，它像一根敏感而脆弱的神经，稍有拨动，就能引发喧天的风潮，其后果甚至让拨动者自己都无法预料或控制。100多年以来，外国人带给中国人的耻辱是如此平常，这些记录包括一切可以想象得到的方式，从巨额赔款到割让国土，从火烧皇家园林到两个外来军队在中国土地上交战，这些足够写成一本厚厚的教科书。

最让近代国人有耻辱感的典型事例是一块"华人与狗不得入内"的牌子。在当时商业最繁华的上海，很多高档的消费场所甚至公园都不让华人进入。1907年，上海士绅李维清在其编写的小学课本《上海乡土志》中记录："黄浦公园尚许洋人之养犬入内，独禁华人，此乃奇耻！"[①]据上海文史研究馆的高龄馆员姜豪口述，他在1921年从宝山乡间到市区来读书，在外滩的黄浦公园还亲眼看到过"华人与狗不得入内"的牌子，它是长方形的，挂在公园门口的南侧。这牌子如同一块烙在每个中国人脸上的火印，虽死犹记，没齿难忘。

民族主义的狂热便是在这样的土壤上熊熊燃烧起来的。它在1894年的甲午战败后被彻底点燃，在1900年的义和团运动中，它以武力抵抗的方式呈现，却遭到羞辱性的挫折。当国家和民众无法从军事与政治上获得尊严之后，民族主义的"地火"就曲折地向商业领域转移，而它的来势就显得更加猛烈。商战的得失寄托了国民所有的希望。在之后相当长的时间里，带有强烈民族主义色彩的抵制洋货运动一直是民族企业最锋利的武器。

自20世纪以来，第一次大规模的抵制运动发生在1905年，对象是美国货。在这一年，美国政府制定排华法律，在10年内拒绝中国工人进入美国，并对在美华人进行了种种人权上的限制。夏天，在华人劳工输出的基地华南地区爆发了大规模的抗议活动和抵制美货运动，至少有10个省份出现了游行，人们写海报，捣毁库存的美国产品，征集参加抵货运动的签名。一个叫F.W.福斯特的观察者在当年的报纸上评论说："中国人抵制美货，是老大帝国反对外国的不公正和入侵的愤恨情绪在觉醒的显著证据。"国内外专家普遍认为，1905年的这场抵制运动是"第一次跨越了各种社会群体的大众抗议"。在抵制中，第一次出现了团体化和制度化的特征。在上海，创建了20多个专门用以提倡抵制运动的组织，并且有76个行业商会参与了活动。

第二次全国性的抵制运动发生在1908年，对象是日货。这年开春，广州官员以走私武器为理由查封了一艘日本轮船"第二辰丸号"，日本政

---

① 李维清编，《上海乡土志》，上海：上海着易堂，1907年版。

府强势干预，中方迫于压力，释放了日船。这个事件激怒了中国人，他们认为清政府懦弱无能，站在了日本人一边，愤怒很快演变成一场抵制日货运动。广州的商会和同乡会发出公告，号召抵制日货，他们甚至还提出了一个不可能实现的抵制目标——直到所抵制的货物总值相当于对日赔款总额。在商会的鼓动下，各种形式的抵制活动层出不穷，港口码头的工人拒绝给日船卸货，地方船运公司发誓不用日船运输，学生在马路上焚烧日本商品，广州的72个知名商人还专门开会商议，想要合资开一家大型的商场，只销售中国制造的商品。这场抵制一直持续了一年多，1909年，日本加快在东北三省的政治和经济渗透，宣布它将拥有从沈阳到安东铁路的建设权，很快在东三省的城市也爆发了大规模的抵制日货运动。

这些抵制运动直接催生了第一批现代意义上的"非政府组织"（Non-Governmental Organization，缩写为NGO）。1911年12月，上海成立中华国货维持会，它由绸缎、服装、典质等10个行业公所联合发起，沪上几乎所有知名的商人全数参与，最初的宗旨是力图用国货原料制作礼服，后来很快转变成全国性的洋货抵制领导机构。1912年12月，维持会发起召集国内各主要城市的商会代表，在上海召开维持国货大会，就维持国货的重要性和具体方法展开讨论，此后，直隶、湖南等10多个省份相继组建国货维持会。[①]

以民族主义为旗帜的抵制洋货运动，每隔三五年就会大规模地爆发一次，这构成了百年中国企业史上一个十分显著的现象。它似乎受到了国内各个阶层的欢迎。对民众而言，抵制运动能够极大地满足民族自尊心，以

[①] 民国初建时，组党结社成风，各类企业家组织同样如火如荼。据经济史学者虞和平的统计，到1913年年底以前成立的全国性企业家组织就有72个，名称中带有"实业"二字的有15个，属于农工商业的有33个，属于交通业的有6个，属于矿业、盐业的各3个，其他的还有12个。仅在1912年，就成立了中华民国实业协会、中华民国工业建设会、中华民国农业促进会、同仁民生实业会、西北实业协会、全国铁路协会、中华全国矿业联合会、中华民国盐业协会、经济协会等。

一种非暴力、不合作的方式发泄积压已久的耻辱感。对政府而言，当然乐观其成，他们可以借此转移国内矛盾，甚至将此作为对外谈判的筹码。日后我们即将看到，在重要的抵制运动中，政府是幕后最主要的策动者，使抵制运动不但形成了制度，甚至还成为政策。立足刚定的民族企业家更是抵制运动的积极参与者和推动者，他们可以利用这样的机会合法而富有道德感地驱逐或打击竞争对手。就跟民族主义的复杂性一样，抵制运动对中国商业环境和市场成熟的正面、负面意义，一直是一个十分微妙的课题，它甚至从来没有被认真地讨论过。

自1910年之后，中国的抵制洋货运动找到了一个固定的"假想敌"，它就是日本公司和它们的商品。特别在第一次世界大战之后，西方势力自顾不暇，在中国市场上形成激烈竞争的国际对手，就是日本企业。很显然，这是一个恩怨交集的对手。

从数据上看，日本商业势力的涌入是十分猛烈的。在第一次世界大战前夕，日本商品占中国进口商品总额的15.5%，到1919年已经猛然上升到29.9%，仅纱锭一项，就从11万枚增加到33.2万枚，上升为原来的3倍。自1917年开始，日本取代英国成为中国最大的贸易商，而且成为对华工业设备的主要销售者。更让中国人难堪的是，日本商品在传统的"中国货"上也取得了优势，日本茶叶、日本丝绸的国际贸易额相继都超过了同类的中国商品，成为最大的出口国，甚至在中国市场上，日本货也成了颇受欢迎的时髦商品。除了经济上的咄咄逼人之外，日本对中国领土和政治特权的要求也一点没有放松。于是，日本成了中国最重要的军事和经济敌人。

具有标志意义的抵制日货事件发生在1915年，这是一次仇恨爆发的总演习。

第一次世界大战开打后，日本乘机争夺中国利益。1914年8月，它出兵占领德国在中国的势力范围——山东半岛。第二年1月，日本驻华公使晋见袁世凯，递交了有二十一条要求的文件，并要求"绝对保密，尽速答复"。《二十一条》霸道无理之极，它要求承认日本继承德国在山东的一切权益，准许日本修建自烟台（或龙口）连接胶济路的铁路；要求承认日本在"南满"和内蒙古东部的特殊权利，日本人有居住往来、经营矿产等项特权；旅顺、大连的租借期限及南满、安奉两铁路期限，均延长至99年。其他要求还包括，把亚洲最大的钢铁联合体汉冶萍公司改为中日合办，中国不得自行处理；要求所有中国沿海港湾、岛屿概不租借或让给日本之外的他国；中国政府还要聘用日本人为政治、军事、财政等顾问；中日合办警政和兵工厂。袁世凯为了换取日本政府对他当皇帝的支持，居然同意与日秘密谈判。5月7日，日本发出最后通牒，限令于两日内答复。5月9日晚上11时，袁世凯接受《二十一条》的大部分条款。

《二十一条》在1月就被曝光，立即遭到国内各界的强烈抗议。随之，各地纷纷爆发了抵制日货运动。

3月16日，上海商会组成"劝用国货会"，推举虞洽卿、董少严、王正廷为正副会长。18日，绅、商、学各界联合发起，在张园召开了反对《二十一条》的国民大会，到会者近4万人。大会通过提倡国货、设立公民捐输处等决议。到22日，上海抵制日货声浪日益高涨，福州路、南京路等处日人所设商店一律闭门，暂停营业。巡捕房以"恐人众滋事"为由，加派探捕分头梭巡，"以资弹压"。与此同时，城厢内外街巷各处墙上以及电杆木桩上均贴有抵制日货的传单。4月，一个叫"知耻会"的组织在上海设立基金，宣布将征募5 000万元，用于建立兵工厂，并向国内工业供应资金以"确保民族得以生存"。基金会在短短三周内，就筹集到25万元，到5月，全国出现了70个知耻会的分部，很多政府官员、警察和公司职员自愿捐出一个月的薪水，很快捐款数额超过了1 000万元。

5月9日，当袁世凯接受《二十一条》的消息传出后，举国视为奇耻大辱，这一天，被定为"国耻日"。上海、广东等10多个省份的商会通电反对，农商总长张謇愤然辞职。抵制运动更是到了白热化的地步，抗议集会此起彼伏。商人拒卖日货，人人要用国货。不少学校规定，文具一律用国货。一些大城市的报纸，天天刊登《国货调查录》，鼓动人民选用国货。

▲ 抵制的标语

上海、天津、广州等地,出现了以反日爱国为题材的戏剧和歌曲。学生走上街头,散发传单,发表演说,进行鼓动。爱国的女学生穿着表示悲痛色彩的白色衣服,她们还号召不要在前额上方高束头发,因为那是日本式发型。

在抵制运动中,中华国货维持会等组织起到了重要的作用,它在5月9日之后迅速发表宣言,并印发10万份广为散发。宣言中写道:"如果中国希望像一个人那样生活,我们就绝不能忘记5月9日的羞辱……这些纪念应该被传递给我们的孩子和孙子,代代相传,直到永远。自5月9日之后,我们4万万中国人必须全心全意地奋斗,帮助我们的国家。"在维持会的指挥下,各地学生遍查当地商店,寻找日本商品,如有发现,当场没收或砸毁,全年共进行了383次这样的检查。维持会在前一年只有100多个企业家会员,到年底就增加到了688个。美国参议员沙斯伯雷(Saulsbury)当时正在中国访问,他在回忆录中表示,十分惊讶地看到中国的抵制日货运动有着非常完善的组织。

《洛杉矶时报》则注意到,中国的民族工业打出了"中国人用中国货"的口号,抓住机会进行发展。数以百计的工厂涌现出来,生产中国货以替代流行的日货,例如肥皂、火柴、毛巾以及雨伞等。一家名叫生生烟厂的烟草公司还推出了"5·9"牌香烟,在包装盒上赫然写着:"真正国货。请大家激发热忱,用国货挽回权利。请国民每年挽回4 500余万之权利。"也是在这一年,国内出版了两种新刊物《国货调查录》和《国货月报》,刊登各类国产物品的清单,宣导"不用国产货,就是不爱国"的理念。

抵制日货运动对袁世凯政权和日本政府显然造成了巨大的压力。日本外贸也遭到重挫,当年上半年,对华出口同比下降1 790万美元,锐减幅度相当于1914年出口总额的6%。美国学者的研究认为,《二十一条》对日本经济来说是个亏本买卖,其从中国抵制日货所遭受的巨大损失,或许并不亚于从《二十一条》所得到的好处。更为严重的是,此后每年的5月9日"国耻日"都成为抵制日货的动员日。抵制日货成为中国社会的常态,中国将日本牢牢地定位为头号敌人。

1915年的反日货只是一个序幕,一场更猛烈的抵制风暴正在酝酿中。

企业史人物 | 棉花天王 |

1916年11月，上海的中华书局出版了一本名为《工厂适用学理的管理法》的小册子。在出版之后的10年里，这本书一共只卖出了800本。不过，它让翻译者成了中国企业界的知名人物。这本书就是全球管理学的奠基之作、美国人弗雷德里克·泰勒（Frederick W. Taylor）出版于1911年的《科学管理原理》。泰勒在本书中提出的科学管理理念，让管理成为一门建立在明确的法规、条文和原则之上的人文科学。翻译者穆藕初（1876—1943）是一个年近40的留美学生，他曾为此几次拜访过泰勒，是唯一跟这位伟大的管理学家有过切磋的中国人。更有意思的是，穆藕初的中文版竟比欧洲版出得还要早。

穆藕初出生在上海浦东一个棉商家庭，19岁就进了棉花行当学徒，终其一生，都与棉花纠缠在一起。他在南洋公学读过书，在赫德的海关就过职，还被张謇请去当过江苏铁路的警察长。33岁的时候，他深感中国棉纺业的落后，下决心到当时棉业最发达的美国得克萨斯州读书，这一读就是整整8年。他的南洋公学同学黄炎培的儿子、著名水利学家黄万里后来纪念说："穆伯伯从怎样种棉花、种好棉花，到棉花怎样纺成纱、织成布，再到怎么办工厂，怎样有效地管理工厂，他是有目的、整套、有计划地系统学习。这样有计划的、跨专业、多学科、成套学的留学生，在他之前没有一个。"

穆藕初学成归国后，当即与兄长筹集20万两白银创办了上海德大纱厂。

▲穆藕初

一年后，德大生产的棉纱在北京商品陈列质量比赛中获得第一名，一夜成名。棉纺织业在当时是中国第一大产业，聚集了张謇、荣家兄弟和周学熙等众多顶级企业家，穆藕初后来居上，居然能迅速崛起，与他在美国学到的棉花专业知识和科学管理方法是分不开的。德大成功后，他很快集资120万两白银，筹建厚生纱厂，几年后，又集资200万两成立郑州豫丰纱厂，该厂拥有职工4 000多人，已是中原地区最大的现代企业。穆藕初回国5年，开出三家工厂，一跃与张謇、荣家兄弟、周学熙并列成为棉纱业的"四大天王"之一。

与其他三位"天王"不同——有趣的是，他们分别是士商、民商和官商的代表人物——穆藕初出身科班，学理深厚，所以，他对产业进步和工厂管理创新的贡献尤为突出。在经营工厂的时候，他先后写成了《试验移植美棉纺纱能力之报告》《纱厂组织法》等长篇文章，对民族纺织业的进步起到了很大的推动作用。他发起"中华植棉改良社"，在江苏、河南、河北、湖北等地买下1 500多亩地，开辟棉花试验场，大力推广种植美国的"脱字棉"。经他倡议，上海华商纱厂联合会设立植棉委员会，买美棉种子送给各省试种，提供植棉技术咨询，印刷改良植棉的小册子，用最通俗易懂的文字向棉农解释改进植棉方法，其中有他自己写的《植棉改良浅说》，1917年8月的一次就印了上万册，还在《申报》发布广告，任何人都可以索要。他的厚生纱厂还有一个棉花测试中心，免费为全国各地送来的棉花做性能测试，厚生引进的美制纺织机器也成为同行参观学习的对象。穆藕初来者不拒，从不吝于指教。

当时中国纱厂的管理还十分原始，一般分为文场、武场，文场是账房，武场是工头，管理方式落后粗暴。穆藕初率先取消了工头制，改为总经理负责制。另外，他还建立新式财务制度，把传统的流水账改为复式结账法，这是西方财务制度在中国的第一次引进。他亲自拟订了许多报表的格式与内容，使工厂的耗材、工时、产量等数据可以及时反馈，一目了然。此外，他还制定《工人约则》《厂间约则》《罚例》等一整套厂规细则，

第二部　1911—1927　唯一的"黄金年代"

仅总罚例就有81条。在这些规则中也不乏人性化的因素，比如工人偶有过失，不要大声呼斥，使其在众人面前失去体面等。在具体实务管理的基础上，他对泰勒的科学管理法进行了中国式的改良，总结出科学管理的四大原则：无废才、无废材、无废时、无废力。他还概括出当经理的8条标准——会自己找事情做、有能力解决疑难、度量大、有事业心、懂得爱惜机器、恰如其分、节约花钱、善于把握机会。后来，这8条标准又进一步简化为"5个会用"：会用人、会用物、会用时、会用钱、会利用机会。

这些创新对中国企业管理的进步具有革命性的意义。穆氏的三家工厂成为当时国内技术设备最领先、管理最先进的棉纺织企业。

穆藕初还跟当时的思想界进行过一场轰动一时的论战。

1920年，厚生纱厂赴长沙招聘女工。当地的《湖南日报》连续发表文章严厉批评厚生的招工行为，其炮火主要集中在两点，一是劳动工时长达12小时，二是每月工薪只有8元。穆藕初发表文章反驳，认为"予深信欲救中国之贫弱，舍振兴各种主要实业外，无他道"。还嘲讽说："敢忠告一辈学者，自今以往，脚踏实地，不向空际捉摸，力从实处研究，宁以行胜，勿以言胜。"他的驳文引来朱执信的猛烈抨击，朱当过孙中山的秘书，也是第一个把马克思介绍到中国的理论家。他在《实业是不是这样提倡？》一文中，认为穆论荒谬，实业家不能以救国为理由大赚其钱，只有根除分配不公，才能实现社会进步。这场大辩论把大名鼎鼎的陈独秀也卷了进来。他在《新青年》上刊登《上海厚生纱厂湖南女工问题》的长篇调查，认为厚生纱厂的做法是榨取剩余价值，穆藕初应该"由个人的工业主义进步到社会的工业主义"。这场辩论在当时思想界影响甚大，也是马克思理论在中国工商界的第一次实证性亮相。上海社科院学者钟祥财评论说："这次分歧实际上是企业家的商业伦理和革命家的社会伦理之间的分歧。实业救国思想和晚清改良主义思想实际上是一脉相承的。在实际效果上它们可能没有社会革命来得那么干脆和痛快，但是它们在制度演进上的作用是很实在的,微观又务实。"

让人惊奇的事实是,尽管穆藕初有如此先进的专业技术和科学管理水平,却还是在1924年的经济大萧条中尝到苦果。在那次因棉花价格暴涨而诱发的产业危机中,他的三家工厂相继陷入困境,德大被荣宗敬收购,厚生因发生股东争吵而清盘,郑州豫丰更是因为地处军阀混战的主战场而受波及,后来被迫抵押给了美国慎昌洋行。穆氏败局似乎表明,中国的确存在一种独特的商业土壤。

1928年,穆藕初被他的美国大学同学、蒋介石的"钱袋大管家"孔祥熙推荐为国民政府的工商部次长,他相继编订了众多的工商法规,包括《工厂法》《工会法》《劳资争议处理法》等。这位深得美式商业理论精髓的实业家认定:"在人事日趋繁颐,社会日趋复杂的现在,无论什么团体,都要以法治为本,然后有一定的轨道可循,有一定的规矩可遵。"

抗战时期,穆藕初担任农产促进委员会的主任委员。为了改善后方棉布极缺的情况,他发明了"七七棉纺机"。这是一种脚踏式的木制纺织机,每机有纱锭32个,每日工作10小时,可纺棉纱1.5市斤。由于该机每台仅需1人操作,生产效率超过旧式手摇纺机数倍,因而在国统区和共产党的西北根据地大为流行。"七七"之名,在于让民众毋忘"七七事变"的国耻。这种"技术创新"跟穆藕初当年在美国大学所学的知识已经相去甚远,却也是这位全中国最懂棉花的人,在专业上的最后一次贡献。

1943年,穆藕初因罹患肠癌去世,简陋的奠堂之上,最醒目的一条挽联是4个字——"衣被后方"。

后世商业界很少有人知道穆藕初了。他的名字偶尔出现,却是在八竿子也打不着的戏曲圈。穆藕初长得风流倜傥,一表人才,平生喜欢昆曲、书法、学佛、养鱼和斗鸟,是一个少见的才子型企业家。1921年,他感于古老昆曲的日衰,便赞助成立了昆剧保存社和昆剧传习所,这些机构在昆曲的流传上居功至伟。昆曲大师俞振飞在怀念他时说:"我国戏剧自清末皮黄崛兴,昆曲日益式微,经先生竭力提倡,始获苟延一脉,至于今日。"①

因此,"棉花天王"穆藕初虽在本业被彻底遗忘,却常常为千里之外的戏剧人士所感恩追念,这倒应了昆曲《牡丹亭》里的那句台词:"嗟夫!人世之事,非人世所可尽。"

---

① 见俞振飞1947年在上海举行追悼穆藕初大会期间发表的《穆藕初先生与昆曲》。

1919 / 广场背后的人

> 我大清早起,
> 站在人家屋角上哑哑的啼。
> 人家讨嫌我,说我不吉利:——
> 我不能呢呢喃喃讨人家的欢喜!
> ——胡适:《尝试集·老鸦》,1919年[①]

1918年春夏,袁世凯死后两年,军阀势力一度气馁。在梁启超等人的推动下,控制了北京的段祺瑞政府决定进行国会议员选举。这是百年近现代史上第一次也是唯一一次带有普选性质的全国性政治选举。倡导暴力革命、缺乏兼容性的国民党此时被赶到广东,彻底被排斥在外。有趣的是,三个参与角逐的派系分别代表了三种力量:一是军阀,一是

---

① 胡适创作的《尝试集》是中国第一本白话诗歌集,1919年8月编成,第二年3月由亚东图书馆出版。面世后,遭到老旧人士的嘲笑讨伐,却大受青年的欢迎,是为"诗体的革命"。

公共知识分子，一是企业家。

代表军阀的是安福系，头面人物自然是段祺瑞，自袁世凯称帝未遂而身亡后，他成了北洋军阀的"大哥大"。跟袁世凯一样，段祺瑞是一个善于谋划的行政长才，他曾留学德国学习炮兵，信奉威权主义，却对现代政治理念一无所知。所谓安福系的名称来源，是段祺瑞的谋士和下属们经常在北京安福胡同的一个大宅子里打牌下棋，互通气息，因此得名。这个派系握有枪杆子，势力强大，无比霸道。

在三大派系中，研究系的政治理念最为清晰，其魁首是早已名扬天下的梁启超。后世史家定论，梁启超的议会政治论大大超越当时所有人。他早在1910年就著有《中国国会制度私议》，对议会的组织、选举、投票、政党等均进行了论述，认定"议院为今世最良之制度"。他先后写过《论立法权》《各国宪法异同论》《立宪法议》等文章，它们后来都被收在《饮冰室文集》中。他倡导政党政治，谓议会的成功运作有两大条件：一是"大多数人有批判政治得失之常识"，一是"有发达之政党"。在他的心目中，最好的仿效对象是英国政体。

交通系的领袖是梁士诒（1869—1933）。他时任交通银行董事长，因此围绕在他周围的人便被称为"交通系"。梁士诒也是广东人（他的家乡是广东三水），曾与梁启超在佛山书院做过同学，1903年参加科举，在殿试中赫然名列一等第一，也就是中了状元。当卷子和名单送至慈禧御批时，老太后正恨康梁党，见梁士诒是粤人，又姓梁，怀疑他是梁启超的弟弟，一笔把他划成了第三名榜眼。袁

▲梁士诒

世凯看中他能办实务，便将之拢入帐内，后世流传的《袁世凯兵书》多出于其手。他被任命为铁路总文案，参与缔结中日的东三省条约，以后又设置督办五路总公所。自此，梁士诒开始涉足交通部门。1906年春，朝廷设邮传部，以盛宣怀为大臣，梁士诒任提调，统管全国铁路。他在任内先后督办京汉、沪宁、道清、正太、汴洛、京奉、广九以及津浦、吉长、株萍等铁路，为干线建设立下大功。另外，他于1908年创办交通银行，属官商合办、股份有限公司性质的商业银行，总资本1 000万两，其中官股四成，商股六成，有发钞权。在清末民初，交通银行的规模超过了盛宣怀创办的中国通商银行，地位仅次于中央银行大清银行。以铁路实务和银行金融为核心，梁士诒日渐形成了一个势力庞大的交通系，他本人有"梁财神"之称。细数交通系中的主力，大多均为梁士诒的同乡、北方企业家以及与前朝有千丝万缕干系的"官商"，沪浙一带的民间企业家少有参与。

本次国会选举，棋局微妙，宛若当年三国。安福系好比曹魏，兵力最强且居于中枢，研究系和交通系则如刘汉和孙吴，合则可分庭抗礼，分则被各个击破。其中，交通系的角色最为微妙，因其理念模糊，可左可右，而财力雄厚，不可小觑。它若与研究系结合，就能组合为一个很有声势的政党力量，两党对峙格局或可形成，反之，则天平大倾。

令人无比感慨的事实是，交通系几乎是没有犹豫地选择了与安福系结盟。其原因大抵有三：一是企业家阶层所固有的投机心态，在笔杆子与枪杆子之中，官商情结深重的他们十分轻易地选中了后者；二是现实利益的交错，在1918年前后，交通系与安福系的很多重要人物有纠缠不清的利益关联，其中，交通系的曹汝霖、吴鼎昌与段祺瑞都是天津裕元纱厂的股东，而另一个大实业家周学熙跟段祺瑞的政治盟友徐世昌是天津华新纱厂的股东；三是两大派系领袖梁士诒与梁启超的私人关系，二梁既有同省之情、同学之谊，却也有莫名"夺魁"之幽恨，其心结纠缠，不足与外人道。

台湾学者张朋园在《中国民主政治的困境：1909—1949》一书中曾详

细记述了当时选举的景象。据他记述，安福系为了拉拢梁士诒，许之以参议院议长，交通系则暗中捐钱为安福系助选，其中，梁士诒捐200万元，曹汝霖和叶恭绰分别捐70万元。段祺瑞还挪用国库资金及盐税为选举之用。相对比，研究系的选举资金则十分有限，仅有与段祺瑞不和的直系军阀冯国璋给了梁启超40万元，其他一些地方督军出了数十万元。[1]安福系捧着钱派人到各地贿选，据当时《申报》报道，很多属于研究系的人经过运作之后，都一起投到安福系旗下。一些军阀更是端着枪杆子搞选举，《盛京时报》记载，东北军阀张作霖把初当选人集中起来，宣布推荐名单，"不准选举限外人员"。而《顺天时报》报道，河南一个赵姓督军索性宣布，某5人为中央指派必须选出，"若不在指派之列者，即使当选亦属无效"。除了安福系的军阀明目张胆地贿选之外，商人贿选的"事迹"也见诸报端，《申报》刊文"苏州：众议员初选举之怪状"称，苏州一商人买动400余人，投票前以酒席招待，席开50余桌，投票人衣衫褴褛，类似乞丐者约居十之六七。

安福系鸭霸，交通系投机，研究系清高，棋局至此已无悬念。

6月20日全国投票。结果，安福系大胜，在参议院和众议院两院中占335席，研究系得21席，交通系为5席，派系不明者111席。

企业家阶层在此次选举中的表现令人失望。从当选数据来看，如果交通系与研究系结合，加上被安福系用钱挖去的选票，再算上那些派系不明者，其力量足可与军阀一搏，中国世局或有别样天地。当然，百年后进行这样的"复盘"，徒余一场叹息而已。

1918年11月7日，快要过60岁生日的前清民政部员外郎、学者梁济问儿子梁漱溟："这个世界会好吗？"正在北京大学当哲学教授的儿子

---

[1] 张朋园著，《中国民主政治的困境：1909—1949》，长春：吉林出版集团有限责任公司，2008年版。

回答说:"我相信世界是一天一天往好里去的。""能好就好啊!"梁济说罢离开了家。三天之后,梁济在北京积水潭投水自尽,留万言遗书说:"国性不存,国将不国。必自我一人殉之,而后让国人共知国性乃立国之必要……我之死,非仅眷恋旧也,并将唤起新也。"

梁济试图以死唤醒人们继续变革的决心。半年后的1919年5月4日,他的儿子梁漱溟所在的大学爆发了一场惊天的学生抗议活动,史称"五四运动"。

抗议的导火索还是跟4年前的《二十一条》有关。这年1月,第一次世界大战中的战胜国在巴黎召开"和平会议"。在对德和约上,和会竟明文规定把德国在山东的特权,全部转让给日本。中国作为战胜国受此凌辱,而北洋政府的代表居然同意在和约上签字,一时举国哗然。5月4日,北京大学等三所高校的3 000多名学生云集天安门广场,打出"还我青岛""拒绝在巴黎和会上签字""抵制日货""宁肯玉碎,勿为瓦全"等口号。学生游行到交通总长曹汝霖住宅时,火烧曹宅,还痛打了驻日公使章宗祥。军警予以镇压,逮捕学生32人。北洋政府颁布严禁抗议公告,激起进一步的抗议,到5月下旬,全国主要城市先后宣告罢课。6月11日,曹汝霖、章宗祥等人被免职,总统徐世昌辞职,月底,中国代表拒绝在和约上签字。

"五四运动"后来被认为是中国新文化运动的开始,5月4日被定为"青年节"。

▲梁漱溟晚年口述回忆录便以父亲的这个问句为书名

▲ "五四运动"时上海街头的抗议标语

二十四史读下来，有一个现象很耐人寻味：当一个中央集权强势出现的时候，往往会带来经济的高度繁荣，而在集权丧失的乱世，却往往是思想和文化的活跃期。中国思想史上的三个高峰，分别是春秋战国——诞生了老子、孔子等诸子百家，奠定了中国哲学的基石；魏晋南北朝——出现了最绚烂的书法、雕塑和诗歌艺术；我们正在讲述的民国初期——爆发了"五四运动"，出现了灿如星河的思想家、文学家。

民国初年是思想至为活跃和自由的时期，对于所有的中国人来说，那是一段很像青春期的日子，明亮、躁动而充满了无边的忧伤。各种思潮在中国交错激荡，新刊物、新思想层出不穷。当年跟吴樾抢着要去暗杀"五大臣"的陈独秀此时已是北大教授，他主编的《新青年》（创办于1915年）举起"德先生"（民主）和"赛先生"（科学）两面旗帜，号召打倒"孔家店"，猛烈抨击旧文化，提倡新文化。以胡适为代表的青年留洋学者在"文学革命"的口号下，提倡以白话文代替文言文。在国之青年中，他们很快成为新的思想领袖，当时正在长沙求学的毛泽东日后对美国记者斯诺回忆说："《新青年》是有名的新文化运动杂志。我非常钦佩胡适和陈独秀的文章。他们代替了已经被我抛弃的梁启超和康有为，一时成了我的楷模。"在饱受欺辱的黑暗年代里，这个古老东方国家的年轻人最终决心打碎老祖宗的一切坛坛罐罐。美国史学家威尔·杜兰（Will Durant）——他与胡适同为实用主义哲学家约翰·杜威（John Dewey）的门下弟子——在

《世界文明史》中很精辟地论及："今天中国人最强烈的感情是痛恨外国人，同样，今天中国最有力的行动是崇拜外国人，中国知道西方不值得这样崇拜，但是中国人却被逼得不得不这样做，因为事实摆在眼前，工业化或殖民化二者任由选择。"① 这种矛盾的国民情绪在"五四运动"中呈现得非常清晰。

"五四运动"的划时代意义，当时便被人敏感地预测到了。就在学生运动爆发的那几天，大哲学家约翰·杜威正好在北京访问。他在写于6月1日的信中说："我们正目睹一个国家的新生，而出生总是艰难的。"

不过，从来没有人从企业史的角度审视"五四运动"。

▲ "五四运动"纪念章

它的引爆点在北京大学，它的发生地在天安门广场，日后为人们所记忆的先驱者都是学生领袖和知识分子，我们可以轻易地报出他们的名字：陈独秀、胡适、蔡元培、鲁迅、傅斯年、段锡朋、罗家伦、许德珩、周恩来等。然而，正如后世的日本纪实摄影家小川绅介（1936—1991）所说的，在一起重大历史事件爆发的时候，"那些生动的故事、人物，一定在广场的背后"。事实上，在1919年的5月、6月间，如果没有商业团体及工人的支持，"五四运动"仅仅是一场激动人心的学生抗议而已。在青春激荡的天安门广场的背后，以工人和企业家为主体的商业力量就是那些起着重要作用，却不被人注意到的"广场背后"的人。

---

① [美]威尔·杜兰著，幼狮文化公司译，《世界文明史》，上海：东方出版社，1999年版。

早在 2 月，上海的商人就行动了起来，他们以同乡会的名义致电北京和巴黎，反对将德国权益转让给日本。3 月，朱葆三等人以上海商业联合会为组织，集合沪上 53 个会馆公所，协调工厂的抗议活动。5 月 4 日，传来北京学生游行并遭镇压的消息后，商业联合会当即与复旦大学和江苏教育总会联系，一起筹划抗议大会。5 月 7 日，大会在老西门体育场举行，主题是声援学生，抵制日货。6 月 5 日，上海工人开始大规模罢工，以响应学生。上海日商的内外棉第三、第四、第五纱厂，日华纱厂，上海纱厂的工人全体罢工，参加罢工的有 2 万人以上。其后三日，上海的电车工人、船坞工人、清洁工人、轮船水手也相继罢工，参与工厂 43 家，工人总数约 6 万，他们显然得到了工厂主们的支持、默许或容忍，这是开埠以来上海发生的最大规模的罢工活动。

在上海的示范下，抗议很快席卷全国。6 月 12 日，武昌、九江等地商人罢市，京汉铁路、京奉铁路工人及广州的工人相继举行罢工和示威

▲ 工人大罢工

游行，罢工浪潮波及全国 22 个省的 150 多个城市。史景迁在《追寻现代中国》一书中记录这段历史时认为："工人发动罢工支持学生的爱国运动，象征中国的历史发展迈向新的转折。"正是在工商力量的汹涌援助下，"五四运动"才演变成了一场全民参与、影响深远的历史事件。

企业家阶层在"五四运动"中的作为，并不仅限于声援学生。

就在抗议活动如火如荼的 6 月初，张謇接受《北华捷报》采访，对企业家在学生运动中的角色进行了阐述："吾辈之主务，乃为开创国人使用国货之风气，以此促进吾国工商业之发展。现阶段之情形，无疑于此十分有利，因国人爱国情绪十分高涨。"在这一理念的引领下，企业家发动了一场比 1915 年声势更为浩大的抵制日货运动，甚至还在产业经济的重建中排挤日本势力。

在"五四运动"爆发不久，日本报纸就已经预言，中国即将开展一场抵制日货运动，不过它以讽刺的口吻写道：

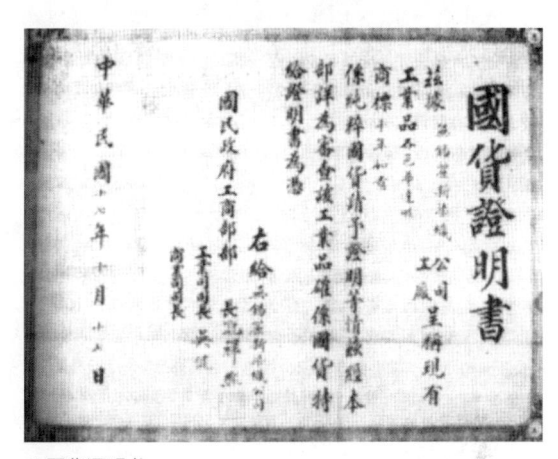

▲国货证明书

"这场示威将是稻草上的火星，燃烧时间不会超过 5 分钟。"但是，几个星期后，上海的英文报纸《密勒氏评论报》就认定，这 5 分钟的示威可能会延续下去，并严重威胁日本的在华利益。

在各地的抗议活动中，抵制日货是一个贯穿始终的主题。5 月 17 日，上海 8 家主要的报纸在同一天发布公告，发誓不再接受日货广告或者发布日本商业新闻。6 月 5 日，上海华商纱厂联合会决定全埠罢业，荣宗敬——他在上一年的国会选举中当选江苏省议员——便在讨论会上提议

"一致戒用日本货"。近年以来一直十分活跃的中华国货维持会等非政府组织印制了数以十万计的宣传国货小册子，各种标语充斥大街小巷。在一份现存于日本外交档案中的小册子里，编辑者写道："凡是爱国者都必须购买国货。当到处听到这样的呼声：伟大的中华民族和人民所创造的工业社会万岁，伟大的中华民族成员万岁，伟大的中华民族万岁，那就达到了这个长远计划和这种永恒组织的目的，因为抵制运动正是为了抵制某些国家的商品而发动的。"某些国家所指为何，读者无不心知肚明。

在很多城市，经营日货和为日方服务的商人纷纷收到匿名恐吓信，警告他们与日本断绝关系，一些日本商人的店铺也被捣毁。美国的《基督教科学箴言报》在报道中称，学生们成为"运动中的警察"，监督商店和小贩，破坏日本广告牌等。学生们的公告栏上，堆满了草帽、雨伞、热水瓶以及从行人那里收缴的其他日本商品，西方媒体将此形象地称为"草帽战"。一个叫玛加瑞特·莫尼格的美国传教士对西方记者说，她的女佣拒绝购买英国霍利克公司出产的麦芽奶粉，因为它只在日本商人开的商店里才出售。很多地方的商店被要求贴上这样的标语——"自今天起，本店铺决不出售日货"。10月的《新闻报》还刊登了一则报道，江苏省一个县的学生调查队发现，一家商店里的火柴有问题，它的外包装上印有"中华民国万岁"的字样，而实际上却是日本火柴，学生们当场销毁了这批商品。

在沿海城市和湖广地区还出现了一种叫"爱国十人团"的组织形式，它以10人构成一个小组，10个小组再构成一个更高级别的组织，参加者发誓只消费中国货，并确保和监督同组成员也这样做，他们还挨家挨户地发送传单和做鼓动工作。据报道，仅天津一地就有数百个"十人团"。

"五四运动"在7月达到高潮，日本对华出口几乎断绝。抵制效果从后面两年的贸易数据中清晰地呈现出来。1920年，日本对华出口额比1919年下降7.2%，损失达2 915万美元，而其他国家的对华出口却增长33.3%。1921年日本对华出口又同比下降8 696万美元，同期，其他国家的出口则增长30%以上。美国经济学家认为，这说明从1919年开始的抵制日货运动，无论中国付出了什么代价，都已成功地造成了日本在贸易、航运和工业方面的重大损失。据当时观察家的记录，抵制运动在华东地区推动了民族棉纱业的发展，在华南则为烟草和针织业提供了极为有利的市场环境。时任美国驻中国大使保罗·雷恩斯在写给国会的信中就认为："它给中国工业发展带来了巨大的动力，并且给制造商和政府一个提示，即什么是一场刺激国内工业发展的运动应该做到的。"①

与此同时，一个十分有趣的现象是，在震耳欲聋的爱国呼声中，天性反对动荡的商人们还十分注意抵制运动的边界，不使之滑向社会秩序全面崩溃的境地。在整个运动过程中，企业家做了大量的工作，尽量把运动的边界局限在非暴力的范围内。他们多次撰文呼吁，"惟予窃欲警告国民，万不可任令群众再有激烈行动"。

6月，就当纱厂联合会决议联合罢业的时候，荣宗敬曾经为此专门设宴招待欧美商人及外交人士。他解释说："（敝国）历受诸贵国文明感化，虽罢课、罢市、罢工达十天有余，而仍安静如常，绝无一毫暴动，当可邀世界诸大国共谅。"接着，他讲了一番很有技巧性的话："敝国人士，一致戒用日本货，而欧美诸大国之货畅销敝国，至好时机也。欧战四年余，诸贵国销行东亚之货，被日本国争攫殆尽，今公理战胜，诸贵国正可广造物品畅行东亚。今为在席诸公贺，而彼此联络友谊更加密切。"言下之意，中国抵制日货，大大有利于欧美商品回归中国市场，道理所及，当然很是引得欧美人的欢喜认同。

除了推动消费市场上的抵制运动之外，企业家们更利用这股爱国热潮，夺取了产业经济的某些主导权。面粉和棉纱"两料大王"荣宗敬就做

---

① 据研究资料显示，从1918年到1930年，上海工厂罢工次数最多的是两家日本棉纺工厂——内外棉株式会社和日华纺织株式会社，分别为45次和38次。与众多的本土纺织企业相比，日本工厂的工人待遇和生产条件尚略胜一筹，工人罢工显然带有很强的民族主义倾向。另外一个有说服力的对比是，在这期间，英美烟草公司发生了31次罢工，而同城的南洋烟草只发生了5次。

成了两件很有利于民族产业的大事。

从1919年的夏天开始，荣宗敬就四处奔走，联络面粉业人士，自行组织面粉交易所。当时在上海，日本商人开设了面粉取引所（交易所），经营面、麦的期货交易，基本控制了上海市场的原料和成品的价格，华人企业多年仰其鼻息而无可奈何。荣宗敬乘群情激奋之际，提出自办交易所，摆脱日本人的控制，此议得到同业的一致响应。1920年1月11日，中国机制面粉上海贸易所（后改名为上海面粉交易所）宣告成立，筹集股本50万元，荣宗敬、王一亭等沪上面业大亨均为理事。

同时，荣宗敬积极筹建纱布交易所。作为上海最重要也是那些年赢利能力最强的民族产业，棉纱的原料期货交易也被日商开办的取引所掌控。每年的棉花和纱布交易量非常大，各棉纱厂虽有心挣脱日商控制，但是也很担心操作不当，重蹈当年胡雪岩的覆辙。所以荣宗敬提出，必须协同一心，断流开源。在他的召集下，华商纱厂联合会的所有会员齐聚一堂，通过了两条跟日商决裂的原则：一是各厂不从日商的取引所采购棉花，必坚持到底；二是凡在取引所买卖棉花和纱布的行号或掮客，各厂与之断绝往来，并登报宣布此旨。与会厂商被要求一一举手，以示慎重通过。1921年7月1日，纱布交易所正式开幕，筹集股本200万元，荣宗敬、穆藕初等人为发起股东。

面粉和纱布两个交易所的成立，意味着这两大民族产业的期货价格主导权回归华商。这是企业家阶层借"五四运动"的东风打赢的两场漂亮的商战，特别是纱布交易所的建立，也算是给乱坟堆里的胡雪岩一个迟到了30多年的告慰。

如果说，"五四运动"决定性地改变了中国的文化生态，那么，它对商业生态的影响也是巨大的。就如同胡适等年轻的留洋博士一跃而成为文化领袖一样，一些有现代商业背景的年轻企业家也迅速登上了舞台。这个景象很快在1920年上海总商会的换选风波中呈现出来。

风波仍与"五四"有关。1919年5月9日，就当学生游行被镇压的时刻，上海总商会内一些与段祺瑞政府关系密切的老派商人发出一份电报，主张先在巴黎和约上签字，然后再与日本交涉归还青岛。此电引起公愤。随着抗议风潮渐成主流，总商会内部传出"改良总商会"的呼声，认定现在的总商会"一味与官僚派接洽，暮气太深，官派太重，麻木不仁"，所以必须重选明哲之才。

1920年8月，总商会进行换届选举，原有的33名会董中竟有31人落选，新当选的会董中有1/4的人还不到40岁。41岁的聂云台（1880—1953）被选为总商会会长，而他的前任是73岁的老买办朱葆三。

聂云台是个意气风发的新派企业家，他13岁就中了秀才，后来竟自绝科举，跟外国人学英语、电气、化学工程等新学科，再后来赴美国留学深造，回国后当上了一家纺织工厂的经理。他的身份中最为显赫的是，有一个国人皆知的外祖父——曾国藩，其家传血脉自有别一份的抱负。在1917年，聂云台与黄炎培等人在上海发起成立中华职业教育社，任临时干事，这是中国第一个职业教育团体。他还写了一本薄得只有10页纸的小册子，书名叫《大粪主义》。书中说，在民间，人中了毒可以用大粪灌解，而国家民族的毛病中的毒也一样可以用大粪来解。按聂云台的说法，当世之人有四种毒，一是骄慢，二是体面，三为骄懒，四为奢费。这四毒，浇上一勺浓烈的"大粪主义"，一切就化为乌有了。浇大粪的方法很简单，从教育和政治入手，但是要密切联系公厕和大粪。教坛上，学校的老师带头，跟学生一起挑大粪、洗厕所，浇粪种菜。让学生认识到，大街上挑粪的人，才是最可宝贵的人。而政坛上，则要求从国家元首到各县的长官，每天早上必须到指定的地点亲自刷洗厕所，而且必须刷洗干净。如果担心长官的安全，可以派卫兵四周保卫，长官一边刷洗，还配一个演讲员在旁演讲其意义。其理论虽荒诞，却有着最朴素的民本思想。

聂云台上任后，迅速展开了一系列的革新措施。他集中一批企业家力量，组成了财政、陈列、交通、公证等8个专门委员会，充实和健全了商会的职能。从 1921 年起，总商会连续三年举办了三次规模宏大的国货展览会，推动了民族工业的发展。聂云台还兴办工商业图书馆和商业补习学校，出版《上海总商会月报》，培养商战人才和发布商人声音。

与焕然一新的总商会很类似的，在上海商界另外一个被年轻人把持的商会是上海银行公会。

这家创办于 1918 年 7 月的行业公会由 12 个银行家发起，他们大多出生于 19 世纪 80 年代，此时不到 40 岁，而且全数受的是现代金融教育。发起人宋汉章和张公权分别毕业于上海中西学院和日本东京庆应大学，其他还有毕业于日本山口高等商业学校（李铭）、英国伯明翰大学（徐陈冕）以及法国巴黎大学（徐新六）的。这些人不屑于陈旧的钱庄模式，渴望摆脱国家的干预，以国际金融法规来管理自己的银行。他们集资创办《银行周报》，在发刊词中很自信且明确地宣告："溯自吾国与外人通商以来，国内商业进而为国际商业，经营之范围日扩，其方法亦日异。为之枢纽机关者，如旧日之钱庄票号，已不能应今日之潮流，所谓银行者乃应运而生。银行者，所以供一国财政工商以及社会经济之运用也。"朝气浩荡的一行字冲过来，就把钱庄票号扫进了历史的垃圾堆。

1920 年，在 31 岁的张公权的倡议下，由上海银行公会牵头，各地公会联合组成了全国银行总会。在后来的 7 年里，它成为一个可以与中央政府公开博弈、直接影响金融政策的银行家集团。

在伟大的"五四运动"中，企业家阶层的作用与表现长期不被提及。正如我们已经描述的，在时代的重大衍变时刻，"广场背后"的他们以自己的方式演出了同样精彩的一幕大戏。

法国学者白吉尔在评论"五四"时期的企业家时说："那些企业家，都是摈弃旧观念、倡导新思想的超群人物。正是在这种意义上，他们对中国社会现代化所做的贡献，与'五四运动'中知识分子的杰出作用相比，可谓是一珠双璧——尽管他们没有像后者那样慷慨激昂。"她还说："民族企业家与激进的知识分子相比，显得较为实际，与保守的官僚相比，又显得较为开放。"

环视 1919 年前后的世界，我们可以看到，随着第一次世界大战的结束，全球政治格局十分动荡。在中国的北方，俄国人以暴力革命的方式建立了社会主义国家，而在西南方，另外一个古老的亚洲大国印度则正十分巧合地进行着一场非暴力的民众运动。

在近代史上，印度所遭受的耻辱并不比中国轻。从 17 世纪开始，印度就受到英国的经济和军事入侵，到 1857 年，也就是欧洲列强对中国发动第二次鸦片战争的前后，印度被大英帝国正式吞并，屈辱性地改称为"东印度公司领地"。此后数十年，印度人民为了自治和独立不断起义、血流成河。

到 1919 年 11 月，一个出生于土邦首领家庭、在英国伦敦大学受过西方教育的律师莫罕达斯·卡拉姆昌德·甘地发起了"非暴力不合作运动"。他宣布了一系列与英国政府"不合作"的内容，包括退还英王所授爵位、勋章，辞去在地方机构中所任公职，不参加殖民政府的一切集会，抵制英国殖民教育等；在经济上，则抵制外国产的商品，特别是英国产品，他号召所有印度人应该穿土布，而放弃英制织布。甘地的非暴力不合作运动成为印度人民反对异族统治的主要手段，它十分曲折而反复地进行，一直到 1947 年，印度终于宣告独立，甘地因此被视为"圣雄"和"印度国父"。①

后世学者常常将 1917 年的俄国"十月革命"与"五四运动"联系在一起探究，却很少有人观察到几乎同时发生的印度"非暴力不合作运动"。事实上，1919 年的中国思想界受到了来自南北两大社会思潮的夹击式影响，至少在经济领域，保守的企业家阶层的选择与甘地的非暴力主张很可参照。

---

① 当时的中国思想界更为熟悉的印度思想家是 1913 年获得诺贝尔文学奖的诗人泰戈尔。他跟甘地有很近似的东方哲学思想，他在诗歌中吟唱道："当我们极谦卑时，则几近于伟大。"1919 年，他支持甘地的非暴力不合作主张，第一个拒绝了英国国王授予的骑士头衔。1924 年 4 月，他应梁启超、蔡元培之邀访问中国，引起很大的轰动。

回望1919年中国之运动，真可谓轰轰烈烈，就像灯火辉煌的列车在暗夜中一闪而过，给人留下的是若有所失的晕眩感。在此后的四五年里，文化界群星璀璨，思想空前活跃，各种政治力量和主张自由萌生，其中对历史影响最大的事件是1921年7月23—31日，陈独秀、李大钊和毛泽东等人在上海（后转到嘉兴南湖）组建了中国共产党，它不久将崛起为一支强大的力量。而在企业界，雄心勃勃的新兴企业家们开始试验他们的政治理想。

自袁世凯之后，北洋政府因军阀割据和财政拮据，一直显得很弱势，这客观上让企业家有了博弈的空间。1920年秋，中央政府决定发行政府债券。12月，张公权领导的银行公会在上海举行会议，以旧债券清偿不力为理由，拒绝认购所有债券。在北京掌权的段祺瑞十分恼火却也无可奈何，只好派代表与银行家们谈判，最后同意建立统一的国债基金会，将关税余额作为偿债基金，再由英国人掌控的海关总税务司作为第三方管理。这种跟中央政府叫板的事情在当时并非个案。早在两年前，上海总商会还拒绝派人北上参加农商部组织的经济发展研讨会，理由是"鉴于困扰国家的动乱局面，经济和商业陷入混乱，没有必要浪费时间参加此类会议"。

在对中央政权失望的情形下，企业家们接受了空想社会主义和自由主义的思潮，尝试重建中国的社会秩序。其努力的方向主要有两个：一是建设模范城市或试验公社，一是创立城市自治机制。

中国人向来有"修身、齐家、治国、平天下"的济世理想，对企业家来说，天下太大，那就去治理眼皮底下的那片土地吧。在这方面，张謇是一个最值得纪念的典范。从1903年开始，他就致力于家乡南通的城市建设，大生纱厂的很多利润都被他投入到公共事业上。将近20年下来，南通已成当时中国最出名的县城。1920年，一位访问者描写他看到的南通："在登岸以前，我们就已感受到她的现代气息了。大道旁柳树成行，满载面粉、棉花以及旅客的卡车、汽车在奔驰，高耸林立的烟囱在冒着烟，工厂的机器轰鸣声在回响——一个欢快劳动的日子又宣布开始了。在江岸边建有现代化的码头和仓储设施，通过现代化的公路和运河，运输线四通八达……登上狼山山顶，一幅动人的壮丽图画展开在我们眼前。在南面奔腾着雄伟的长江，它的水上运输繁忙。在西面静卧着南通城，屋顶、烟囱、城门楼依稀可见。到处都显示着满足、快乐和繁华。我们看到每一寸土地都得到了耕种，并由田间小路分割成几何形状……在居住区内有大量精心种植的树木，这也是这里的一个特征，在中国其他地区没有类似的情况。"上海英文《密勒氏评论报》主笔 J·B·鲍威尔（John Benjamin Powell）也是在这一年到访南通的，他称之为"中国大地上的天堂"。他在报道中写道："张謇以及他的兄长张詧、他的儿子简直可以用'君临天下'一词来形容，除了童话故事中对待臣民就像对待子女一样的慈善君王外，可能无人可与之匹敌，而在南通州这却是事实。"1922年，中国科学社在南通举行年会，梁启超到会，称之为"中国最进步的城市"，文学家鲁迅的朋友、日本人内山完造称南通是一个"理想的文化城市"。同年，北京、上海的报纸举办"成功人物民意测验"，投票选举"最景仰之人物"，张謇得

▲旧时南通景色

票数最高，这一年正好是他70岁大寿。让人感慨的是，也正是在这一辉煌的时刻，张謇的企业突然冒出了危机的苗头，他将很快陷入无法自拔的泥潭。

不过在1922年，南通模式还是如此的迷人和让人感奋，在很长的时间里它成为企业家的梦想。也是在这一年，老买办朱葆三在上海郊区购置1 000亩地，设想建立一个类似南通的试验城。而荣家兄弟则尝试着在自己的工厂里搞了一个"劳工自治区"。"自治区"设在家乡无锡，建有男、女职工单身宿舍和职工家属宿舍，宿舍分区、村、室三级，由工人自己推选各级负责人员进行管理；还兴办了食堂、储蓄所、合作社、医院、工人夜校、子弟学校、图书馆、电影场，乃至公墓、功德祠、尊贤堂，工人从生活、教育、文化娱乐、劳动保险到生老病死诸多方面都得到了一定程度的保障，可谓社会功能一应俱全，宛若一个独立的"公社"。到后来，为了处理各种纠纷事宜，"自治区"内还设了一个工人自治法庭。"自治区"的建立，一方面实践了荣家兄弟的社会理念，另一方面也直接带来了生产效率的提高，荣德生经常在周末集体训话时宣传自己的"自治主张"："厂方的利益，就是各工友的利益，劳资应该充分合作、团结一致，否则皮之不存，毛将焉附？"

如果说，张、荣等人的试验着眼于家乡的重建，那么，另外一些人则有更大的抱负，他们试图在某些城市建立自治型政府。

企业家的政治热情一方面是被逼出来的，另一方面也是不清晰和幼稚的。1921年10月，在商会联合会的年会上，很多年轻的会员提出了参与政治的呼吁。一个叫唐富福的人在发言中大喊："我们用不着仰赖某个个人，世上从来没有救世主……现在该是商人面对现实，摆脱陈旧的不参与传统，投身政治的时候了。我们拒绝将我们所主张的开明政治与那种黑暗的政治混为一谈。如果政治是黑暗的，而我们却接受其统治，岂不成了奴才和背叛者了吗？我起誓，我决不！中国商人要拯救这个国家。商会总是以不参与政权为自己的荣誉，但在今天，这种节制却是我们的耻辱。"这番演讲刊登在了当时的《北华捷报》上。唐富福的论点在年会上引起共鸣，穆藕初等人也认为："实业界人士务实不闻政治的陈旧观点，是不值得赞赏的。应团结起来，采取适当的方式，推动政府改善国内局势。"

企业家阶层的参政和自治理念得到了自由派知识分子的呼应，胡适、丁文江等人提出了"好人政府"的概念，就是由"好人"来管理政府，依靠专家解决专门问题。所谓"好人"，就是知识分子和企业家阶层，"即以现身从事农工商业及劳动者执政，而除去现在贵族、军阀、官僚、政客等无职业者执政"。

为了实践商人主政和"好人政府"的主张，各地商会先后都提出过千奇百怪的设想。1923年3月，汉口总商会向国内各主要城市的商会发出了一份《保护商埠安全议案》，提出以中世纪欧洲的汉萨同盟为仿效，建立一个"真正的城市联盟"。汉萨同盟是德意志北部的城市联盟群，起源于12世纪中期，鼎盛于14世纪。它由富商和贵族发起，拥有军队和金库，极盛时加盟城市多达160个。汉口的议案认为："如全国各商埠能实行团结，声气灵通，势力雄厚，举国内外，谁敢予侮？"此案"看上去很美"，却一点也没有操作的可能。

汉口议案提出后不久，上海的企业家更有过十分大胆、闹剧式的行动。

年初，北京政坛出现动荡，直系军阀曹锟打败皖系的段祺瑞，控制了中央政权。在总统选举中，曹锟用钱收买国会议员投票，每人5 000元，受贿的议员共有480人，曹锟因此"选"上了大总统。6月，他把现任总统黎元洪赶出北京城。一时间，贿选丑闻臭遍全国，各地抗议声四起。6月23日，上海总商会召开了一次会员大会，一方面通电谴责北京，另一方面宣布上海独立。他们组成了一个由70人组成的民治委员会，宣布将以执政者的角色来管理城市。他们发布公开宣言，拟订行政章程，与曹锟政权电报交涉，一时忙得不亦乐乎。

但是，民治委员会显然缺乏合法性和实际的行政能力，只忙乎了两个月，就无疾而终了。企业家们的尝试遭到了舆论的嘲笑，《东方杂志》的一篇评论便讽刺说："最可笑的是，上海商会妄欲组织商人政府，自认为民治委员会基本会员，一若除商人外无人民者，又若除上海商人外无人民者，更若除上海总商会之商人外无人民者，即此一端，其无知妄作已可悲矣。我们商人向缺乏政治常识，每激于一时热情，殊不知盲从妄作，根本已错。"其言刻薄，却也点出了商人主政的三个缺陷：一是爱搞"小圈子"，二是缺乏民众基础，三是没有明确的执政主张。令人好奇的是，唯一对总商会行动持鼓励态度的是已经成为共产党员的毛泽东。他在《响导周报》上发文《北京政变与商人》，认为："上海商人业已改变从前的态度，丢掉和平主义，采取革命方法，鼓起担当国事的勇气……"①

企业家阶层的自治努力在这之后数年内还将持续下去，每一次都因为缺乏民众基础和宪政理论支持，而显得幼稚和缺乏持续性。在一个现代国家，自治政府及议会制度的真正确立，需要一个自由或稳定的社会环境，在那样的社会内部，各种利益集团以公平协商的方式共存，可是，在20世纪20年代的中国，内乱远未停止，暴力随时可能打断和平的努力。因此，白吉尔把这一时期的失败，称为"一个不自由年代中的自由主义的失败"。她评论说："资产阶级的作为，通常显得模棱两可，缺乏条理和毫无效力，在某种程度上，是由于它所处的政治地位的性质不那么明确的缘故。"

---

① 早年的毛泽东是地方自治和模范乡村建设的积极倡导者。1919年，他在《湖南教育月刊》第十二期上发表《学生之工作》一文，提出："合若干之新家庭，即可创造一种新社会。新社会之种类不可尽举，举其著者：公共育儿院、公共蒙养院、公共学校、公共图书馆、公共银行、公共农场、公共工作场、公共消费社、公共剧院、公园、博物馆、自治会。合此等之新学校、新社会，而为一'新村'。吾以为岳麓山一带，乃湘城附近最适宜建设新村之地也。"40年后的1958年，他的这一理想终于以"人民公社"的方式得以实践。

1920年7月，虞洽卿四方运筹，获准建立上海证券物品交易所，票券、棉花、布匹、粮油等均可在此交易。当时的上海，竟有140个各种各样的交易所，是全世界交易所最多，也是最不规范、投机色彩最为浓烈的城市。虞洽卿的这个交易所是中国第一家正规、综合性的证券物品交易市场。据记载，该所的首倡者是孙中山，他于1916年在北京约见虞洽卿，提出在上海筹建交易所。他对虞洽卿说："交易所既成，亦可为革命聚积资金，诚乃大事矣。"靠办交易所为革命筹钱，孙氏逻辑很能代表当时革命家的经济思想。虞洽卿依计而行，数年乃成。虞洽卿出任理事长，借此成为上海风云一时的期货大亨。①

也是在这段时间前后，陈其美（于1916年5月遇刺身亡）的结拜兄弟蒋介石落魄沪上，也来投奔虞洽卿。虞洽卿慨然收留，安排蒋介石在交易所当上了一名经纪人，另一位浙江老乡、革命党人张静江则出资4 000元，让蒋介石在交易所中占了股份。不料蒋某人"革命有方"，却经营无术，先是在买空、卖空中赚了不少钱，紧接着又全数赔光，还欠下一屁股

▲上海证券物品交易所

---

① 中国第一家证券交易所于1916年在北京创立，不久，上海也设所交易。

债。百般无奈之下,蒋介石躲到虞洽卿家中避债多日,然后决心南下投奔孙中山。为了躲避债主尾随跟讨,虞洽卿出主意让他投帖拜青帮老大黄金荣为"老头子"。

黄金荣门徒黄振世日后记录当时的场景：虞洽卿到八仙桥钧培里黄公馆后,向黄金荣说明情由,要求录收蒋介石为门生,黄金荣因为虞洽卿在当时商界地位高、势力大,亦很想结交,所以对他提出的要求都无条件答应下来。又因为虞洽卿不熟悉投拜"老头子"的手续,第二天陪同蒋介石到黄金荣处时,只投递了一张写着"黄老夫子台前,受业门生蒋志清"的大红帖子,既没有拜师应有的蜡烛、香,更没有致送压帖的贽敬。还因为黄金荣事先从虞洽卿处知道蒋介石的困难处境和拜师目的,同时也为了讨好虞洽卿,所以非但不计较压帖贽敬,还有心"慷慨"地赠送蒋介石旅费大洋200元,并且鼓励他去广州。分别以后,二人互不通信,日久以后也就时过境迁,淡然若忘了。

谁也没有料到的是,仅仅6年后,乾坤倒转,这番江湖交情又蘖生出一段影响中国走向的历史公案。

不过在讲述这段公案之前,我们要先来到1924年的中国,经济萧条在天灾人祸的夹击下突然降临了。

1924 / 工商决裂

> 最是那一低头的温柔,
> 像一朵水莲花不胜凉风的娇羞,
> 道一声珍重,道一声珍重,
> 那一声珍重里有蜜甜的忧愁——
> 沙扬娜拉!
>
> ——徐志摩:《沙扬娜拉》,1924年

1924年4月12日上午10时,一艘轮船沿黄浦江缓缓驶进上海汇山码头。船上,一位戴着红帽子,银须白袍、宛若神仙的老者挥手向欢迎的人群致意,他就是第一个获得诺贝尔文学奖的亚洲文豪、印度诗人泰戈尔。在随后的两个月里,泰戈尔掀起了一场甜蜜的中印文化交流热浪。一群年轻的、操着娴熟英语的中国诗人围绕在他的身边,仿佛重新燃起了东方轻灵文化的篝火。其中,最狂热的崇拜者是从剑桥大学留学归来的诗人徐志摩,他每天陪着泰戈尔四处演讲,还随同去了日本。在那里,他写出

一组温婉娇羞的新诗，在每一个段落的最后，他都以"沙扬娜拉"为结束。徐志摩的新诗显然比几年前胡适的口水诗要精致得多，却没有了咄咄的时代气息。

沙扬娜拉，日语"再见"。具有讽刺意义的是，1924年并不像徐诗人所描述的那么甜蜜，却真是一个"再见"的年份。

短暂的和平在这一年被打破了，军阀们再次开战。尤其糟糕的是，此次战火居然烧到了商业繁荣、过去数十年里一直没有重大战乱的江浙一带。1924年9月3日，江苏直系督军齐燮元为夺取上海，向盘踞上海和浙江的皖系督军卢永祥、何丰林开战，双方相持于嘉定、太仓、浏河一带，江浙工商业顿时风声鹤唳。紧接着，东北奉系军阀张作霖以援助皖系为由，与直系吴佩孚在山海关开战，双方投入30万人，为那些年来规模最大的战事。吴佩孚因为冯玉祥部临阵倒戈而战败，奉皖联手，组成临时执政府。张作霖入关后，粗暴对待知识界和持不同政见者，政局一直动荡不安。人们对北洋军阀终于彻底失去信心，在南方偏据多年的国民党再次成为被期待的力量。1924年11月，孙中山受邀北上共商国是，不料，他的身体状况突然恶化，在第二年的3月12日因肝癌病逝于北京，终年59岁。在遗言中，他告诫全党："革命尚未成功，同志仍须努力。"

那年的天灾也是不断，长江、汉水并涨，武汉三镇江堤多处漫溃，京汉铁路被大水冲毁，地方志记载，"各项商业无不停顿，萧条情况实为从所未有"。中原和西

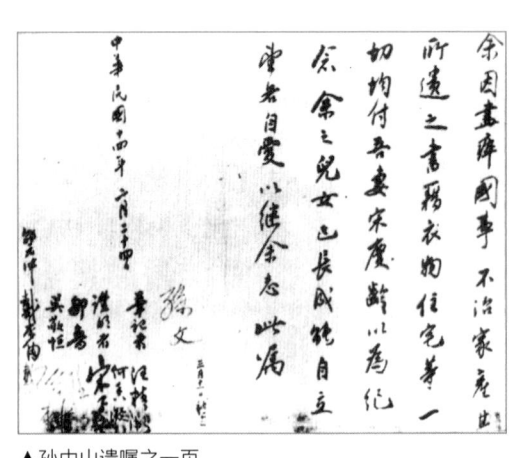

▲孙中山遗嘱之一页

北一带受气候影响，农产品已经连续多年歉收，河南等省份还发生了饥荒。

在产业经济方面，欧洲各国进入战后复兴，中国再成被争夺的市场。日本势力仍然强劲，再加上连年农产品歉收，各种原材料大涨，脆弱的民族产业受到严重冲击。其中，景象最惨的是此前发展最快的棉纺业。从1922年10月到1924年6月，上海交易所的棉花平均价格

▲孙中山灵堂

上涨了73%，厂家不堪其重，爆发了纱厂危机，到1924年年初，1/3的上海纱厂停产歇业。在经济寒流到来的时候，民族工业抵抗风险能力的羸弱毕现无遗，与同在上海的英资、日资企业相比，本土纱厂的管理水平明显落后，生产效率低下，流动资金太少，金融体系的支持也十分不足，因此，在经济繁荣的时候可水涨船高，而当危机到来时，则会率先出局。从数据来看，就在纱厂危机期间，英资怡和纱厂仍然有30%的股息可以分配，而日本纺织株式会社的年度利润率也高达25%。华资的华丰、宝成等大厂相继被日商兼并。

在这场危机中，最轰动的事件是商界精神领袖、"状元企业家"张謇的破产。

晚年的张謇把大量的精力投注于政治事务和南通模范城的建设，他到底有多少时间花在生产经营上不得而知。大生集团在1919年创下赢利380多万两的最高纪录，到1922年就因棉花涨价而出现了亏损，该年亏掉70

万两,其后更是江河日下。到1924年,大生已欠下400万两的巨额债务,直奉战争爆发后,东北和华北市场已惨不忍睹。更糟糕的是齐燮元与卢永祥居然还在家门口开火,江浙市场一动摇,大生的日子就过不下去了。到1925年,大生集团已经资不抵债,仅是大生一厂的债务就已经高达906万两。张謇被迫把苦心经营将近30年的全部企业交给债权人接办,在陈光甫的安排下,中国、交通、金城、上海4家银行和永丰、永聚钱庄组成债权人团全面接管大生企业。已年过72岁的张謇晚年居然遭遇如此劫难,他不由感叹"不幸而生中国,不幸而生今之年代"。

张謇商业王国的陡然衰落,除了棉纱产业的危机外,还有三个很重要的原因。一是理想主义的沉重包袱。为了南通的公益事业,大生纱厂常年无偿"献血",已超出企业正常的负担。到1924年前后,大生一厂仅为企业和公益事业的垫款就有70多万两,对其他企业的借款超过112万两,以往来名义被其他企业占用的也接近这个数字,三项合计超过了全部营运资本的45%。企业办社会,最后拖累大生。二是多元化经营失控。张謇晚年反省失误时承认"本小事大""急进务广",其中失误最大的投资是垦牧产业。垦牧业带有很强的社会公益性,投资大,周期长,而且受海潮、气候等自然条件的影响。张謇先后创办了近20家垦牧企业,围海400万亩,累计投入资金达2 119万银元之巨。10余年中,所围海堤三次被特大台风袭毁,垦牧项目先后全数失败,纱厂资金被迫去填了大黑洞。三是企业管理混乱。大生虽是中国最早的股份制企业之一,但是在相当长的时间里,张謇的光环太大,晚期更是近乎于"神",集团内各实业公司都没有基层负责的规定,事无巨细,表面上都要向他请示。而他的大部分精力又在企业之外,对于经营实情并不完全了解,因此,管理弊端丛生,一旦发作,便无药可救。

晚年的张謇从云端上坠下,在最后的岁月里竟饱受煎熬。自企业亏损之后,种种流言四起,每次开股东会他都不得不面对指责,好几次会议不欢而散。在一份写给股东的信中,张謇十分无奈地说,自己已70多岁了,为人牛马30年，也可以结束了，他欠大生的债务，可以从股息和退隐费中分年偿还。他还给自己在狼山之畔选了一块墓地，自拟对联："即此粗完一生事，会须身伴五山灵。"墓上不铭不志，只简单地刻着"南通张先生之墓阙"，没有头衔，没有装饰。在生命的最后一个月，他还去视察江堤，为盐垦事业做最后的努力，因劳累过度，他发起高烧。1926年7月17日，一代"状元企业家"在无限的寂寥和落寞中黯然去世。他的陪葬品是：一顶礼帽、一副眼镜、一把折扇，还有一对金属的小盒子，分别装着一粒牙齿，一束胎发。①

春与人俱老，花随梦已空。张謇的破产和去世，意味着士商时代的一去不返，此后中国商界再没有出现如他这样具有重大公共影响力的全才型人物。胡适为他的传记作序，称他是"中国近代史上一个很伟大的失败的英雄"。毛泽东则说："中国的民族工业有四个人不能忘记……轻工业不能忘记张謇。"② 其实，张謇之应该被记忆，何止轻工业而已。

在1924年前后的中国社会，社会矛盾的纠缠和复杂让人不安。1923年年底，文学家鲁迅在对北京学生的演讲中，流露出了他的悲观："可惜中国太难改变了，即使搬动一张桌子，改装一个火炉，几乎也要血；而且即使有了血，也未必一定能搬动，能改装。不是很大的鞭子打在背上，中国自己是不肯动弹的。我想这鞭子总要来，好坏是别一问题，而且总要打到的。但是从那里来，怎么地来，我也是不能确切地知道。"③ 在这段话中，

---

① 张謇下葬时颇为寂寥，并没有关于他的陪葬品的记录。1966年"文化大革命"爆发，8月24日，张謇墓被红卫兵当作"四旧"砸毁，孙女张柔武目睹墓中葬物。

② 毛泽东说的另外三个不能忘记的人分别是，"重工业不能忘了张之洞，化学工业不能忘了范旭东，运输航运业不能忘了卢作孚"。

③ 摘自《娜拉走后怎样》，是鲁迅先生于1923年12月26日在北京女子高等师范学校文艺会上的一篇演讲稿。本篇最初发表于1924年北京女子高等师范学校《文艺会刊》第六期，后来收入他的杂文集《坟》。

读得出部分知识分子因绝望而产生的对"血"的革命的渴望。在当时中国，正出现了一个十分微妙的景象：人数日渐庞大的劳工阶层与同样新兴的企业家阶层出现了利益和价值观上的矛盾，这种矛盾随着经济危机的爆发渐渐变得尖锐起来。

在洋务运动之前，中国并不存在工人阶层。随着近现代工业的成长，劳工人数迅猛增加。在1913年，中国产业工人有60多万，到1919年达200多万，1924年前后人数已经超过500万。跟所有进入工业社会早期的国家一样，中国工人的生存现状是悲惨的。史景迁在《追寻现代中国》一书中描述道："微薄的工资、超长的工时，罕见，甚至根本不存在休假。医疗救助或保险总是缓不济急，工人通常住在工厂或矿区所提供、居住条件恶劣到令人作呕的宿舍。工人均被以号码而非名字来称呼。工厂内，管理人员欺凌工人的恶状司空见惯。工资总是会无故被扣减，要求回扣的现象时有所闻。女工的人数多过男工，有些纺织工厂，女工比例高达65%，然而她们的工资甚至远低于同工厂男工。雇用童工的现象非常常见，特别是纺织厂。年仅十二岁的女工赤手在接近沸腾的大水桶里捡拾蚕丝，这类工作经常让她们感染可怕的皮肤病和受到伤害。"

在当年的报章、文学作品中时时可见类似的描述。客观地说，他们不是当时中国社会最悲惨的人——跟农民相比，他们有相对稳定的收入，不必惊恐于匪徒和战乱，但是不人道的遭遇却是不争的事实。因此，反抗性的罢工事件屡见不鲜，可查的数据显示，从1914年到1919年"五四运动"前，全国工人罢工108次，尤其是1916年后，罢工次数逐年增加。仅1919年1~5月，罢工即达19次。特别是在过去10年的抵制洋货运动中，居住于城市而最容易被集中发动的工人群体是一股最主要的抗议力量。

然而，一个很重要的事实是，在1920年之前，工人阶层从来没有被看成是一支完整而独立的力量。一味沉醉于欧美或日本宪政经验或文化的公共知识分子对其非常陌生，甚至可以说是与其完全绝缘。他们所津津乐道的"好人政府"在工人们听来虚无缥缈，不知所云，不但跟他们的生计毫无关系，而且显得非常虚伪。企业家阶层对工人也非常不重视，他们最多也是出于利用或提高劳动效率的考虑，如虞洽卿与他的"短档朋友"们，或荣德生之创办"工人自治区"。自晚清允许商人结社以来，全国已经出现了数千个大大小小的商会。他们的势力非常强大，上海、广州及武汉等城市的商会甚至拥有自己的武装团体。他们高高在上，根本不会弯下腰来跟衣衫褴褛的劳工们进行平等的对话。即便是孙中山的国民党人，也主要活动于士绅、官吏、知识分子、军人乃至华侨之中。

真正把工人当成一股独立力量来倚重的是新成立的中国共产党。1921年8月，就在组党成立的一个月后，中共在上海迅速成立了领导工人运动的机关——中国劳动组合书记部。曾经参与领导"五四运动"的北京大学学生领袖张国焘出任主任。书记部设立5个分部，其中湖南分部主任为毛泽东，在法国参加过工人运动的李立三成为张国焘的得力助手。这个专门机关成立后，马上创办机关刊物《劳动周刊》，其宗旨是"为劳动者说话，并鼓吹劳动组合主义"。每期发行最多时为5 000份。同时，中共还在上海纺织工人最集中的沪西小沙渡，开办了第一个工人补习学校，通过刊物和工人学校唤醒工人的自主意识。张国焘在一篇题为《中国已脱离了国际侵略的威胁么？》的文章中如此写道："我们只知道我们每年所缴纳的租税，一半是外国政府和银行家强夺走了。因而我们的子弟受不到教育，我们当兵的兄弟拿不到军饷，我们百余万劳苦兄弟在外国资本家的鞭策下做工，洋货深入穷乡僻壤，弄得做手艺的没有生意了……上海市等处公园，是'华人与狗不得入内'，这些痛苦和耻辱已使我们受够了。"[①]这样的文章充满了简单而明快的逻辑，它像手术刀一样，一下子把工人阶层从众多的社会集团中切割出来。

接着，张国焘和李立三深入工人中间。他们选中的企业是安源路矿，

[①] 张国焘著，《中国已脱离了国际侵略的危险么？——驳胡适的"国际的中国"》，载《向导》1922年10月第6期。

该矿隶属于著名的汉冶萍公司,由萍乡安源煤矿和株萍铁路局组成。之所以选中这里,主要是因为煤矿劳工集中,生产条件恶劣,反抗情绪容易激发。还有一个原因应该是,张国焘正是萍乡人氏,而李立三的家在附近的湖南醴陵县。张国焘、李立三在安源的工作是卓有成效的,他们创办平民学校和工人补习学校,发展党员,建立中共安源支部。1922年5月1日,安源路矿工人俱乐部创立,7月,成立安源路矿工人消费合作社。于建嵘在《中国工人阶级调查》一书中生动地描述了李立三动员工人与企业主对抗的情景:"李立三当时对工人讲,你们很苦啊,你们很穷啊。那些工人说,我们很好啊,比家里好多了。李立三说,不对,你苦得不得了,你们不应该这样生活的。李立三说西方有个马克思,这个人说你们创造的财富都叫资本家拿走了。工人说,我们在家里得不到现在这么多钱啊,这里比家里好啊。李立三说,我们可以把钱拿回来。那么怎么拿回来呢?李立三动员工人团结起来,如果你每天创造十块钱却只得到五毛钱,你通过斗争就可以得到更多的钱。"通过这样的教育,9月14日,安源路矿工人举行了第一次罢工活动。安源很快成为中国共产党最早的"党员摇篮",到

▲《劳动周刊·发刊词》

1924年，中国共产党的党员为977人，其中安源路矿就有270多人，占了将近1/3。

除了在安源扎根之外，工人运动的全国性联盟及行动纲领也渐渐形成。1922年5月，劳动组合书记部发起在广州召开第一次"全国劳动大会"，到会代表173人，代表12个城市、110多个工会、34万有组织的工人。大会接受了中国共产党提出的"打倒帝国主义""打倒封建军阀"的政治口号。代表们一致赞同在中华全国总工会未成立以前，中国劳动组合书记部为全国总通讯机关。8月，中国劳动组合书记部发布《劳动法大纲》，提出劳动立法的4项原则：保障政治上自由、改良经济生活、参加劳动管理和劳动补习教育。文件中还提出承认劳动者有集会结社、同盟罢工、缔结团体契约、国际联合的权利，实行8小时工作制，保护女工、童工，保障劳动者的最低工资等具体要求。这些严密的组织与纲领的形成，让中国的工人运动上升到了理性的层面。在张国焘、李立三以及从莫斯科归来的刘少奇等人的领导下，各地的矿场、棉纺厂、印刷厂及铁路公司出现了数百个工会。

工商决裂的标志性事件是发生在1923年的京汉铁路罢工事件。1923年，在共产党人的策动下，京汉铁路工人决定成立工会，劳动组合书记部武汉分会的共产党员林祥谦被选为工会委员长。京汉铁路的路权当时控制在军阀吴佩孚手中，是他最重要的财源之一。2月1日，京汉铁路总工会在郑州召开成立大会，吴佩孚派军警到现场驱散集会的工人。三天后，总工会宣布全路总罢工，京汉铁路线上火车一律停开。5月7日，吴佩孚抓捕林祥谦，将他绑到汉口江岸车站的月台上，要求他下令工人复工，林祥谦决然拒绝，军队随之将他当众砍头示众，头颅被悬挂在车站旁的电线杆上。在这场冲突中，35名工人被杀，伤者不计其数。5月9日，工人被迫复工。

当林祥谦的头颅被悬挂在电线杆上的时候，工商决裂的事实就无比血腥地发生了。

▲安源路矿工人大罢工

1924年2月7日,铁路工人在北京秘密召开全国铁路工人代表大会,正式成立全国铁路总工会,并发表了《成立宣言》。1925年5月,由中华海员工业联合会、汉冶萍总工会、全国铁路总工会、广州工人代表会共同发起,在广州召开了第二次全国劳动大会,正式成立了中华全国总工会。工人阶层作为一个独立的阶级出现了。

面对工人阶层的这种崛起,企业家阶层的反应是不知所措。

1924年,上海的商人们还在热衷于内部的权力斗争。这年年初,上海总商会第五届会长改选,之前没有列入预选的虞洽卿竟"意外"当选。

初选之际,对垒双方是现任会长、上海中国银行总经理宋汉章和通商银行行长、招商局总办傅宗耀。宋氏为人仗义,根基颇深,得很多老派人士拥戴。傅氏为新晋翘楚,是前朝商业巨子盛宣怀的螟蛉义子,还跟当时控制上海政局的皖系军阀何丰林打得火热。双方旗鼓相当,各不相让，报章驳讦，相互揭短，律师出场，法庭相见，闹得满城风雨。

在沸扬的局势中，虞洽卿再展火中取栗的绝技。他先是找到76岁的同乡前辈，也当过上海总商会会长的朱葆三，竭力挑拨他与宋汉章的关系。朱葆三在报纸上发表函电，洋洋数千言，把宋汉章骂得狗血喷头。后者声望一落千丈。紧接着，虞洽卿又以"调解人"身份，在宁波同乡会礼堂召集总商会的甬籍会员"茶话"，充分放大傅宗耀与军阀的密切关系，引起许多不愿与军界人物过从甚密的同行的不满。甬籍会员占到总商会会员的四成，其临阵倒戈让傅宗耀元气大伤。

宋倒傅臭，躲在幕后的虞洽卿竟水落石出，受众人"拥戴"，候补参选。8月21日选举当日，到会会董35人，虞洽卿独得19票。矫情之极的是，虞洽卿故意在此前远游天津，得知当选后，还特意发回"辞职电"，称"互选之前，曾一再声明，凡为调解人，概不应选，鄙人亦调解人之一，更应践守前言"。在会董们的再三苦劝恳请下，虞洽卿才勉为其难地答应下来。其做作气派，与袁世凯"劝进"称帝一幕十分相似。

上海总商会在当时中国商业界实力最强、会员最多、影响最大，举国上百家商会唯其马首是瞻。虞洽卿登顶，俨然已是全国性的商界领袖。

就在他当选会长10多天后，9月3日，江浙爆发军阀大战。占据上海的卢永祥、何丰林部被孙传芳赶走，上海的行政体系全数瘫痪，几万残兵败将流窜在上海及周边地区，打家劫舍，商民惊惶，局势一时无比动荡。甬为商首的虞洽卿临危行令，以总商会会长的身份，自行代表上海全体商民向直系、皖系军阀分别发出函电，敦请他们停止进攻，切勿闯入租界作乱。同时，他发动了声势浩大的募捐活动，用以接济那些乱军的军需给养。市民生怕战火烧身，积极响应，数日募得100多万元。那些愿意离队回乡的游兵都领到了遣散的盘缠，兵祸为之稍解。

由于战火蔓延，各地通往上海的水陆运输频频受阻，市区粮食即告紧缺，可怕的饥荒眼见将至。那几天，虞洽卿因此急得眼睛红肿、口舌生疮。他得知有一大批经上海转口外销的大米正滞留上海，当即领人将这批大米全数扣压，并迅速分发到各个米店。他又召集米界的老板们开会，称"哪位敢在这时哄抬米价，可不要说我虞某不够朋友，勿谓言之不预，切记，切记"。各米店均森然遵令。

兵祸、米荒化解后，虞洽卿提出建立上海非军事区的新倡议，宣称"上海乃全国商业中心，为保护上海商民利益，军方不宜侵扰"。基于此，他明确而大胆地提出"废使、撤兵、移厂"三项主张。这三项主张都可谓胆大包天。所谓"废使"，是指当时有两个军事机构常设上海，一为护军使，一为镇守使，其势同水火，为兵祸之源。虞洽卿提出"废使"，便如同要一并砸掉两个军阀的"金饭碗"。"撤兵"和"移厂"则是要求所有军队和兵工厂都撤出上海，使之成为一个非军事的中立地区。虞议一出，响应之声四起。他还一本正经地给北京的段祺瑞政府发电，敦请"钧座俯顺民意"。

为了展现决心，虞洽卿甚至敢于利用军阀矛盾，出手撩拨虎须。这一年年底，他得悉直系孙传芳部从汉阳兵工厂运送了一批军械弹药停泊上海港。他马上报告上海税务司，要求予以扣押，税务司不敢得罪军方，搪塞称其有北京陆军部的护照。虞洽卿以总商会会长身份带领他的体操会会员亲自登上军火船，不许轮船驶离港口，双方兵刃相向，险些走火。押运军火的人把陆军部护照拿出展示，虞洽卿机敏地发现，这张护照竟是已经推翻的曹锟政府所发。大喜之下的他当即直奔电报局呈报段祺瑞，后者为皖系领袖，很快回电同意所请。孙传芳因此视虞洽卿为死敌，却也无可奈何。

1925年元月，段祺瑞任命曾担任国务总理的孙宝琦为淞沪商埠督办，虞洽卿为会办。孙宝琦长期留驻北京，虞洽卿一时成上海最高行政首脑，不久他又当选为全国商会联合会候补会长，此时的他已经达到了商人所能达到的最高境界。在他的居中斡旋下，直系孙传芳与奉系张宗昌签署了江浙第二次和平条约，直军退淞江，奉军退昆山，上海永不驻兵，兵工厂交上海总商会接管。

如果说，上海商人在与军阀的较量中暂时取得了胜利，那么在南方的广州，商人们在与国民党政权的较量中则遭到重挫。

1923年1月，孙中山与广东地方军阀陈炯明闹翻。他策动云南和广西的地方军阀进粤，将陈炯明击败并逐出广东。一时间，桂军、滇军及其他"讨贼军"云集广东地区，形成了一股很难控制的"兵祸"。为了给这些军队发军费，孙中山的大元帅府不得不向广东商人不断地摊派。1923年4月，广州市政厅要求各商会和慈善机构5天内分别筹集50万元军费；要求丝绸、当铺商人分别捐赠紧急军费20万元和10万元；要求广州电力公司上交20万元军费，并批准该公司向用户加收2%的电费。

在随后的一年里，为了想方设法增加税源，大元帅府采取了下述迫不得已的政策。一是放开赌禁、烟禁，收取"鸦片专卖捐"。二是通过举报，清理"不合格"企业。政府规定，凡未能交验合格契约的产业一律充公拍卖，并奖励举报人。由于连年战乱，并非每人都能提供"合格"契约。此办法一出，社会上"有产业在市之业主，无不奔走骇汗，人心惶惶，惴惴然不知自己的房屋产权在何时陷入恐怖浪潮之中"。三是由商人承办厘税，就是把一些政府很难收上来的税种"承包"给地方势力。这是晚清劣政，此前已取消多年，承包者均为地方恶霸或"皇亲国戚"，种种苛捐杂税顿时丛生，普通商人苦不堪言。四是扩大征收房屋租捐，如广州为租价的15%，佛山为20%，比例之高为全国之最。五是强行征收商业牌照税，规定向全省所有商业公司、店铺一律按其资本额一次性征收1%的商业牌照税，以济军饷。六是以"护商"为名，在水、陆两路设立各种名目的"护商机关"，商旅一过必定征收"保护费"。仅韶关到广州，途中便有20余处这类关卡。除了这些明令新增的税种之外，大元帅府更是不时以"应军事急需"为理由，发行没有任何抵押、缺乏信用保证的"军用手票""国库券""地方短期抵纳券""广东省金库券"等向企业商贾摊派款项，而且往往要在几天内上缴，否则不是重罚就是查封关门。

苛政如此，政府失去信用，当然引起民众和商人的强烈不满，抗税、罢市之风此起彼伏。1923年6月,广州米行商人集会,抗议政府在无抵押情况下向米商借军粮。9月,当大元帅府宣布实施《征收广东全省爆竹类印花税暂行章程》时,很多烟花爆竹厂或停产或将工厂迁出广东地区。10月,广州总商会许多会董因不堪多方索款纷纷要求避匿。仅1924年1~6月的半年间,就爆发多起政商冲突事件,包括:鱼贩商行对当局加收鲜鱼税罢市,广州火柴公会因当局开征"火柴捐"近10家工厂停业,广州各行商人抵制军人强行使用军用手票与军人冲突,东莞万顷沙渔民因渔税承商征税苛例与军警冲突,广州制鞋商人因当局开征"胶鞋捐"罢市,广东银业公会因当局开征"银市买卖捐"所属各银号罢市,东莞当押行商人因驻军强行征收商业牌照费罢市,广州总商会因当局提高地方税和厘金各20%和50%请愿,广州各药行商人因当局开征"药品特种捐"罢市,小北江一带商会因该地区军人私设关卡请愿,佛山商人因军队开征20%军费及40%印花税附加捐罢市,广东内河船商公会因当局开征"加二军费"总罢航,南雄纸业商人因滇军在粤北开征2.5%土产附加捐罢市,广州和顺德丝商因厘税承商勾结军人欺压商人罢市,广州烟酒商人因当局开征20%附加税罢市,佛山酒楼茶居商人因当局开征"筵席捐"罢市,广州糖面业商人因当局开征2.5%"销场捐"罢市,粤北石矿商人因当局向每担矿石征收3.5元附加军费罢业……上述此类事件多得无法——历数,当地报纸记载:"广州的罢市风潮此起彼伏,已成了司空见惯的事情。"

在这样的严峻形势下,广东商人寻求自保。早在晚清,广州就有商人自卫武装组织"粤商维持公安会",简称商团,性质类似上海的"华商体操会"。从1923年起,商团规模迅速扩大,仅佛山商团就由一年前的300多人扩充至1 600多人,广州商团人数则达到1.3万人。广东各地方商会竞相仿效,到1924年6月,全省商团实行联合,组织了广东省商团,总人数将近5万,英籍华人、汇丰银行买办陈廉伯被公推为商团总长。6月21日,英文《密勒氏评论报》刊登了记者对他的采访。陈廉伯说:"使我们深感恼火的是,商业面临衰落,原料无法运到市场,我们的投资无故受损。广东商团的目的是成为倚重实现地方自保、不带任何政治偏见的军事力量。"

商团成了一股不可忽视的准军事力量，它公开抵制当局的公债发行及各种捐税。孙中山曾委派廖仲恺与陈廉伯彻夜长谈，希望他加入国民党，陈廉伯以"不宜卷入党争、政争"为由予以婉拒。1924年8月15日，广东政府成立"中央银行"，宣布发行公债1 000万元，并"有发行货币的特权"。两天后，广东银业公会召集同业大会，对多年来政府不仅不下力气恢复停顿中的中国银行广东分行和广东省银行，令持有这两个银行纸币者大受损失，反而又开新银行、发行新纸币感到十分不满，对"中央银行"的1 000万元公债不予支持，一致拒绝"此项无兑现纸币发出"。为了表示抗议，公会决定从第二天起全城银业罢市。

由此，矛盾激化。就在8月中旬，广东商团通过英国领事馆和汇丰银行等渠道，向国外订购的一批价值约100万元的枪械弹药运到广州。大元帅府军政部以私运武器为理由予以扣押。在斡旋无效的情况下，商团议决发动省城及各属商人罢市，以作"消极的抗拒"。8月22日，佛山开始罢市，25日，广州及附近县镇全面罢市，并拒绝上缴一切税收。一时间，全粤境内商家悉数停业。9月1日，孙中山发表《为商团事件对外宣言》，认定武器订购及罢市事件是英帝国主义干涉中国内政的阴谋，并进行严厉谴责。在苏联顾问的支持下，孙中山决心通过武力方式解决商团问题。当时国民党内意见分歧，汪精卫、胡汉民和廖仲恺等均反对武力解决的主张，廖仲恺因此向孙中山面辞广东省长职，坚持要镇压的是苏联顾问鲍罗廷及黄埔军校校长蒋介石。

10月10日，广东政府发动上千人举行辛亥革命纪念大会，强烈要求打击"反革命商团"。当游行队伍经过太平南路时，游行者与正在起运枪支的商团发生激烈冲突，双方开枪共打死6人，伤数十人。10月12日，孙中山成立"革命委员会"，领导解决商团问题。13日，广州宣布戒严。14日，革命委员会下令解散商团，蒋介石等指挥黄埔学生军、警卫军、工团军、农团军等同时出动,镇压商团,捉拿骨干分子,收缴商团枪械。15日,双方在广州城西的西关发生战斗,经数小时激战,商团战败,陈廉伯逃往香港,西关的商人住宅区被洗劫一空。17日,广州全市商店一律开业。

在现代中国史的教科书上,这段历史被称为"商团叛乱事件",其中的是非曲直颇有争议。不过,一个不可否认的事实是,随着暴力革命的思潮渐成主流,企业家阶层与革命党以及有产者与无产者的关系,变得十分紧张与微妙,他们已经无法中立自保。在这次冲突中,工会组织与国民党的军政府结成同盟,站在了商团的对立面,商人阶层的孤立显得非常可悲。

就在广东商团叛乱事件平息后半年,在上海发生了一起更为惊人的大事件。在这次日后被定名为"五卅运动"的事件中,虞洽卿们终于意识到,阶级决裂已经不可避免。

1925年5月30日,上海2 000多名学生在租界的各马路上散发传单,发表演说,抗议半个月前日本纱厂资本家镇压工人罢工、打死工人顾正红,并号召收回租界,英国巡捕逮捕100余人。下午,万余群众聚集在英租界南京路老闸巡捕房门口,要求释放被捕学生,高呼"打倒帝国主义"等口号。英国巡捕开枪射击,当场死11人,被捕者、受伤者无数,造成震惊中外的"五卅惨案"。

6月1日,上海总工会成立,36岁的李立三出任委员长,比他大一岁的刘少奇为总务主任。总工会决定联合学界、商界,发动全市规模的"罢工、罢课、罢市"。其后数日,万人上街游行,租界宣布戒严,租界内禁止三人以上结队行走,装甲车上架着机关枪日日巡街,恐怖笼罩上海滩。风暴迅速席卷全国。6月2日,广州数万工人学生举行示威大游行。3日,北京学生在天安门前举行集会游行。4日,南京亦出现大罢工和示威游行。民众及知识阶层对日本侵略主义和军阀政府的不满被彻底引爆。

惨案爆发时,虞洽卿正在北京与段祺瑞政府磋商事宜。6月3日,他匆匆返沪，随即召开总商会的对策会。前一日，总商会已被1万多人包围示威，各会董噤若寒蝉。唯虞洽卿看上去很是处之泰然。过去10多年里，他一直在各种风波中滚打斡旋，他认为，此次不过是又一处险滩而已。他定下策略"大事化小，小事化无，缩小事态，平息风波"，并向同僚承诺，"凭我在上海滩的脸面，将尽力劝导各商号早日开市"。

第二天一大清晨，他就上街说劝。他往南京路上一站，迎面冲来一队接一队激昂悲愤地喊着"打

▲ "五卅运动"

倒帝国主义""打倒军阀"口号的抗议者。他看到一个工人模样的人正指挥着一群人学唱歌曲，他们唱道："工友和农友，并肩向前走，打倒土豪资本家，打倒列强和走狗。"不远处的另一群人则在唱："富人坐在家中吃鱼肉，农工劳苦做工喝薄粥，富人哈哈笑，农工个个哭，不分东西和南北，我们要当家，我们要做主。"突然，虞洽卿有了一种巨大的陌生感和无力感。在一个商号前，虞洽卿被一群店员和学生围住。当他自报名号后，不但没有平息愤怒，反而引起了更大的骚动。"帝国主义的走狗""万恶的大资本家""作威作福的阔佬"，一顶接一顶的"帽子"压得他喘息不得。在部属的掩护下，他好不容易才脱身，长衫在推搡中被撕破。当夜，

虞宅再次被炸弹袭击，后门的一角和一段院墙被轰然震塌。

惊魂甫定，虞洽卿环视局势，终于发觉这一次的事态衍变已经超出了以往的"经验值"。一股庞大的意识形态力量正在快速而清晰地"切割"着各个阶层，他的那些"短档朋友"现在已经完全地站到了对立面，这种对立，事涉"阶级"分野，而与"交情"无关。这似乎已经不是用过去"掏糨糊"的方式能够抚平的。更让他感到惊心的是，这种残酷的、不由分说的阶级切割还拥有了理论上的支持。就在"五卅惨案"后的数日内，几份由左翼文人和共产党人主办的报刊纷纷创办，瞿秋白主编《热血日报》，沈雁冰、郑振铎、叶圣陶等人办起《公理日报》，上海学联则创办《血潮日刊》，这些报刊对事态的进一步激化显然起到了推波助澜的作用。

6月7日，由上海总工会、上海学联和各马路商界联合会联合发起成立上海工商学联合会，宣布将统一领导这次群众运动，以往显赫无比的总商会被彻底排斥在外。联合会明确提出17项交涉条件，其中包括：取消

▲ "五卅运动"惨案现场

戒严令，永远撤出驻沪之英日海陆军，取消领事裁判权，华人在租界有言论、集会、出版的绝对自由，制定工人保护法，惩凶，赔偿，等等。4天后，联合会召集了有20多万人参加的、规模空前的市民大会。上海的抗议活动得到全国公众的响应。6月19日，广州、香港25万工人在中国共产党中华全国总工会领导下举行"省港大罢工"。6月23日，英法军警对游行工人开枪射击，死亡52人，重伤170余人，制造了"沙基惨案"。中华全国总工会建立省港罢工委员会，组成工人武装纠察队，封锁香港和沙面租界。6月30日，北京500多个团体在天安门广场举行"全世界被压迫民族国民大会"，邀请德国、朝鲜、印度、日本和土耳其代表参加，孙中山遗孀宋庆龄扶病出席。南京、天津、济南、武汉等大城市都举行了类似活动，前后参与人数达1 300万。

身处暴风眼的虞洽卿此时已是尴尬无比，他当然不甘心自己所代表的商人阶层在这次社会大风暴中被边缘化，甚至被反动化。就在上海工商学联合会提出"17条"之后，总商会迅速组建"五卅事件委员会"，提出13条，其中删掉了取消领事裁判权、撤出英日驻军、承认工人有组织工会及罢工的自由等项内容。6月11日晚，虞洽卿邀李立三到总商会对话洽商。李立三表示无法接受条款修改，以"事前不知，不能代表本会"为由愤然退出。

总工会的"17条"与总商会的"13条"，成为中方内部争论的焦点。左翼人士

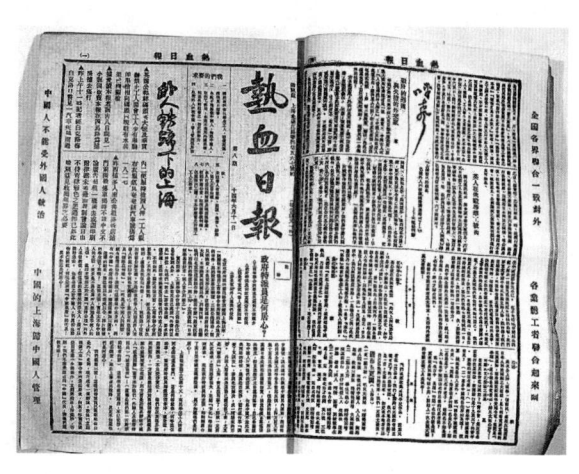

▲ "五卅运动"时的报纸——《热血日报》

认定虞洽卿代表了资本家的投降立场，是可耻的背叛和反革命行动。瞿秋白主编的《热血日报》连续发表4篇社论，分别题为《上海总商会究竟要的是什么？》《全中国都要受外人屠杀了，上海总商会却要反对民众的团结》《警告总商会》和《商阀的勾当》。虞洽卿在文中被点名指责为"走狗"和"商贼"。仅仅半年前，他还被看成是上海市民的"救星"，而翻转之间却又成了人人喊打的"商贼"，善恶瞬息，数十年后仍让人莫名唏嘘。而另一些人士则表示认同。梁启超在北京《晨报》撰文《我们该怎么样应付上海惨杀事件》，称："所提17条，有些漫天要价，不买拉倒的态度……与其卖不成，宁可吃亏卖。"温和的自由派知识分子丁文江也撰文呼吁："双方应慎用感情，研究利害，放下理想，讨论办法，少谈主义，专讲问题，外交才可以有成功的希望。"北京政府最终采纳总商会方案，电令外交部次长曾宗鉴、江苏省省长郑谦和虞洽卿等五人组成中国方面的谈判委员，与租界领事团谈判。

6月19日，总商会与总工会继续紧急磋商。李立三提出"继续实行对美日经济绝交、提倡国货、抵制洋货和抽款援助罢工工人"三个条件，虞洽卿一口答应。双方议定于6月26日全面复市，持续近一个月的"五卅"风波告一段落。在善后活动中，总商会发出《劝商界资助工人通函》，虞洽卿带头捐3万元，共募得款项300多万元。在中方坚持下，租界工部局偿付了死伤者的抚恤金，肇事的日本纱厂则同意，以上海总商会作担保，给工人增加10%的工资。

在激荡多变的"五卅运动"中，虞洽卿看上去再次扮演了"调解人"的角色，不过，他显然已经有些力所不逮了。在这场空前的民众怒潮中，商会与工会的分歧和斗争具有分水岭般的意义，在意识形态的强烈引导下，非常脆弱和不成熟的中国市民社会内部出现了分裂。商人阶层与劳工阶层形成了对立的局面，在知识阶层内部也出现了左派与右派的分野。这是中国商业史上非常值得关注的一个事件。虞洽卿以及他所代表的阶层扮演了一个摇摆、尴尬而可疑的角色，阶级裂痕赫然生成，并已难以弥合。

就是在这样的时刻,虞洽卿们开始思考下述问题:企业家与革命之间到底是种什么样的关系?他们将怎样与已经被组织和发动起来并拥有明确的行动纲领的工人阶层共处?是理性沟通,还是感性排斥?是和平妥协,还是暴力对立?他们的选择,在两年后改变了中国政局的走向。

1927 / 悲剧之月

她默默地远了,远了,
到了颓圮的篱墙,
走尽这雨巷。

——戴望舒:《雨巷》,1927年

1927年2月初,早春寒意料峭。60岁的上海总商会会长虞洽卿坐小客轮逆水西行,长江两岸列兵森严,一派大战将临前的肃杀气象。虞洽卿是去南昌拜访昔日小老乡、当今的北伐军总司令蒋介石。连他自己也不会想到的是,在当代中国的百年商业历史上,此行竟直接导致了中国企业家年代的彻底终结和一个黄金商业周期的戛然而止。

自1917年之后,国民党被赶出权力中心的北京,偏据广东一隅,十年磨剑终成大器。1926年9月7日,国民革命军在广州誓师北伐,先是在惠州西湖一带大败北洋军阀吴佩孚,继而于10月击溃五省联军总司令孙传芳。12月,北伐大军抵达南昌,设总司令行辕，剑锋汹汹直指上海。而北伐军总司令就是6年前靠虞洽卿接济、曾拜黄金荣为"老头子"的蒋介石。

新年春节刚过，虞洽卿受上海商人团体的委托，坐船西行去南昌拜见小老乡。此时的上海局势一派混沌。惶惶不可终日的孙传芳军仍盘踞市区，市井已是惊恐萧条。这时候，上海企业家阶层面前有三条道路可以选择。

其一，上海当时的实际控制人孙传芳提出了一个"大上海计划"，建议由军人、文人和商人组成一个治理集团，他还提议由自由派人士丁文江出任总协调人。然而，虞洽卿们对此议没有兴趣。在过去的10多年里，从袁世凯、段祺瑞到曹锟、张作霖，军阀轮番执政北京城，这些人除了把枪杆子握得紧紧的之外，没有一个具有现代民主理想和治国方略，每一次都因无能和暴烈而失去民心。企业家们已经对旧式军阀失去了基本的信任。

其二，由共产党领导的工人组织也在积极活动。上年10月，共产党人周恩来组织发动工人进行武装暴动，起义失利，然而他仍在积极筹划第二次行动。与共产党和工人组织结盟，也是一个可以选择的政治方案。然

▲ 20世纪二三十年代的上海街头

而对此，虞洽卿们也没有信心。在一年多前的"五卅"事件中，上海总商会与总工会在精神理念和行事原则上已南辕北辙。对于无产者来说，在革命中失去的是锁链，得到的将是整个世界，而从商者却可能在可怕的革命中被剥夺掉所有，他们是既有秩序的维护者或维修者，从来没有革命的勇气、冲动和利益需求。

作为既得利益阶层，上海商人理想中的出路是实现上海自治。自1924年提出"废使、撤兵、移厂"三项主张后，这一直是他们坚定不渝的理想，也得到了一些中产阶级和知识分子的认可。于是，就在北伐军大兵压境之际，虞洽卿们天真地期望与同乡蒋介石结盟，以便实现这个目标。早在1924年年底，中国银行的张公权就以上海银行公会领导者的身份与广州方面取得了联系。他借给大元帅府50万元，这是近10年来，江浙财团与国民党的第一次亲密接触。当国民革命军出师北伐时，电令各地，"我军到达各地，当加意维持中国银行"。1926年8月，北伐军攻进江西，当地商民拒绝使用北伐军的临时军用兑换券。张公权又先后秘密汇去30万元和100万元以救急用，这些款项约等于北伐最初阶段所需费用的1/4。很显然，试探性的合作一直没有停止过。

虞洽卿与蒋介石在南昌相晤甚欢。没有确凿的史料显示，他们具体达成了怎样的默契，不过，通过日后事态的演变可对此进行清晰的推测。

虞洽卿回沪后，先是以"调解人"身份函告英法租界当局，宣称："已承双方（指北伐军和上海总工会）切实声明，对于上海治安完全负责，竭力维持，并保证无轨外行动之虞。深望贵当局在此世局纷扰之际，处之镇静，协力合作。"

2月18日，上海总工会宣布总罢工，转而进行武装起义，遭到孙传芳部队的弹压。3月21日，第三次武装起义爆发。暴动工人分别向警署、兵营发动猛攻，经过30小时激战，终于占领上海。在两次暴动过程中，上海总商会一直冷冷地作壁上观。23日，暴动者组建上海特别市临时政府，19人成为临时政府委员，虞洽卿等商人代表名列其中。对此任命，他们不置可否。

3月26日,蒋介石以高傲的胜利者姿态骑马进城。一周后的美国《时代周刊》将他选为封面人物,称之为"征服了半个中国的伟大征服者",这是蒋介石第一次受到这个待遇。当晚,虞洽卿即赶到枫林桥公署拜见蒋介石。其后数日,他接连安排上海各界行业公会的大商人与蒋介石一一晤面。他向诸人凿凿宣告:"蒋对本会宗旨极为赞同,表示他本人亦抱维持资本家之主张。"众商人承诺向蒋介石认捐500万元,"用于维持上海安定"。蒋介石则承诺"劳资关系不久将要纳入正轨"。

当时与虞洽卿一起,积极为蒋介石筹款的还有上海的银行家们。蒋介石进入上海后,上海银行的陈光甫多次与之会晤,并欣然出任蒋介石委任的江苏兼上海财政委员会主任一职。虞洽卿出任财政委员,交通银行协理钱永铭则被委任为财政部次长。他们的职责就是借助自己在银行公会和钱业公会的影响力筹措军饷,所筹资金以年利率2.5%的国库券发行,以海关余额作为担保。33年后,陈光甫对美国哥伦比亚大学的口述历史专家朱莉·豪说:"我当时主要的想法是要推翻军阀的统治。我相信国民党能够带来和平和国家的繁荣。我的观点反映了当时上海实业界的看法。"

据时任英文报纸《密勒氏评论报》主编J·B·鲍威尔在回忆录中记述,蒋介石的事变计划还得到了租界方面的支持。后来充当了事变"急先锋"的上海青帮大亨杜月笙要求法国租界当局"至少要支援他5 000支枪,以及充足的弹药"①,他还要求公共租界允许他的人通过,因为把人和弹药从中国地界运到另一个目的地,无法不经过公共租界。他的请求都得到了满足。

后来的事实证明,上海企业家阶层与新的军事强人蒋介石达成的政治合约是:企业家向蒋介石提供足够的资金,后者则以武力消灭"暴乱"

---

① 约翰·本杰明·鲍威尔著,邢建榕、薛明扬、徐跃译,《鲍威尔对华回忆录》,上海:知识出版社,1994年版。

的工人组织。在中国现代史上,这是一个具有转折意义的决定。自晚清以来,从洋务派、维新派到立宪派和自由主义学者,从李鸿章、盛宣怀到张謇,从梁启超到胡适,几乎整整两代人试图以渐进变革的方式把中国带入富强的轨道,甚至到北洋军阀政权的袁世凯、曹锟之辈,虽然搞出了称帝和贿选的大闹剧,但也始终没有越出议会制度的体系底线。但是,在1927年的春夏之交,上海的企业家阶层却最终放弃了和平的道路。

在幕后交易达成之后,接下来发生的悲剧就无比血腥和不堪回首。

3月31日,虞洽卿向上海各报投递一份公然反共的公告,内称:"名曰共产,实则破产,甚至假借名义,隐图侵占……所举我蒋总司令烛照阴谋,立施乾断,妖雾既消,澄清可待。"4月2日,在国民党中央监察委员会上,与会者提议"取消共产党人在国民党党籍",吴稚晖发表"弹劾"共产党文告。至此,国民党开始"清党"。4月9日,蒋介石成立上海戒严司令部,禁止罢工、集会和游行。

4月11日深夜,上海总工会委员长汪寿华被青帮杜月笙、张啸林诱至杜宅,进门就用麻袋罩住,活埋于城郊枫桥。第二天凌晨,杜月笙、张啸林门徒臂缠白布黑"工"字徽章,向工人纠察队驻地攻击,国民党部队

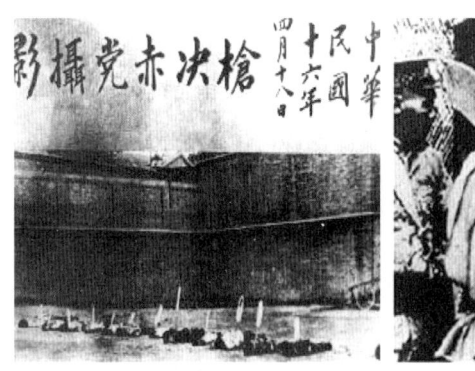

▲ "四·一二"事变

以"调解工人内讧"为名，强行收缴工人武器枪支1 700余条，死伤300余人，是为震惊天下的"四·一二"事变。

当日，虞洽卿以及陈光甫、钮永新等4位名列上海特别市临时政府委员的知名商人宣布辞职，国共破裂与工商决裂同时昭示天下。在其后的两周内，白色恐怖笼罩上海，超过5 000人被枪杀或失踪，这是自剿灭太平天国以来，60多年中最大规模的城市屠杀。中国共产党和总工会被宣布为非法，从此，共产党的主要活动向农村转移。①

"四·一二"事变之后，虞洽卿、陈光甫等人持续筹款资助蒋介石。在初进上海的那段时间，国民政府每月军政费开支达1 100万元，而收入不足300万元，缺口全数由企业界填补，仅4月底前就分三笔输送1 600万元；5月，通过发行"江海关二五附税库券"的方式送上3 000万元；10月，再送2 400万元；1928年1月，又送1 600万元。据《张公权先生年谱初稿》记载："自民国十六年（1927年）四月至十七年（1928年）六月，此14个月之内，国民政府共发行国库券与公债合1.36亿元，均由金融界承受，先行垫款，陆续发售，其中以中国银行所占成分最大。"②蒋介石得如此巨款襄助，自然如虎添翼。很显然，在这次影响了现代中国进程的重大历史性事件中，虞洽卿、张公权、陈光甫等人在金融援助、拉拢商界以及慰抚租界当局等方面，为蒋介石政权出了大力。这些中国商业界的领袖人士，最终选择用一种暴力血腥的方式来"解决"商人阶层与劳工阶层之间的矛盾，这实在是一个令人切齿黯然的讽刺。他们借蒋氏的枪炮爽快地达到了清除异己的目的。

然而，他们不会想到的是，这竟是另外一出更大悲剧的开幕。

---

① 自"四·一二"事变后，国共彻底决裂。该年8月1日，朱德、周恩来等人在江西南昌发动"八一"武装起义。9月，毛泽东在湖南、江西边界发动秋收起义，两支队伍会师于江西井冈山，建立了第一个武装割据的农村根据地。

② 姚崧龄著，《张公权先生年谱初稿》，台北：传记文学出版社，1982年版。

在中国现代化的进程中，一次接一次爆发的革命，有着必然的合理性，也伴随着与生俱来的悲剧性。它混合了各种动机的诉求与欲望，如同没有河床的洪流，冲决一切羁绊的同时也带有严重的自毁倾向。1927年发生的景象就是如此。蒋介石集团在夺取政权后，革命迅速转变为自身的敌人，被许诺的自由转变成父权式的专制。企业家在这期间所经历的震惊和痛苦可想而知，他们与政治力量的崛起息息相关，但又与随后的铁血统治格格不入。

蒋介石进上海，海内外曾寄予厚望。《时代周刊》在对他的报道中写道："尽管他衣着简便，不事张扬，但仍表现出一个征服者统领一切的气势。他谨慎运用各种方式来实现其目标，只要它适合于'中国是中国人的'口号。"在急需支持的那些日子，蒋介石对商人表现出了无比谦逊的低姿态。1927年7月，张公权的母亲去世，蒋介石突然不请自到，出现在张公权家的灵堂里，进门之后纳头便拜，让张公权及在场的商界人士好生感动。1927年12月，他在大华饭店与宋美龄举办了盛大的婚礼。结婚仪式分为中、西两次，先是在宋家举行了西式婚礼，在基督教青年会中国总干事余日章的见证下，蒋介石受洗成为一个基督徒，随后在大华饭店举办了传统的、由教育部长蔡元培主持的中式婚礼，一切都依礼而行，这让虞洽卿们以及传统文化人、欧美派知识分子都颇为欣喜，他们仿佛看到了一个开明而现代、迥异于封建帝王或传统军阀的领导者。然而，这是一个错觉。

在历史上我们经常看到这样的局面，一位富有人格魅力、信念坚定的领袖人物，常常会由于一种自我崇高化的偏执个性，从而将自己的朋友、团队乃至整个国家带入一个充满伤害的世界。蒋介石就是一个这样的政治家。他比之前的任何一个军阀更加强化了政权对一切的控制，其中当然包括商业经济。尤其可怕的是，他这么做，不仅仅是出于个人私利，而是有着强烈的党国意识、坚定的制度理念和治国理想。[①]美国学者小科布尔（Parks M. Coble）在《上海资本家与国民政府（1927—1937）》一书中提供了一个十分与众不同的观点，他认为："在中国大陆执政时期的国民党，始终没有系统地代表企业家或城市社会阶级的利益，它基本上是一个主要依靠其军事力量而独立存在的力量。南京政府的政策只图谋取政府及其官员的利益，至于除它之外的任何社会阶级的利益，它是完全不管的。"[②]小科布尔的这一观察，至少在蒋介石政权与企业家阶层、知识分子阶层的关系上是成立的。那种将一党利益置于国民利益之上、为政权稳定而可为所欲为的理念，事实上成了一种政权统治的方法论，它超越了意识形态的范畴。具有深刻讽刺意味的是，它常常会成为政权确立其正当性的最常用的工具和借口。

从洋务运动开始的那一天起，国家及国营资本应该在商业经济中扮演怎样的角色，就一直存在着两种迥然不同的思潮。郑观应、张謇、梁启超及其后的自由主义学者强调市场及民间的力量，而李鸿章、盛宣怀以及后来的周学熙等人，则是坚定的国家商业主义者。蒋介石显然属于后者的阵营，而其思考的起点恰恰正是政权的稳定。

刚刚在上海立稳脚跟的国民政府，其财政之窘迫，与几年前在广东时相比有过之而无不及。

根据估算，扣除负债，政府岁入约为3亿元，而军费开支就需要3.6亿元，显然入不敷出。要想增加税源，却困难重重。对一个正常的中央政

[①] 很多年后，思想家顾准曾对"革命家"有过一个精辟的论述："革命家本身最初都是民主主义者，可是，如果革命家树立了一个终极目的，而且内心里相信这个终极目的，那么，他就不惜为了达到这个终极目的而牺牲民主，实行专政。"见《顾准日记》，1973年4月29日。

[②] [美]小科布尔著，《上海资本家与国民政府（1927—1937）》，北京：中国社会科学出版社，1988年版。

府来说，最大的税种是所得税，可是当时国民政府实际仅仅控制江苏、浙江、安徽和江西4省，全国性征税几乎不可能。之前的段祺瑞北洋政府曾经在1921年尝试征收所得税，一年下来仅得1.031 1万元，成了一个国际笑话。对外国公司征税更是因种种不平等条约的存在而十分渺茫。

于是，出现的情况只能是非正常的。在其后的将近两年时间里，蒋介石增加财政收入的办法主要跟下面几个关键词有关：勒索、重税、发公债和卖鸦片。而在蒋介石身边，为他操盘敛财的是一个33岁的美国哥伦比亚大学经济学博士——宋子文（1894—1971）。

宋子文出生在一个基督徒的家庭，是一个受过美式自由主义经济理论训练的新式企业家。他早年毕业于上海圣约翰大学，后去美国哈佛大学攻读经济学，获硕士学位，继入哥伦比亚大学，获博士学位。众所周知，哈佛和哥伦比亚大学是自由主义经济学最重要的学术重镇。宋子文的家族十分独特。他的父亲宋查理早年经商，是孙中山最亲密的支持者之一。他让自己的大女儿宋霭龄和二女儿宋庆龄先后去当孙中山的秘书，最终，宋庆龄成了孙夫人，宋霭龄则嫁给了山西人孔祥熙，此人后来与宋子文一起成为蒋介石最重要的财政大管家。三女儿宋美龄的丈夫就是蒋介石。宋氏一门在中国近现代史上的显赫地位可以想见。

1927年6月14日，宋子文与18岁的张乐怡在上海举办了盛大的婚礼。对宋子文来说，这是一场百味杂陈的婚事。在过去的几年里，他一直与盛宣怀的女儿盛七小姐盛谨如热恋，然而，因为不是传统意义上的官

▲宋子文

宦世家子弟，竟遭到骄傲的盛家拒绝，理由是"太保的女儿嫁给吹鼓手的儿子，才叫人笑话呢"。绝望之余，宋子文到庐山排遣心情，经介绍与江西九江的木材商人张谋之的女儿相识，于是闪电结婚。也就在他考虑这桩恋爱取舍的同时，他面临一个比婚姻更为重大的抉择。

在蒋介石进城前后，上海企业家已承诺与之"金钱结盟"。不过，这些钱以贷款和发行公债的方式支付，需要一个双方都能接受的人居中担保。这时候，宋子文成了唯一的选择。宋家与孙中山及国民党的渊源天下皆知，而宋子文在商界的声望颇高，他本人的理念与商人相同，况且宋家在上海的面粉业和纺织业中均有大笔投资。

精于谋略与善于妥协的个性，在宋子文身上展现得淋漓尽致。他受正统美式自由主义教育，英语比汉语讲得还流利。在政治理念上，他与二姐宋庆龄十分接近，信奉民本思想，对蒋介石的威权主义颇有微词。自孙中山去世后，国民党分裂成两派，蒋介石与汪精卫分居南京、武汉，均以正统自居。宋庆龄当时站在汪精卫一边，宋子文以国民党中央执行委员、武汉国民政府财政部长的身份长期留居上海，就是为了替汪精卫募集资金。不过，他对劳工运动却有天生的厌恶。宋庆龄的朋友、与他也相熟的美国记者文森特·希安曾记录说："他对任何真正的革命都感到神经质的恐惧，人群使他害怕，劳工宣传和罢工使他不安，想到富人可能遭到剥夺，他感到惊恐。他极端厌恶群众运动，这种厌恶支配了他的大部分政治生涯，并且最终将他投入了蒋的阵营，尽管他真诚地抱有理想主义。"

就在宋子文举办婚礼前的4月，蒋介石与他见面，邀请他出任南京国民政府的财政部长，并与武汉的汪精卫、宋庆龄断绝政治关系。两天后，宋子文明白地告诉蒋介石，他不愿意在委任书上签字。很快，蒋介石封闭了宋子文在上海的办事机构，同时，命令广州的驻军没收了他在南京政府银行中的所有财产。那些日子里，在上海莫里哀路的宋家花园里，大姐宋霭龄和大姐夫孔祥熙日日对他洗脑规劝，他则躲到宋庆龄的空房子里彷徨不已。拉开窗帘，他可以看到杜月笙的青帮子弟在游走监视，这一切都让他心神不宁。对群众运动的恐惧以及蒋介石无赖般的胁迫，让宋子文最终决定与蒋介石同路。他请文森特·希安告诉武汉的宋庆龄，他将留在上海帮助蒋介石，希安记录了当时的景象："我用一辆轿车送他回家，他像是坐在出殡的柩车里一样，我们两人都没有说一句话。我纯粹是被事情的变幻不定搞得疲惫不堪，他则是非常阴郁沮丧。我以后再也没有见过他。那天夜里的事情给我留下了我对宋子文的最终印象。这一印象既是对他个人的，也是对这一类人的，即在两岸之间不知所措的正直的自由派人物。"

跟蒋介石的合作，使得宋子文成为民国史上最有权势的经济人物之一，他甚至因此还曾成为美国《时代周刊》的封面人物。他个人的财富也因此变得无比庞大，他成为当时中国的"首富"，也是世界上最富有的人之一。在这部企业史上，他成了继盛宣怀、周学熙之后"官僚企业家"的首选典范。

不过他也为此付出了"代价"。这是一个丧失了理想和立场的人，他显然背叛了哈佛大学和哥伦比亚大学灌输给他的自由经济理想，所以，他显得非常不快乐，总是做着言不由衷的工作。他还是一个不"自由"的人，他的多年保镖和司机是一个叫"汤米"的人，他本名董海文，是半公开的军统特务，每当出国，他总是不离左右，"亲自照管着宋子文的行李"。

在有些时候，宋子文甚至还会受到生命威胁。1931年7月23日的《纽约时报》便刊出过一则新闻《枪弹未击中宋子文》。报纸引用宋子文本人的自述说："我从车站上走出来，离出口处大约15英尺远的地方，突然有人从两侧同时向我开枪……烟雾消散后，人们发现一直走在我身旁的秘书的腹部、臀部和胳膊都中了枪弹。子弹从两侧打进他的体内，他的帽子和公文包满是窟窿，奇怪的是，我比他高许多，竟未伤毫毛。"

很显然，这是一起明摆着的恐吓事件。事后得知，暗杀的主使者是杜月笙。在不久前，杜月笙与财政部有一场交易，他为此支付了600万元。后来他突然想要终止这件事情并讨回那笔预付金，宋子文还给他600万元公债券，杜月笙当然不满意，于是就有了枪击的一幕。宋子文在弄清事件的内情后，迅速做出了"正确"的决定：把公债券通通换成了现金。

在收服了财技高超的宋子文之后，蒋介石对企业家阶层的压榨就开始了。

先是勒索成风。为了维持华东地区的统治以及继续北上攻伐，蒋介石每月需要数千万元的军费。这好像一头已经张开血盆大口的嗜血猛兽，仅靠企业家们的主动募集显然不够。于是，强制性的"认捐"成了最有效的手段。蒋介石将上海的帮会组织完全地拉拢过去，原本与虞洽卿等气味相投的黄金荣、杜月笙、张啸林等人纷纷效忠于更有权势的蒋介石。他们组成了所谓的"上海锄奸热血团""铁血团"等秘密团体，专门以赤裸裸的恐怖手段对付不听话的商人。那些不顺从的商人，要么本人被认定为卖国的"买办型商人"，受到打击或者清理，要么其子女因"反革命分子"或"共党分子"的罪名被捕，需捐献数万到数十万的金钱后才会被保释出来。为了恐吓住在公共租界的商人，他们还在租界的边沿放置了一些囚笼，标明"专为洋奴租用"。《纽约时报》在当时的一篇报道中说："在上海及其周围的中国商人的处境很惨。在蒋介石将军的独裁控制下，商人们不知明日命运如何，财产充公，强迫借款，流放他乡，也可能

▲杜月笙　张啸林　黄金荣

横遭处死。"《字林西报》的美国记者索克思（George Sokolsky）也在报道中记录："他们以捕捉共产党人为借口，进行了各种形式的迫害，人们被绑架，被迫付出巨额军事捐款。"

蒋介石第一个拿来开刀的，是时任上海总商会会长（他在不久前接替虞洽卿成为新任会长）、中国通商银行总经理傅宗耀。1927年4月28日，蒋介石亲自约见傅宗耀，提出由他出面筹集1 000万元的军需贷款，傅宗耀当场予以婉拒。为了杀鸡儆猴，蒋介石第二天就发出通缉令，理由很简单："上海总商会非法会长傅宗耀助逆扰乱，挟会营私……本军到沪之后，胆敢阳示归顺，阴谋反动。不独投机，实属反动。不亟严缉惩治，无以昭垂炯戒。"通篇通缉令读下来，罪责不轻却无一则实据，是一个地道的"莫须有"罪。傅宗耀的家产被尽数没收，傅宗耀被迫惶惶然出走大连。

荣家兄弟在这期间的遭遇也如出一辙。5月间，蒋介石发行"江海关二五附税库券"，摊到华商纱厂头上的有60万元。荣宗敬当时担任纱厂联合会会长。那些年间，纱业陷入萧条，各厂均度日维艰，荣宗敬以"各厂营业不振，经济困难，实无力担负"为由，只肯勉强认摊10多万元。蒋介石大怒，当即将荣宗敬扣上了"甘心依附孙传芳"的罪名，通令各军侦缉。但是，荣宗敬的几家工厂都在租界内，他本人也住在租界，由工部局派警员保护，蒋介石一时竟奈何不了他，于是就下令查封荣宗敬在无锡的家产。5月15日，军队手持军令来到无锡，县政府向委派来的大员申辩，荣家兄弟已经分家，即便老大有罪，也与老二荣德生没有关系。这个意见当然不被采纳，荣家住宅及各面粉厂、棉纺厂都被贴上封条，荣家20多人只好在厨房和汽车房里度过了一个惊恐不安的夜晚。到这个时候，荣宗敬才知道闯下大祸，他只好托无锡同乡、国民党元老吴稚晖向蒋介石求情，又以联合会的名义发出"解释误会"的电报，同意承购50万元的库券。至此蒋介石才"龙颜大悦"，荣家经过这番曲折，总算过关。

在当时的《字林西报》上，可查阅到的其他被绑架勒索的企业家还有：5月14日，上海最著名的买办世家席宝顺的儿子以反革命罪被捕，五天后，以认捐20万元的国家事业费才被释放；5月16日，上海最大的酒业商人赵继镛被以同样的罪名逮捕，交20万元后释放；棉纺织厂主许宝箴的儿子以共产党的罪名被捕，交67万元后释放；贸易商虞洪英以贩卖日货的罪名被警备司令部关押一周，交15万元现金释放；糖商黄震东以同样的罪名被捕，也是交了15万元才放回；商人郭辅庭因拒绝认购公债而以反革命罪被捕，后来也交出了一笔巨款才保住性命；远东公共运动场董事长的兄弟在法租界被绑架，交赎金得释。最夸张的事件是，先施百货的经理欧炳光的三岁儿子被绑架，后来以捐赠50万元国家事业费才被交回。陈光甫在日记中曾记录了他与蒋介石的一次交谈。他抱怨说，不久前政府没收了中兴煤矿，"甚失人心"。蒋介石径直告诉他："中兴煤矿之事，缘该公司先已答应借垫政府款，嗣后不肯照付，故特将没收以示惩罚。"陈光甫哭笑不得。[①]

蒋介石严禁媒体对这些勒索行动进行报道。1927年5月底，《新闻报》因刊登了一份国民党当局勒索的贷款数字，被勒令禁止发行。日后，人们对这一时期勒索行动的了解，大多是从国际人士的信函书籍以及英国人用英文出版的《字林西报》和《密勒氏评论报》上查阅到的。驻上海的澳大利亚观察家温·查普曼在1928年出版的《中国的革命：1926—1927》一书中说："蒋介石凭借这种恐怖手段搜刮的钱财，估计达到5 000万美元，现代以前的政权从未在上海有过如此恐怖的统治。"

勒索之外的第二个办法是重税。国民政府的统治半径在上海和江浙两省，于是这一带的居民和企业大大遭殃。

1927年6月，政府宣布了一个特别税税则，要求居住在租界内的房主立即向政府缴纳相当于他们房产两个月房租的房产税。税则一出，数十万家庭平白多了一笔支出。不久后，政府宣布提高进出口税，公布了新的奢侈品税则，还相继对棉纺织、水泥、面粉和火柴等行业开征"通税"。

[①] 陈光甫著，《陈光甫日记》，上海：上海书店出版社，2002年11月版。

这是一个类似于已经取消的厘金的额外税种，其中烟草税的增征比例最高，由先前的12.5%猛加到50%。不受蒋介石管制的英美烟草公司抵制了这一税项，其结果是导致了竞争力丧失的中国烟厂大量倒闭。一些消费场所被要求增收特别的印花税。上海的83家钱庄，则被要求每月缴纳3万元的定额税。政府的这种重税政策让商人苦不堪言。

发公债是第三个办法。1927年5月，政府发行月息0.7%的3 000万元短期公债，商人们认为它缺乏切实的信用担保而予以抵制。蒋介石遂派人逐个商店、逐个工厂去摊派收取，如果不从，就扣以各种罪名。其中，上海钱业公会成员认购165万元，闸北水电供应公司认购25万元，华商保险公会认购50万元，永安、新新、先施三家百货公司共认购75万元。半年多后，政府又先后发行4 000万元、1 600万元两笔公债。认购这两笔公债相当于要求上海的企业主支付全体员工一个月的全部薪水。

一个很有戏剧性的细节是，在1927年8月，蒋介石曾经因为国民党内部的权力斗争而被迫辞职下野，接替他的是孙中山的儿子孙科。后者上任后，居然无法征收到足够的军费，蒋介石每月可收2 000万元，孙科只能筹到800万元，他试图发行4 000万元的公债，结果也只推销出去了500万元，之前靠恐怖政策而得逞的地产税也没有办法征收上来，政府运转很快出现了财政危机。10月中旬，孙科命令国民革命军第26军北上打仗，因为没钱发饷，官兵拒绝受命出发。于是，仅仅过了5个月，更懂得恐怖艺术的蒋介石便又被请了回来。

除了以上三项，另外一个更为隐秘的增加税源的办法就是，从事暴利的鸦片生意。

鸦片在中国近代史上是一个"符号化的商品"。在19世纪初期，英国商人就是靠它敲开了封闭的帝国大门，并造成了白银的大量外流，最终在1840年爆发了"鸦片战争"。到19世纪末期，英国政府基本上退出了鸦片生意。而生意犹在，它成了各地军阀最重要的税收来源，在云南、贵州等地，鸦片一度还成为货物交换的官方标准。孙中山在广州时也曾经开征烟馆税，以和缓拮据的财政。蒋介石进上海后，很快成立了全国禁烟局（后来更名为全国禁烟委员会），名为禁烟，实则专营。根据当时的规定，鸦片烟瘾富有者每年要缴纳30元的注册费，一般公民是12元，然后就可以在禁烟局买到鸦片烟并可免被拘留，那些临时吸食的人则每袋征收0.3元。这一"禁烟政策"使得吸食和销售鸦片在华东一带再次成为合法而公开的生意。仅1929年，国民政府从上海、江苏和浙江三地就征得1 600万元禁烟税。据上海警察局的档案显示，1930年，宋子文亲自安排在军队的保护下，从波斯向上海贩运鸦片700箱，以补充国内销售的紧张。《时代周刊》因此在1931年4月的报道中很讽刺地评论说："如果精明的宋部长真的把鸦片装在他的财政部的战车上，他在未来一段时间内就能找到一种平衡中国预算的方法。"

政府贩毒，当然需要一个商业上的合作者，被选中的人就是活埋了工人领袖汪寿华的上海青帮头子杜月笙。

这是一个很多年后仍然难以准确评价的人。他是中国最大的黑社会头目、政府的忠诚合作者、一个坚定的民族主义者、众多企业的所有者和一个慷慨的慈善家。在1928年，他的名下就有这些显赫的头衔：法租界公董局华人董事，上海总商会监委委员，上海中汇银行和东汇银行董事长，中国通商银行董事长兼总经理，华丰造纸公司董事长，江浙银行、中国纱布交易所、商会商船航运等公司的董事，以及上海急救医院董事长，宁波仁济医院董事长，上海正始中学创建人，等等。唯一当面采访过杜月笙的外国记者伊洛娜·拉尔夫·休斯在《鱼翅与小米》一书中记录了第一次见到此人时的印象："面容憔悴，溜肩，长长的双臂毫无目的地来回摆动。他身穿一件斑斑点点的蓝色长袍，平板脚上是一双邋遢的旧拖鞋。鸭蛋形的头显得很长，头发却剪得很短，前额好像向后去了一大块，没有下巴颏儿，两只大耳朵像蝙蝠，冷酷的嘴唇包不住那一口黄牙，一副十足的令人作呕的烟鬼形象。他向我伸出一只软弱无力的冷冰冰的手。"[①] 因为在"悲剧之月"中的卖力表现，杜月笙被蒋介石授予少将军衔。全国禁烟局成立后，他被任命为领导者。曾有英国顾问反对这项任命，孔祥熙说服他的理由是："在上海有上万人对他唯命是从，他随时都可以制造动乱。"

杜月笙的胆大妄为，在后世人看来十分戏剧性。除了曾经枪击威胁宋子文的"创意"之外，他对孔祥熙也有过一次如法炮制的交手。曾经是蒋介石重要经济顾问的英国人弗雷德里克·李滋·罗斯（Frederick Leith Ross）爵士记录了这个故事。1928年，孔祥熙的夫人宋霭龄在跟杜月笙的交谈中透露，政府将在外汇交易中采取某种应急措施。杜月笙心领神会，回去后当即进行投机操作。谁料，政策突变，杜月笙亏本损失了5万英镑。杜月笙要求赔偿，孔祥熙断然拒绝，"那天晚上，一口头号棺材放在孔博士家门口，周围有五六个穿着黑衣服的送殡的人"。第二天，孔祥熙召集中央银行董事会紧急会议，一致同意补偿最近在外汇市场上蒙受损失的"爱国公民"。

1931年，杜月笙在浦东的家乡高桥建成杜氏祠堂。这在当时是一件轰动一时的盛事，几乎所有的政要、企业家和社会名流都到场祝贺，据称有8万人参加了落成庆典。蒋介石亲送匾额"孝思不匮"祝贺。席尽人散后，这个豪华的祠堂就成了远东最大的地下吗啡和海洛因加工厂。

除了国内贩售，杜月笙的鸦片生意还融入了全球市场。在这方面，他得到了上海法租界当局的暗中支持。斯特林·西格雷夫（Sterling Seagrave）在《宋氏家族》中描述了这条通畅的"全球销售网络"：杜月笙的很多海洛因都是通过官方渠道进入法国大城市的，由于上海法租界由河内管理，而不是直接由巴黎管理，这就构成了一个从上海到河内、西贡进

---

① ［美］伊洛娜·拉尔夫·休斯著，《鱼翅与小米》（*Shark's Fins and Millet*），英文第一版于1944年由利特尔＆布朗出版社出版，作者以比较的视角描述了国统区与解放区，书名"鱼翅和小米"，盖取二地物质生活的差异而言，书中附有许多延安生活的照片。

而直到马赛黑社会的阴暗交通网,这个网由科西嘉人强大的"科西嘉联合会"控制。这个联合会有一个更通俗的叫法是"黑手党"。伊洛娜·拉尔夫·休斯认为:"杜月笙是强大的国际贩毒集团的中方伙伴,这个集团的活动范围已扩展到太平洋沿岸加拿大、美国和拉美各国。"美国警方曾经收缴到来自中国的毒品,"五盎司一听的海洛因盒子上,都打着全国禁烟局的各种官方印记"。据西格雷夫的记录,有人甚至计算认为,当时全球的八包海洛因中,就有七包出自杜月笙之手。

靠蒋介石慷慨的毒品专营,杜月笙赚到了最多的钱,他以同样的慷慨方式回报前者。在1935年,他出资向美国柯蒂斯－莱特公司(Curtiss-Wright)订购了120架军用飞机,全数捐赠给国民政府。1936年,为了庆祝蒋介石50大寿,杜月笙送飞机一架,并将之命名为"上海禁烟号"。

天下之事,皆有因果。虞洽卿及中国商人阶层的商运沉浮,都可从1927年春季的那次"交易"探出端倪。

后世很多史家往往把上海商人与蒋介石的结盟,看成是一种胆怯的心理——与其面临革命的威胁,莫如求助于独裁者的庇护。不过,事实未必这样简单。正如我们在前面的章节中已经描述过的,在"四·一二"事变发生前几年,企业家阶层出于对军阀统治的失望,已经对强权政治采取了一种明显迁就的态度,并对专制产生了一种怀念之情。他们并不是单纯地由于害怕或走投无路,而投靠蒋介石集团并听从他的任意摆布,而是因为他们对蒋介石和国民党充满了希望。与此同时,新崛起的劳工阶层又让他们感到陌生和恐惧,这更加增强了他们寻求国家强权保护的愿望。

上海企业家在"悲剧之月"的集体抉择再次证明,丧失商业力量的自主权,对政治权力的投靠是危险的,与权力结盟的结局将导向一条必然的被奴役之路。虞洽卿、张公权等人自以为与时俱进,其实是在大踏步地倒退,先是退到出发的地方,最后退至悬崖的边缘。白吉尔评论说:"这些人是资产阶级中最拥护民族主义,也最现代化和较具有民主理念的分子……在 1927 年，中国的资产阶级不仅是对无产阶级的背叛，同时也是对其自身的背叛。由于他们放弃了一切政治权利，便很容易受到国家权力的打击，而这种权力又正是由其帮助才得以恢复的。"斯言悠悠，可谓泣血之论。"理想落空并不可怕，可怕的是它终于成为笑谈。"民国诗人穆旦的这句诗大概可以概括那一代有公共理想的温和的自由主义者们的共同心境。

1927 年的中国企业家，很像杭州诗人戴望舒在那年夏天写的《雨巷》中的那个结着愁怨的女子："她默默地远了，远了，到了颓圮的篱墙，走尽这雨巷。在雨的哀曲里，消了她的颜色，散了她的芬芳，消散了，甚至她的，太息般的眼光，丁香般的惆怅。"

自清王朝覆灭之后的自由时光，对企业家阶层来说，宛若一场被暴风雨惊醒的春梦。他们不会料到的是，历史只给了他们这一次机会。仅仅 16 年，"中央"又骑着高头大马回来了。它是被呼唤回来的，它被欢呼、鲜花和金钱簇拥，这一切都是自愿的，尽管这些人中的一大半不久后就开始后悔了。

在被彻底"征服"之前，他们也曾经试图反抗。

企业史人物 | 菊生印书 |

1927年10月17日，五条大汉持枪闯进上海极司菲尔路（现名万航渡路）的一处民居，绑架了正在吃晚饭的张元济（1867—1959）。绑匪索价30万元。有一个绑匪看见张元济穿的毛衣上面有一个破洞，觉得很奇怪，就问："你这么有钱的人也穿破衣服呀。"张元济真的不是有钱人，被绑架后，全家变卖了股票、首饰，仅凑足5 000元，绑匪的赎金从30万元降到15万元，再降到10万元、5万元、3万元，6日后只好以1万元放人。

穿着破洞毛衣的张元济确实是当时中国最大的出版商人。20世纪20年代，上海的文化产业曾经创造过一个惊人的奇迹：上海一年的图书出版量竟大于美国全年的图书出版量。奇迹的创造者就是张元济和他领导的商务印书馆。

张元济是浙江海盐人，号菊生。他是光绪年间的进士，曾任刑部主事、总理各国事务衙门章京。为官期间，他与比他小一岁的翰林院编修、同年同省进士蔡元培共忧国事，颇为交好。1898年，张元济的官房走进一个刚刚获得任命的新章京，他就是名动天下的维新派魁首康有为。张元济、蔡元培积极参与康梁变法——变法启动后的6月16日，光绪帝曾同时召见了康有为和张元济，戊戌政变后，张元济被朝廷"革职永不叙用"，于是受盛宣怀之邀到上海南洋公学（现在的交通大学）担任译书院主事。蔡元培同样立志教育，后来也到南洋公学担任总教习。1902年，张元济突然辞教到闸北一个小小的印刷工厂——商务印书馆当主管。也是在这一年，朝廷颁布了《钦定学堂章程》。张元济深感新式教育缺乏一套新型而统一的教科书，于是就与蔡元培一起设计新的教育

▲张元济

方针。两年后,《最新教科书》国文第一册出版,一面市就销售一空。就是这一册薄薄的教科书把当时只有一个石库门房子的商务印书馆推上了成功的天梯。几个月内,《最新教科书》销售10余万册,成为全国各地学堂代替四书五经的唯一新式课本。到清朝灭亡的1911年,张元济出齐了各年级、各学科课本共375种,共801册,也就是每个月要编出8册,完成了史无前例的文化工程。商务印书馆的经济收益自然十分惊人,它一跃而成为全国最大的出版印刷企业。

民国成立后,张元济顺势推出113种《共和国教科书》,从1919年到1937年,他动用国内外50余家公私藏书影印出版《四部丛刊》《续古逸丛书》《百衲本二十四史》,3种丛书共610种,近2万卷。张元济几乎以一己之力留存了中国传统文化的所有精华。这个工作之前只有下令编著《四库全书》的乾隆大帝曾经尝试过。为了普及新知识,他投资编辑出版大型百科全书式的低价普及系列书《万有文库》,前后出版了2 000卷,还主持编撰我国第一部新式辞书《辞源》,开了现代工具书的出版先河。这些出版物对国民人文精神的苏醒起到了难以估量的启蒙作用。同时,他创办编译所,编著和翻译海内外作品,1925年时会聚各路专家达286人,群星璀璨,几乎囊括了当时文坛的半数豪客。极盛时的商务印书馆占地80亩,资产规模2 000多万元,拥有1 200台机器、4 500名员工和43家分馆,每天都有新书出版。商务印书馆还编辑出版了10多种发行量很大的杂志,如《东方杂志》《小说月报》《教育杂志》《妇女杂志》和《学生杂志》等,形成了图书与杂志两大关联互动产业。

自1919年之后,北京被军阀统治,大量文人南下上海,造就了一个空前繁荣的文化景象。20年代的上海文化界,涌现了多位抱负豪放、精于经略的文化商人。除了张元济之外,还有经营"中国第一大报"《申报》的史量才,拍摄了第一部武侠电影《火烧红莲寺》的张石川和他的明星影片公司,创办了全国发行量最大画报《良友》的伍联德(《良友》创刊于1926年,一直到10年后,亨利·卢斯才创办了全美第一份类似的大型生活类画报《生活》，经营全亚洲最大游乐场"大世界"的黄楚九，等等。正是在这些人的推动下，上海代替北京成为新的文化中心，而它的文化特征又是"对传统文化和外国模式的双重背叛和继承"。到抗战爆发前，上海有30多家广播电台，36家电影院，200多种杂志——几乎相当于全国杂志总数的95%——还聚集了全国86%的出版社。张元济还建成了远东最大的公共图书馆东方图书馆，藏书46.3万册，其中8万册是外版图书。

张元济出身传统的文人世家，在经营上却完全借鉴西方企业的管理模式。商务印书馆有十分健全的管理规章制度。张元济在厂里一贯不苟言笑，对任何人都十分严肃。在日常管理中，他对两件事情抓得最紧：一是技术，二是人才。当时的全球印刷业正处在技术革命的周期里，为了提高效率和竞争力，张元济对印刷技术的每一个细节都非常重视，每次股东开会，讨论最多的就是如何更新设备。他还有一条不成文的规定，就是每个管理高层都要出国考察学习。对于人才，他更是不拘一格，唯才是用。有一次，一个20出头的练习生给他写信，指出新出版的《辞源》里的一些错误。张元济认为他是人才，就破格提拔他担任《小说月报》主编，这个叫沈雁冰的年轻人后来以"茅盾"的笔名成为现代文学史上的重要作家。退休的时候，张元济选中的接班人王云五没有任何学历，是一个自学成才的奇才。作为国内最大的出版机构总经理，张元济数十年提携年轻

▲《良友》1926年12月号封面

人无数，日后很多文人在回忆他时都称其为"恩公张元济"。

张元济数次谢绝出仕为官，一生专注于出版一事，这跟游走在教育和政界之间的老友蔡元培颇为不同。他曾在一封致蔡元培的信中说："盖出版之事业可以提撕多数国民，似比教育少数英才为尤要。"当年的青年举人和翰林院编修，一南一北，分别造就中国最大书局和最重要的高等学府，真正是美事一桩。

张元济一生所嗜唯有图书，他在极司菲尔路的居家门口挂了一个小木牌子，上写四字："收买旧书"。1932年1月28日，中日军队在上海闸北交战，商务印书馆宝山路总厂被投掷六枚燃烧弹，工厂全部化为灰烬。日军还放火烧毁了东方图书馆。据当时的报纸记录，当时，浓烟遮蔽上海半空，纸灰飘飞10里之外，火熄灭后，纸灰没膝，五层大楼成了空壳，其状惨不忍睹。据统计，商务印书馆资产损失1 630万元，占总资产的80%。东方图书馆的全部藏书，包括善本古籍3 700多种，共3.5万册，与全国最为齐备的各地方志2 600多种，共2.5万册，悉数烧毁，这成为张元济一生最大的痛事。已65岁高龄的他痛不欲生，但很快振作起来，提出"一息尚存，仍当力图恢复"。半年后，印刷工厂就恢复了正常生产。抗战时期，商务印书馆迁至四川，日军抄去上海工厂里的460万册图书和50吨铅字。张元济留居"孤岛"，拒绝与日本人和汪精卫伪政府合作，生活窘迫之际，他宁可以卖字为生。某次，有两位日本学者求见，他在对方的名片背后写下八个字："两国交战，不便接谈"。又一次，汪精卫伪政府的浙江省长傅式说送来一幅画卷，请他题字，还附有11万元的支票。他退回支票，修书一封曰："是君为浙省长，祸浙甚深……以是未敢从命。"

新中国成立，张元济受邀参加了开国大典。他跟蔡元培都见过光绪皇帝、袁世凯、孙中山、蒋介石和毛泽东。此时，蔡元培已经在1940年去世了，唯有他身历三朝更迭，目睹五任首脑，无意中留下了一项无人可及的纪录。

张元济逝于1959年8月，时93岁。晚年，有后生问他："你是文人，还是商人？"张元济面如枯色，不作一语。

第三部

1928—1937
国家主义的回归

1929 / 商人的抗争

**一切的梦想，最好都赶快丢掉，这办法也很不少。
最要紧是，要把眼光放大些、放远些，更要放平些、
放低些。**

——鲁迅：北京演讲，1929年

接踵发生的突变，显然大大出乎企业家们的预料。

在当初送钱的时候，上海商界与蒋"约法四章"，即"保护上海工商业，承认并保证偿还北洋政府所欠之债务，款项要分期归还，所支款项由上海银钱业监管，只能用于江苏（当时上海属江苏省管辖）"。蒋以人格担保，一口应诺。可是后来的情形已不是"保护"，而是收编、欺诈和勒索了。虞洽卿有16艘轮船被军队征用，数月不见归还也没有支付租金，他只好向戒严司令部总司令白崇禧当面索讨，才把船讨回来。傅宗耀被通缉，他出于宁波同乡的情谊向蒋介石求情，结果碰了一鼻子灰回来。

陈光甫在1927年6月11日的日记中,就对蒋介石政府流露出了极度失望的情绪。他将之与暴烈的东北军阀张作霖相比,认定"蒋之政府成立时间尚早,不觉已有七成张作霖之办法"。他所谓的"办法"为:"一,不顾商情,硬向中国银行提款一千万元;二,以党为本位,只知代国民党谋天下,并不以天下为公;三,引用一班无政府之徒扰乱政治。"在财政治理方面,他则抱怨政府只知任用党徒而不信专业人士,"财政等事,古(古应芬)、钱(钱永铭)毫无权柄,全凭张静江,此人为半残废之人,令其主张财政,则前途可想而知矣。如照此办法,不出二三年,江浙又要出事矣"。

失望之余,虞洽卿、陈光甫们不甘受缚,决意抗争。

1927年11月,虞洽卿在报纸上以上海商业联合会的名义发了一个很强硬的公告,曰:"国军莅沪以来,我商民正处在憔悴呻吟之中,乃始而垫款,继而库券,竭商人之全力,以供绞脑沥血之金钱,无非促进政治……乃自清党以还,应有清明之望,而前辙依然,故吾犹是。虽曰训政方当期月,责备未可过严,然人寿究有几何?枯鱼先已入市。"虞洽卿公开指责蒋介石没有兑现承诺,再不改变现状,商人们就要都变成"枯鱼"了,愤懑之气跃然纸上。

▲ 1928年全国经济会议

作为蒋介石的"钱袋子",性情摇摆的宋子文一开始很想担当政府与企业家们之间的桥梁。没有资料显示他参与了恐怖的绑架勒索活动,商业家族的出身背景和自由主义的美式教育让他对企业家充满了同情,他还是希望通过正常的财经政策重修政商关系。1928年6月,宋子文在上海召开全国经济会议,60多位上海及江浙最重要的工商及金融界企业家全数与会,包括虞洽卿、荣宗敬、张公权、陈光甫、宋汉章、李铭等人。大家集体炮轰宋子文,提出了两条议案:一是"限制工会和罢工案",要求"政府必须制定对工会组织管制的劳工法,以防止滋事之徒利用工会组织挑起事端,工会的经费必须公开,并将置于其监督之下";二是"保护商人财产案",要求"所有私人财产,如船舶、面粉厂、工厂、矿山,现在仍被政府当局占据者,应一律立即归还,所有非法没收的财产也同样立即归还原主"。这两条议案中,第一条是他们一年多前资助蒋介石集团的最主要初衷,第二条则完全是意料外的"事故"。宋子文在会上承认"战争时期我们曾被迫使用极端手段来筹集经费"。他还同意向中央政府建议裁军,并把年度军费开支限制在1.92亿元之内。张公权等银行家表示,如果宋子文的承诺无法实现,他们将不再购买政府的任何公债。报道这次会议的《字林西报》说:"只有计划全部被接受,否则7月31日之后,掌握了中国财

第三部 1928—1937 国家主义的回归

富的上海银行家们连一分钱也不再贷给国民党政府了。"会后,宋子文当即带着这份报纸去了刚刚被收复的北京,在那里,国民党所有的高级将领正在召开军事会议。宋子文的发言还没有讲完,很快遭到了趾高气扬的将军们的嘲笑,他们一口拒绝了裁军和军费限制,顺便还要求财政部马上再发行3 000万~5 000万元的公债。第一个回合,宋子文的努力泡汤,企业家一触即败。

两个月后,国民党定都南京,随即召开二届五中全会。在宋子文的暗示和鼓励下,虞洽卿率领上海商界100个代表气势汹汹地奔赴南京请愿。这些人代表了上海总商会、上海银行同业工会和60个上海行业公会。他们提出"颁布约法,监督财政,裁减兵额,关税自主,劳资合作"等十大要求,如果不能满足,他们将拒绝支付8月的贷款。这是蒋介石进上海后,企业家集团采取的最强硬的一次行动,国内外舆论为之一震。蒋介石当然不能用刺刀、机枪对付这些金主,便将他们请进汤山别墅,派出高官日夜宴请周旋,承诺组建全国预算委员会和中央财政改革委员会,此外还单独许诺虞洽卿,拟聘他为全国交通会议航政股主任。一路软钉子吃下来,请愿团还是无功而返。在这样的过程中,一直试图在政商之间达成某种妥协的宋子文渐渐滑向了政权一边,他很快变成了另外一个宋子文。

10月,国民政府宣布改组当时国内最重要的两家民营银行——中国银行和交通银行,加入官股,分别占了20%的股份,又恢复了官商合办的性质。张公权等人被迫接受现实,他在日记中写道:"军人不明财政,而处处干涉财政,前途悲观在此。"

1928年12月,东北军阀张学良发出通电,表示服从国民政府,国民党在形式上统一了中国。

在国内外舆论的压力下,1929年1月,南京召开军队编遣会议,全国主要的将领除了张学良之外,全部与会。企业家集团发动第三次抗议,潮水般的电报冲向南京,上海总商会和15个重要商人团体联名发电,"要求南京政府必须裁遣军队和决定全国预算"。在这次会议上,总算通过了限制军费和将军队从将近200万人裁减到71.5万人的决议。企业家们的抗议好像取得了胜利，后来的事实却是，从蒋介石到东北的张学良、山西的阎锡山、华北的冯玉祥、西南的李宗仁，没有一个将领愿意裁减一个士兵，军费当然还是居高不下。

在半年多时间里连续发动了三次抗议，表明此时的企业家集团尚有抵抗的能力。

就当企业家们频频出动的同时，与之理念相近的自由知识分子也加入了反抗的阵营。1929年年初，国民政府颁布了一道"人权保障"

▲中国公民与外国警察

命令，称："世界各国人权均受法律之保障。当此训政开始，法治基础亟宜确立。凡在中华民国法权管辖之内，无论个人或团体均不得以非法行为侵害他人身体、自由及财产。违者即依法严行惩办不贷。着行政司法各院通饬一体遵照。此令。"

很快，胡适在《新月》杂志第二卷第二号上发表《人权与约法》一文，公开反对国民党的"训政"。他写道，在人权的侵犯上，"命令禁止的只是'个人或团体'，而并不曾提及政府机关……但今日我们最感痛苦的是种种政府机关或假借政府与党部的机关侵害人民的身体、自由及财产"[①]。该文被后世很多学者视为胡适一生中最辉煌的文字，是自由主义知

---

① 胡适著，《人权与约法》，载《新月》1929年第二卷第二号。

识分子和执政体制围绕人权问题的第一次冲突。接着，胡适又写出《我们什么时候才可有宪法》，罗隆基发表《我们要什么样的政治制度》，一场反训政的人权运动由此而生。国民党政客对此进行了猛烈的反击，曾当过孙中山秘书、时任立法院院长的胡汉民撰文驳斥，并发誓不与胡适"共中国"。而后者毫无畏惧，并语气坦荡地反击说："上帝我们尚可以批评，何况国民党与孙中山？"这场争论持续4年，到1933年6月，以《新月》遭到停刊而告停，到那时，党国体制已成事实。

在这起抗争中，一个值得玩味的事实是另外一类知识分子的态度。就在胡适发表《人权与约法》半年后，同在上海的鲁迅发表《新月社批评家的任务》一文。在他看来，胡适等人所为，不过是"挥泪以维持治安"，"刽子手和皂隶既然做了这样维持治安的任务，在社会上自然要得到几分的敬畏，甚至于还不妨随意说几句话，在小百姓面前显显威风，只要不妨碍治安，长官向来也就装作不知道了"①。后世有学者对此颇为不解，邵建在《胡适与鲁迅：20世纪的两个知识分子》一书中便认为："鲁迅以一贯的语带讥讽，将胡适一班人马判定为'刽子手和皂隶'，毫不客气地掷以锋利的投枪，这的确为今日的读者所困惑不解。"②

实则，在当时中国，确乎出现了两种知识分子：一种是"参与介入"的建构型，一种是"绝不妥协"的批判型。他们之间的分歧与争论在某种程度上让中国的现代化选择变得更加莫测和艰难。

蒋介石当然不会让企业家集团的抗议无休止地进行下去，他们的抗争或抱怨根本改变不了他的既定国策。很快，在他的谋划和宋子文的配合下，企业家集团被彻底打散、击溃。

---

① 鲁迅著，《新月社批评家的任务》，载《萌芽月刊》，1930年1月。
② 邵建著，《胡适与鲁迅：20世纪的两个知识分子》，北京：光明日报出版社，2008年版。

打击是从两个方面展开的：一是彻底瓦解企业家的组织体系，二是用看上去无比优惠的公债政策将之完全"绑架"。

经过将近30年的发展，上海已经形成了层次分明、结构严密的企业家组织。它以总商会为龙头，各区有分会，各行业则有同业公会，互通气息，联合行动，而且有丰富的公共治理经验。作为一个老练的政治家，蒋介石当然比谁都明白这个组织体系的力量。"四·一二"事变后不久，他即借通缉傅宗耀之机，以国民党上海政治分会名义，下令将上海总商会及会董一体解散。之后，蒋介石委派宋子文等人采取分化和相互牵制的策略，与一个又一个商人组织分别谈判，使其不可能进行反抗，而逐一被吸收进国民党的机构中。

▲登在上海《良友》画报上的蒋介石照片

1927年7月，蒋介石颁布法令，宣布上海市政府从此在中央政府直接控制下，享有极其广泛和重要的行政权与司法权，上海市的所有商业组织都要受到上海市社会局的监督。行业间一切职业上的争端，都要由市政府来解决。收集各种经济统计资料，办理各种慈善事业，也都由市政府负责。为了培植自己的商人组织，上海市国民党党部成立了救国会和商民协会，前者是原来的抵制日货运动协会，后者是国民党从广州带来的一个御用组织，它们在1928年春季搬到上海市总商会的办公地点——公共租界的天后宫，实行所谓的"联合办公"。

蒋介石还十分善于利用媒体将企业家阶层彻底地孤立起来。在国民党控制的媒体中，企业家常常被描述成帝国主义的合伙人和走狗，他们为了图谋自身利益而牺牲民族利益。在一个有着2 000年中央集权传统的中国社会中，我们的国民性中天然地有着对政权的膜拜与恐惧。政治家利用人们对社会不公的情绪，非常容易引导议题，转移焦点，并达到自己的目的。在这种行为中，激发人们对财富阶级的仇恨，是一种轻而易举的战略，因为它几乎没有任何风险，而且看上去非常"道德"，符合基层人群的感性直觉。1928年6月，就当虞洽卿等人在全国经济会议上对宋子文进行围攻的时候，国民党媒体迅即发表了严厉指责的文章。一个叫药群的作者在《先导月刊》上写道："当我听到这个消息时，我认为当前处在训政时期，这个会议是很严重、很严肃的……当得知会议参加者绝大多数是资本家而没有包括一个农民和工人，我大失所望。"对于企业家们发出的"最后通牒"，他的评论是："我们不应让经济会议犯了代表资本家阶级的嫌疑。这个文件抄袭了资本主义国家的东西，而缺乏国民党的革命精神。"

1928年12月，东北易帜后，蒋介石随即宣告"以党治国"，"一切军国庶政，悉归本党负完全责任"。一党独裁局面自此生成，国民党对不驯服的企业家组织的清理加快了步伐。

1929年3月15日，在国民党第三次全国代表大会上，上海市党部主任陈德徵向大会提出在全国取消商会的动议案。《密勒氏评论报》很敏锐地评论说："这是政府试图扼杀商业团体和国民党在政治上夺权的斗争，而陈德徵特别针对的目标是上海总商会，因为它是中国组织得最早、最重要的一个商业团体。"3月23日，上海主要的商会代表在上海总商会会馆开会，会议通过决议，驳斥取消商会的动议案，并选派了一个以虞洽卿为首的代表团去南京向政府申辩他们的立场。

直接取消不成，蒋介石很快想出第二招。4月22日，在公共租界的天后宫里发生了一场闹剧，国民党培植的救国会和商民协会与总商会为了争夺办公室大打出手，救国会人员把总商会的会议室门窗砸烂，总商会宣布暂时停止办公。两天后，一群青帮兄弟带着辱骂总商会的标语牌闯入天后宫，毁坏器具，抢走文书档案，还把4个工作人员打成重伤。总商会当即向政府当局提出抗议,并投诉各界。银行同业公会、纱厂联合会等组织也致电南京,宣称如果不处理凶手,将发动罢市。

国民党市党部严令所有中文报纸均不得刊登总商会的任何声明和对冲突事实真相的说明,而在党报《中央日报》上则连篇累牍地发表了救国会与商民协会斥责总商会的声明和报道,后者被认定是"帝国主义的走狗",当时具体负责商会事务的两个常务理事冯培禧和林康侯则是"卑劣和可恶的卖国奸商"。

5月2日,国民党中央执行委员会以调查真相为理由,命令上海一切商业团体一律停止活动。一个月后,国民党中央执行委员会以"统一商运"为由,成立上海市商人团体整理委员会,包括上海总商会在内的所有民间商业团体一律停止活动,将一切会务统交"商整会",国民党员以及被控制的顺从者成了最重要的成员。根据中央执行委员会颁布的改组条例规定,这个新商会"须得遵守上海市党部的指导和训令,并且要受上海市行政当局的管辖"。所有商会成员"必须信仰三民主义","凡借助于反革命而对国民党进行过中伤者皆不得为会员"。

5月25日,"商整会"举行就职会议,国民党中央执行委员会、国民党上海市党部、淞沪警备司部、上海市社会局、中央

▲孔祥熙主导的工商会议

工商部成为会议的主角。国民党中央执行委员会的张群将军讲话说,"上海总商会是在国民革命军到达上海以前成立的,那时,总商会的事务操纵在少数人手中,这些人与军阀勾结在一起",而救国会和商民协会则是"由上海市商人自己建立起来的,完全建立在孙中山的思想理论基础上的"。中央工商部代表许建屏则宣称:"上海商人们曾经是被上海总商会压制着的。现在好了,上海商界将要遵从中央政府的命令,计划组织一个新的统一的商会。"

一年多后的1930年6月,一个新的"上海市商会"诞生了。在公布的理事名单中,原来总商会的代表不到1/3,商民协会的代表成了大多数。一向重视自己独立性的上海民族商人阶层从此被剥夺了自主的代表机构,失去了对地方事务的管理权,并从其传统的活动中被驱逐出来。在上海总商会被瓦解之后,全国其他城市的商会组织相继遭遇了完全相同的命运。很多年后,白吉尔在《剑桥中国史》一书中评论说:"自19世纪以来,商业组织的发展得以掌握各都市社区的管理,现在被粗暴地扭转了。"

如果说蒋介石从组织体系上成功地将企业家阶层打成了一盘散沙,那么,宋子文则以更为巧妙的手段对企业家阶层进行了利益上的"绑架"。

自国民党军队进入上海的第一天起,它就把发行公债当成募资的重要方式之一。而在一开始,由于缺乏确实的信用保证,公债的发行十分困难,银行家们常常以此来要挟政府,蒋介石不得不采取了摊派和绑架勒索的恐怖手段。研究金融投资出身的宋子文对银行家们的心思当然了如指掌,从1928年春季开始,他重新设计了公债发行的游戏规则。

具体的办法是这样的:当政府宣布发行一笔公债的时候,先将这些公债存入认购的银行,以此从银行取得现金贷款。一般来说,政府取走的现金相当于存入债券票面价值的一半。根据上海钱业公会留存的资料看,从1928年3月到1931年11月,该公会总共购入债券3 060万元,而实际贷给政府的款项是1 562.5万元。等到公债公开发行后，银行可以将债券直接投放到上海的证券交易所进行投机交易。这种优惠的贴现政策一下子让购买公债成了一个十分诱人的生意，公债的平均年利息是8.6%，加上大量的贴现，公债的年收益率达到了20%以上，有的可高达40%。当时，银行给工厂的年贷款利息一般是6%~8%，贷给商业企业的年利息是10%，与购买公债的暴利空间无法相比。另外，将债券在证券市场上进行炒作交易，还可获得更大的收益。

这简直是一个无法抵挡的诱惑，全中国的银行家们当即进入了宋子文设计好的游戏圈里，特别是资本最为雄厚的上海银行家们纷纷购买公债。此后的10年中，中央政府共发行24.12亿元的公债，其中七成卖给了这些自诩为全中国最聪明的人。

"公债热"导致了三个结果。第一是公债发行从"天下第一难"顿时变成了人人争抢的香饽饽，政府凭空拿到大笔资金，用于军事活动和工商业投资。第二是形成了一个狂热而危险的投机市场，上海金融业超级繁荣，私人储蓄和民间游资被导入政府行政性活动中。在20世纪30年代中前期，上海市民人人炒作国库券，用美国学者阿瑟·恩·杨格（Arthur N. Young）的话说，"投机成了上海人的一种生活方式"[1]。

第三是银行家们从此被政府"绑架"。由于新公债可以用一部分抵充旧公债，各银行为了维持旧债，便不断地购买新债，掉进了一个"循环式的陷阱"，而政府只顾借钱应付眼前，根本不考虑偿还。陈光甫、张公权等人在一开始也曾颇为担忧这样的做法将动摇银行信用，但是，在宋子文的强势推导和当前利润的诱惑下，终于不能自拔。据民国学者章乃器在《中国货币金融问题》[2]一文中的计算，到1932年前后，银行所持有的全部

---

[1] 阿瑟·恩·杨格著，陈泽宪 陈霞飞译，《一九二七至一九三七年中国财政经济情况》，北京：中国社会科学出版社，1981年版。

[2] 章立凡选编，《章乃器文集》，华夏出版社，1997年版。

证券中的80%都是政府公债。因为有那么多钱借给了政府，他们不得不乖顺地坐到同一条船上，平等关系从此终结。台湾的中国经济史专家王业键因而评论说："上海银行家的这种合作不仅解决了政府的经济困难，而且加强了政府对商业界的控制力量。当各个银行的保险柜里塞满了政府的债券时，也就是他们在政治上积极参与了这个政权的表现。"陈光甫、张公权、宋汉章等人一向重视自己的独立性，可是后来相继进入政府服务，大半原因在此。

可是，如果政府真的兑现20%~40%的利率，那也算是一个很不错的生意。在下一个章节中我们即将看到，因政局动荡等，政府强行规定偿还的公债打折扣，有的甚至借故不还——那时候要惩戒一个企业家实在太容易，只要从抽屉里拿一顶"奸商"或"通共"的帽子就可以了。在政局动荡之际，公债的现货和期货市场价格每每上演大跌场景，民营银行损失惨重，从此再也不能与国家力量抗衡。这场政府与民间的"猫鼠游戏"，以后者的鼻青脸肿、投告无门而告终。

除通过改变公债发行规则诱惑银行家之外，宋子文还同时设法控制了上海的证券交易市场，而整顿的对象就是虞洽卿控股的、几年前蒋委员长在这里当过"红马甲"的上海证券物品交易所。该所自1920年创办以来，每一届军阀政权都视之为肥肉，要么扬言取缔，要么层层加税，可怜虞洽卿玲珑斡旋，总算惨淡保全，而现在终于还是逃不出蒋介石政权的手心。尽管这是国父首倡，尽管蒋某人当年也曾在这里厮混，尽管交易所主人是他的恩公兼金主，但是出于"整理金融，牢控财源"的国策，他自然也无法宽容。

1929年10月，国民政府颁布《交易所法》，规定每一地区只准有一个有价证券的交易所，其他的交易所一律合并在内。上海证券物品交易所中交易量最大的棉纱交易率先被并入国营的纱布交易所。虞洽卿奋起挣扎，在给南京政府实业部的信中，他决绝地声称："一息尚存，誓死必为之保全，任何牺牲所不惜也。"可是，大势已然不可逆转，各类交易物品被相继归并，证券部分并入证券交易所，黄金及物品交易并入金业交易所。到1933年秋，已成空壳的证券物品交易所被整体并入上海华商证券交易所。面对一个霸道、强大的国家机器，商人虞洽卿徒呼奈何。

这就是发生在1929年前后的上海故事。在短短两年时间里，蒋介石政权不但用武力统一了中国，而且将实力强大、很有组织性的企业家阶层打得落花流水。自1911年之后出现的民族资本主义繁荣景象到此戛然而止。从此后的中国变成黑白两色，非此即彼，中间的鸿沟里血海翻腾。

也许真是宿命所至，在这几年里，影响过历史进程的大思想家相继凋零。1926年7月，张謇去世。1927年3月21日，维新派头号领袖康有为病逝于青岛。6月2日，国学大师王国维自沉于北京颐和园昆明湖，遗言云："五十之年，只欠一死，经此事变，义无再辱。"王国维之死被看成是中国传统文化没落的象征。晚辈学者陈寅恪在挽词中曰："盖今日之赤县神州值数千年未有之巨劫奇变；劫尽变穷，则此文化精神所凝聚之人，安得不与之共命而同尽，此观堂先生所以不得不死，遂为天下后世所极哀而深惜者也。"他为王国维撰写的墓碑文字是，"自由之思想，独立之精神。"

1929年1月19日，57岁的梁启超去世了。三年前，他因便血入北京协和医院诊治，诊断结果是一侧肾患结核坏死，需切除。院长刘瑞恒亲自主刀，但刘瑞恒竟判断失误，错取好肾。朋辈悲愤，欲起而诉之。梁启超曰："国人学西医，能够开刀，而令我活到如今，已算是不错，我又何必告他。"遂死。刘瑞恒后来调离医院，到卫生部做了政务次长。梁启超死后，温

▲最后的温和立宪派领袖梁启超

和的立宪改良派再无精神领袖。

就在梁启超去世的半年后，6月，国民党召开三届二中全会，依据孙中山"军政、训政、宪政"的"建国三时期"理论，宣告"训政时期规定为六年，至（民国）二十四年（1935）完成"。日后的史实是，国民党一再延缓召开国民大会，直到将近20年后的1948年才宣布进入"宪政"，而一年后即失去大陆。

史实讲述到这里，我们看到的都是蒋介石政权强势和恐怖的一面，如果据此认定它的主要经济工作就是勒索企业和贩毒，那么，它就是一个黑社会组织了。历史如同硬币，当然也存在着另外的一面。

我们正在讲述的10年，1928—1937年，在经济史上有时候也被称为"黄金十年"。在这10年里，工业经济增长率平均达到8.7%（也有学者计算为9.3%），为现代中国史上增长较快的时期之一。[①] 不过与前16年不同的是，这是国家强力干预经济的10年，是统制经济的10年，是国营事业和重工业高速成长的10年，是民营资本饱受压抑的10年。

国民政府在经济重建上的建树也有值得记录的地方，其中最可称道的是经济主权的回收。自1928年年底统一了中国之后，政府迅速展开了收回利权的活动。1842年以来，清政府与各国签订了一大堆不平等条约，除了众所周知的巨额赔款之外，还有一个卡住中国经济"脖子"的关税限制。国家的海关管理权长期被英国人把持，进口关税超低，严重影响了财政收入。在过去的10多年里，北洋政府一直想要收回海关自主权和提高关税，却遭到列强的集体抵制。蒋介石一改过去跟列强集体谈判的办法，先是派宋子文与美国交涉。1928年7月，经过艰难的谈判，中美达成协

---

① 按张朋园的计算，工业增长率在1912—1920年高达13.4%，1921—1922年有一短暂萧条，1923—1936年为8.7%，1912—1942年平均增长率为8.4%，整个1912—1949年，平均增长率为5.6%。

议，同意中国关税自立。在随后的几个月里，英、法、日等各国相继宣布承认中国的海关自主权。国民政府随即宣布从1929年1月起实施新税则，进口商品的关税从4%大幅提升到10%，之后又增到25%。这一外交胜利，不但恢复了中国的主权尊严，更成为新政府缓解财政危机的主要手段。在1928年，年度关税收入为1.21亿元，到1929年就翻番上升到了2.44亿元，到1931年则达到3.85亿元。

政府在整顿国内金融秩序上的作为也有成效。在北洋政府时期，军阀各立征税门类，厘金制度无比混乱。更糟糕的是，货币没有统一，金块、银元宝、"袁大头"，以及各种成色不等的银元、纸币都在流通，而且没有统一的货币标准和兑换制度。1928年7月，国民政府召开全国财经会议，提出以银元为基本单位、最终实现金本位制的改革方案，10月，成立中央银行。一开始，宋子文想把前身是大清银行的中国银行就地改组，遭到张公权的反对，于是另组央行，这也为七年后孔祥熙突袭中国银行埋下伏笔。金融改革的推进很艰难，1931年废除了流弊深重的厘金制度，1933年取消了银两单位制，同年成立票据交换所，担负起银行间账目结算的职责，之前这一功能由英国汇丰银行承担。最终到1935年11月，国民政府正式宣布实行"法币改革"，从而确立了统一的货币体制。

在经济增长模式上，国民政府推行的是坚定的计划经济模式和优先发展国营企业的战略。

▲民国货币：银票

▲民国货币："袁大头"

第三部　1928—1937　国家主义的回归　　277

国民党政府的计划经济思想来源于"国父"孙中山。他历来主张大力发展国营经济,使国家资本在整个社会经济中占主导地位。在《孙中山全集》中处处可见类似的表述:"如欲救其弊,只有将一切大公司组织归诸通国人民公有之一法,故在吾之国际发展实业计划,拟将一概工业组成一极大公司,归诸中国人民公有";"何谓制造国家资本呢?就是发达国家实业是也";"中国国民党的民生主义,就是外国的社会主义";"赶快用国家的力量来振兴工业,用机器来生产,令全国人民都有工作"。[1]南京国民政府成立后,奉行的正是这一孙氏主张。

不过在1928年前后,在国家主义与自由主义之间,曾经发生过激烈的争论,毕竟在过去的16年里,民营资本得到了很大的发展,如今改弦更张,事关重大的国策变更与利益调整。在当年6月的那次全国经济会议上,各项产业议题的讨论都出现了分歧。当讨论到钢铁、铁路、矿产等重大产业的发展思路时,有人主张"遵总理(孙中山)计划,将钢矿、油矿及各特种矿收归国有,以实谋利益均沾政策","厉行收归官办,实为治本办法"。有人则认为"欲铁路发达,政府宜放弃国有政策,除个别重要干路外,悉委诸商办","实施矿业自由主义,并力行监督保护政策"。还有一种妥协的方案是,"由政府轫办,一旦办有成效,再行售归商办"。

在讨论设立中央银行的议题时,当场发生了激烈的争执。在存档的《全国经济会议专刊》中,记录了当时的争论景象。姚咏白说,"筹设国家银行,须先筹官股,办有成效后,再改商股"。叶熏说,"国家银行应与人民合作,则股本可由各团体分任"。陈行说,"无论官商合股或纯粹商股,苟政府有力干涉,则无所不可"。李鸣说,"自大清银行以来,均系中央集权制,因政治不良,故其实际不能表现,是政治不良并非银行制度之不良,现在总以国家银行制度为原则"。周亮说,"反对官办,不得已则宜官商合办,取董事制"。还有一个戴霭庐委员索性"掏糨糊",说"组织股份

---

[1] 孙文著,《孙中山全集》,北京:中华书局,1985年版。

公司自由买卖，不必表明官商合办"。各人观点之差异，于此可见。

在政府决策层，对国家主义的坚定已经成为一个国策。蒋介石便认为"中国经济建设之政策，应为计划经济"。全国经济会议两个月后，政府发布《训政时期施政宣言》，其中明确写道："若夫产业之有独占性质，而为国家之基本工业，则不得委诸个人，而当由国家经营之。此类事业，乃政府今后努力建设之主要目标，并将确定步骤，以求实行。以国民急切之需要而言之，必须首谋开发社会经济所赖以为发动之基本工业。"在这段文字中，由国营资本控制重要产业，并进行优先发展的战略已经描述得非常清晰。那么，所谓的"基本工业"又包括哪些产业领域？在与《训政时期施政宣言》配套的《建设大纲草案》中有详尽的列举："凡关系全国之交通事业，如铁路、国道、电报、电话、无线电等；有独占性质之公用事业，如水力电、商港、市街、市公用事业；关系国家前途之基本工业及矿业，如钢铁业、基本化学工业、大煤矿、铁矿、煤油矿、铜矿等，悉由国家建设经营之。"所列领域，均为能源、资源型的上游产业。很显然，国民政府的思路与晚清盛宣怀的国营理念如出一辙，其未来轨迹及命运竟也毫无意外。

在这样的决策下，理论与口号迅速被文本化为一个个看得见、摸得着的发展计划与运动。在《建设大纲草案》之后，政府又先后拟订"基本工业建设计划"（1928）、《实业建设程序案》（1931）、《国家建设初期方案》、"实业四年建设计划"（1933）、"重工业五年计划"（1935）、《中国经济建设方案》（1937）以及发动新生活运动①、国民经济建设运动等。众多大型的冶金、燃料、化工、电气及军工企业在这段时间创建，形成了一个国营工业高速发展的高峰期。

---

① 1934年2月，蒋介石宣布发动"新生活运动"，大意是讲究"忠孝廉耻"，小节到不打麻将、不吐痰，多吃维生素等。蒋氏说："我现在倡议的新生活运动是什么呢？简单地说，就是要使全国公民的生活完全军事化，这样他们可以培养勇敢和敏捷、吃苦耐劳，特别是统一行动的能力和习惯，最后他们就可以随时为国家牺牲。"

除了种种内因之外,蒋介石的国家主义之所以能够成为主流选择,还与当时的世界形势颇有关系。

在20世纪20年代,处在战后复苏期的欧洲爆发了严重的经济危机,各国经济出现可怕的大滑坡,自由主义的经济理论遭到严峻的挑战。特别是德国,该国经济在1928年前后近乎完全崩溃,全国失业人数高达600万之多,约占全国总人口的10%,希特勒的纳粹党迅速崛起,在4年后很轻易地夺取了政权。希特勒在国内取消民主自由,煽起排犹运动,加强国家对大型企业的控制,发展国家垄断资本主义,在产业政策上,优先发展重工业(特别是军事工业)和基础产业,"熟练的工人进兵工厂,不熟练的工人修筑高速公路"。在这种"大炮代替黄油"的政策下,重工业畸形繁荣,失业人口锐减,一个超级军事强国十分恐怖地诞生了。相比较,新成立的苏联也以强势的国家力量干预经济,大力发展重工业,同样取得了引人注目的经济成就。正是在这样的背景下,主张国家干预经济的国家主义渐成欧洲政商界的主流意识。

大洋另外一端的美国,也在1929年前后陷入了空前的经济危机——这一年在任的美国总统就是30年前与英国人联手骗走开平矿务局的那个赫伯特·胡佛。

在过去的将近10年时间里,没有受到世界大战波及的美国一直处在一个经济高速增长的黄金时代。也正是在这个阶段,美国开始确立其世界霸主的地位。到1929年,美国家庭已经每户拥有一辆汽车,电冰箱、电扇、洗衣机、烤箱、收音机等家用电器迅速普及,股票市场空前繁荣。在不到4年的时间里,道琼斯股票指数上涨了3倍。可是就在这一年的10月24日,纽约证交所突然爆发可怕的大崩盘,史称"黑色星期四"。从此,美国进入持续4年的经济大萧条,8.6万家企业破产,5 500家银行倒闭,失业人数从不足150万猛升到1 700万以上,占所有劳动人口的1/4,整体经济水平倒退至1913年,道琼斯股票指数从1929年9月最高的381点跌到1932年7月的最低点41点,下跌了89%。自由主义的经济理论遭到空前质疑。

发生在德国、苏联以及美国的这些景象,无疑深刻地影响了中国的变革思潮。在晚清40年,强调国家控制的官商逻辑是主流,而民国最初的16年,则是管制宽松的民营经济黄金年代。到1929年前后,随着国内外形势的转变,国家主义再次抬头,中国经济从此进入另外一个新的成长时期。

在对这一国营企业建设热浪的观察中,一个让人很好奇的问题是,国民政府的投入资金是从哪里来的?

一个大规模的工业振兴运动需要巨额的资金投入,这是一个常识。在130多年的中国经济史上,国家在干预经济的初期,资本之匮乏是一个共同的难题,而不同的决策人采取了不同的策略。晚清的洋务运动靠的是对外大举债和鼓励民营资本的参与,因此有了官督商办的体制。1949年之后的新中国,毛泽东靠的是苏联援助、对农业收入的吸取转移和"勒紧裤腰带"。1978年的改革开放初期,邓小平起初也曾寄希望于引入600亿美元的欧美资本,建设120个重大工程,在初衷落空后,被迫转而在南方开放"特区"窗口,试图引进香港华人资本以及扶持乡镇企业的体制外崛起。对于1928—1937年的国民政府来说,资本投入同样乏力。

根据《剑桥中国史》的记录,在这10年中,政府的实际财政收入为57.29亿元,仅占其实际支出总额的79.4%,其余部分不得不举债度日。也就是说,这是一个入不敷出的政府。即使这为数不多的财政收入,也绝大部分用于军事及债务支出。数据显示,10年间政府的军事及债务支出高达53.22亿元,相当于其实际收入的92.9%——在这个意义上,蒋介石政权实际上是一个如假包换的"军政府"。据此可见,财政对国营企业的投入十分可怜。

在引进外资方面,政府的成绩也十分糟糕。在整个30年代,西方世界陷入严重的经济危机,根本无力东投。10年中,国民政府中央一级机构仅借外债17项，实际债额1.61亿美元，年均1 600余万元，比晚清及北洋政府时期所借外债少许多，与其计划利用外资目标相去甚远。

在内财政不足，在外引资乏力，那么，数以千计的国营工厂是靠什么建起来的？国民政府的经济领导者到底有怎样"以小搏大"的财技？秘密埋在下面这些地方：

第一，发行高利率公债，把民间资本圈进来。10年间发行的20多亿元公债成为军事和经济建设的重要血源。用陈光甫的话说就是，"年来国外无新投资，自中央政府成立以来，全恃内债抵充，预算不敷"。

第二，大量接收"逆产"。这又是一个"无本生意"。政府出台《处理逆产条例》，规定将北洋政府所有的国营企业全部收归国民政府所有，连北洋军阀在企业中的个人投资也予以没收充公。据此，政府相继接收江南造船厂、上海兵工厂、汉冶萍钢铁联合体、中原煤矿等众多企业，晚清及北洋政府的所有国营成就全部收入国民政府囊中，一个所谓的"战地政治委员会"还把黎元洪、张作霖、张勋等老军阀在棉纺、煤矿等企业中的私人股份也——没收。一些已经实现民营化的洋务企业，如轮船招商局也被迫再度国营化。

以零成本的方式收到一大批工矿企业，可还是要有投入才能扩大再生产。这时候，政府又想出一个好办法，那就是把企业再抵押出去，从银行套出资金。如此循环往复，国营资本当然越来越大。国民政府有一个中央直属的"建设委员会"，委员长就是当年捐钱给孙中山的张静江。该委员会在1928年成立的时候，只有不到10万元的资本金，到1937年竟已扩张到5 000余万元，其采用的办法就是"接收—抵押—入股"。

第三，利用经济危机，大量收编民营企业。1934年前后，国内爆发金融危机，孔祥熙、宋子文等人乘机把手伸向民营工业，先后入股或收编众多知名企业。这些"事迹"，在后面的章节中有详细的描述。

第四，出现特殊的区域经济发展模式。国民政府在名义上统一了中国，实际上，一些省份仍然由军阀控制，他们出于"自治建设"理念，也在这10年中取得了很大的经济成就。其中最突出的是阎锡山在山西的建设。阎锡山是近代中国政坛上的一个"不倒翁",他从辛亥革命起就开始统治山西,前后38年,因而得了一个"阎老西"的外号。他奉行的是"三不二要主义",即"不入党、不问外省事、不为个人权利用兵,要服从中央命令、要保卫地方治安",总之,管好山西事,关门当大王。他干的最夸张的事情是,把山西的铁路修得跟其他地方的铁轨规格不一样,山西境内的正太(河北石家庄正定到太原的铁路,后名石太线)和同蒲(大同到蒲州的风陵渡,后来风陵渡划归芮城)两条铁路干线采用的是法国型1米窄轨,而不是全国统一的1.435米宽轨,这造成省外的军事势力和商品无法直接通过铁路进入山西。他还在省内发行一种独有的地方货币"物产证券",山西商家或企业主生产多少物资就发多少券,然后又以券换物。多年来,阎锡山在山西采取的是休养生息的政策。1930年前后,他提出"造产救国"的口号,成立经济建设委员会,制订了山西省政10年建设计划,组建了山西人民公营事业董事会,大力投资创办公营企业,如山西银行、兵工厂、炼钢厂、机器厂等。他还组建了一家西北实业公司,自任总经理,近10年中改造及创建企业33个,拥有员工2万人,成了一个涉足多个产业的"工业托拉斯"。其平均资本是全国2 800多家最重要工厂均值的6倍,其机器厂工人占全国机器工人总数的40%,炼钢厂可产48种合金钢,技术和产能在全国首屈一指。到1937年,山西形成一个庞大的国营资本体系,资产达到2亿元,成为一个稳定、繁荣的"模范省"。与山西情况相近的是广东省,两省的国营工业资本额竟占到全国地方国营工业资本总额的60%。据许涤新在《中国资本主义发展史》一书中的研究,到1936年,中央政府控制的国营工业资本总额为1.16亿元,地方国营工业的资本额为1.56亿元另加61.6万两白银,后者的成就超过前者。[①]

---

① 许涤新、吴承明主编,《中国资本主义发展史》(全三卷),社会科学文献出版社,2007年版。

除了山西、广东的实业发展之外，东北是一个更特殊的情况。跟阎锡山一样，奉系军阀张作霖、张学良父子曾经长期统治东三省，号称"东北王"。到1929年前后，东北形成了以钢铁、煤炭为中心的重工业体系和以粮食加工、纺织、食品工业为中心的轻工业体系，其规模已经比肩江南。当时国内仅次于上海的国际大都市是哈尔滨，有34家外资银行在哈埠开设分支机构，它与巴黎、纽约等国际金融中心直接业务往来，哈埠的金融动态左右远东的金融形势，在哈尔滨的外国商业机构达1 809个。在1928年，以出超实际利益①比较，哈尔滨的滨江海关稳坐全国六大海关头把交椅，成为全国最大的面粉生产和出口基地、酒精和啤酒生产基地，而辽宁的大连是仅次于上海的全国第二大海港。1928年5月，哈尔滨车站已经可以出售直达欧洲各城市的客票。1931年，日本悍然发动"九一八"事变，霸占东三省，建立伪满洲国。在后来的14年里，日本先后投资20亿美元用于交通运输网络和工业化建设，伪满洲国全境的铁路里数达到6 000英里，公路约6万英里，为全国铁路、公路最密集的地区，煤的产量达3 000万吨，鞍山钢铁厂每年能生产200万吨生铁和150万吨钢，众多的机器、化学制品、汽车甚至飞机工厂建成。大连、长春和沈阳相继成为大工业城市，其中长春是亚洲第一个全面普及抽水马桶和管道煤气的城市。费正清在《美国与中国》一书中认为："伪满洲国作为一个工业基地，在日本人的开发下，其工业产值超过了中国其他地区的总和。"②

对1928—1937年这10年进行评价是十分困难的，这在史学界一直众说纷纭。

整体而言，这段时间的经济成就还是显著的。国民政府在收回国家经济主权以及重建金融秩序上的努力值得称道。在中央政府及地方军阀政

---

① 出超实际利益，指海关的进出口贸易量与海关收入的综合利益考评。
② [美] 费正清著，张理京译，《美国与中国》，北京：世界知识出版社，2000年版。

权的努力下，工业经济得到了一定程度的发展，以扶持国营事业为宗旨的国家主义成为主流的经济思想。强大的国家主导意志，产生了聚集能量的专制力量，并提高了投资的效益和效率。经过这一段集中式建设，中国基本完成了重化工业和全国运输网络的布局，也完成了诸多中心城市的市政建设。

与此同时，私营资本集团受到了压抑和排挤，国营体制内在的制度弊病无法避免。早在1935年，一个叫A·H·约翰的英国人便在《中国的贸易与经济：1933—1935》一书中观察到："中国的工业投资，尤其是在那些享有垄断便利的领域中，官方的参与常常导致企业运营过程中对技术和商业因素的忽视，并因政局的变动而导致企业行政管理的非连续性。"民国经济学家方显廷的评论更是生动："我们国营事业，证诸以往，率皆有始无终，议而不决，决而不行，为政府之惯技。计划迭出，实行无期，堆积案头，徒壮观瞻。"

除了体制的弊端之外，一个更具危害性的流弊是，在国家主义和发展国营实业的大旗下，官僚资本迅猛壮大。国民党政府最主要的经济操盘人宋子文、孔祥熙及张静江等人都拥有庞大的私人资本，由实业而入政府服务的诸多人士也身兼政经两职，他们成为困扰经济健康发展、滋生严重腐败现象的最大毒瘤，最终导致了政权的合法性危机。

1929年之后，国家力量如日中天，群星顿时暗淡失色，中国商业界告别了市场型企业家辈出的时代。此景再现，将在整整50年后的改革开放时期。其间，唯一的"异数"，是一个远离中央控制范围的企业家。

这年开春，卢作孚（1893—1952）从一个叫谭谦禄的商人手里买下一艘轮船，改名"民望"，这是他的民生轮船公司的第三艘船。从此，民生逐步成为重庆长江水段最主要的民营航运企业。这个人有着典型的川人长相，面庞瘦削，个子很小，看上去显得十分文弱，做起事来却干劲儿十足。这一年他才37岁，但是见到他的植物学家胡先骕则在一篇《四川杰

▲卢作孚

出人物卢作孚及其所经营之事业》一文中描述说,"在人眼里已是貌若五旬,须鬓苍白"①。胡先骕继而说,一经接触,就能感受到卢作孚的理想家气质,他目光冥然而远,声音清而尖锐,办事的热忱,舍己为人的精神,处处都像个宗教改革家。这是一个乱世中的理想主义者。

卢作孚出身贫寒,父亲是一个麻布小贩。他少年时是一个"爱国愤青",18岁就加入了同盟会,能把孙中山的《建国大纲》一字不漏地背下来。他只有小学学历,却当过算术老师、国文教员、《川报》主笔和总编。快到30岁的时候,他突然意识到,在这个乱世之中,靠一支笔不但救不了国家,甚至连自己的生命也被虚耗。他曾去南通拜访张謇,目睹"状元企业家"的实业发达及南通面貌的更新,一时颇受鼓舞,终于下定了投身实业的决心。1926年10月,他筹集5万元创办民生实业股份有限公司,购船一艘,来往于重庆到他家乡合川县的航运生意。

卢作孚是文人出身,却有惊人的商业天才。当时长江航线上的民营船运业非常落后,航期不固定,往往客满才发,客运与货运也混搅在一起,船上脏乱不已,客户服务更是谈不上。民生在制度设计上有许多创新,比如定期航行,新辟航线,以客运为主,避开以货运为主和船舶拥挤的航线,再就是稳定运价,树立信誉。卢作孚为公司设计了很多基本管理规则,从"经理须知""船长须知"到"驾驶员须知""轮机须知""理货

---

① 张大为等编,《胡先骕文存》,南昌:江西高校出版社,1995年版。

须知""茶房须知""水手须知",实际的工作方式、程序,从早到晚,从开船到靠岸,应有的工作都规定得详细无遗,分工明确,责任到位,从一开始就俨然是一个现代的航运企业。长江有一个冬季枯水期,航运往往无法保证四季定期,卢作孚的第二条船就是专门在上海定造的,载重只有34吨,吃水很浅,适合枯水期航运。

当时的四川省被川系军阀刘湘、杨森控制,名义上服从南京政府,却是割据的局面,所以,卢作孚的事业没有受到国民政府的国家主义的影响。到1929年,民生三条船的总吨位不足230吨,还不如许多公司一条船的吨位,但卢作孚却雄心万丈,决心以小搏大、统一整个长江上游的航运业。他实施了有效的兼并策略,将重庆上游至宜宾一线、下游到宜昌一线的华商轮船公司逐步吃掉。民生的原则是,只要愿意出售的轮船,不论好坏,民生一律照价买下。愿意与民生合并的,不论负债多少,民生一律帮他们还清债务,需要现金多少即交付多少,其余的作为股本加入民生。卖船给民生或并入民生,所有船员一律转入民生工作,不让一个人失业。接收一条船,就按民生的制度运转。到1931年前后,民生船只数达到12艘,总吨位扩张到1 500吨,员工人数500多人,已成长江上游最大的民营航运企业。

卢作孚从投身商业的第一天起就怀抱着济世的理想,因而有着特别的焦虑与悲悯。在日后一篇总结毕生经商心路的文章《一桩惨淡经营的事业》中,他写道:"我自从事这桩事业以来,时时感觉痛苦,做得越大越成功,便越痛苦。"[①] 年轻时的他崇尚革命,时刻准备做一颗唤醒民众的"炸弹",而成为企业家后,却心境大改,愿意以更为建设性的方式来实现改善社会的理想。他自比为"微生物"。他说:"炸弹力量小,不足以完全毁灭对方,你应当是微生物,微生物的力量才特别大,才使人无法抵抗。"张謇式的理念成为他的目标。

[①] 凌耀伦、熊甫编,《卢作孚文集》,北京:北京大学出版社,2004年版。卢作孚基本引自该书,下文不再一一注明。

▲民生的第一条船

在民生事业规模初具之后,他便仿效张謇在北碚开始社会试验。北碚是重庆附近的一个地区,山岭重叠,交通困难,地处四县之交,兵匪横行,无人管束,城区肮脏混乱。卢作孚就在这么一个地方实践他的理想。从1927年起的三年里,他建起了中学、工厂、医院、科学院、公园和植物园,倡导文明、整洁和健康的生活。他没有像张謇那样投入巨额资金改善北碚的硬件设施,却把大量人力、物力投注于人的教育。在所有的新设机构里,他聘请的都是20多岁的文化青年,试图以清新的朝气一点一点地改变沉淀千年的陋习。他的工作竟然收到了让人惊奇的成效。到20世纪30年代初期,北碚已成为四川境内最先进的地区,著名记者杜重远曾到北碚访问。他在重庆时,触目所及的是衣冠不整的军人、乌烟瘴气的鸦片馆和妓院以及萎靡的民众,但一到距离重庆市区仅仅几十公里外的北碚,却全然是另外一番景象。杜重远赞叹说:"昔称野蛮之地,今变文化之乡。"[1]

---

[1] 杜重远的观察和体验后来以通信的方式刊登在邹韬奋办的《生活周刊》上,他对北碚模式的创造者卢作孚先生的评价令人难忘,说卢作孚"思想缜密,眼光锐敏,处事勤奋,持身俭约",并说"弟之来川,以得晤卢公为平生第一快事"。

北碚大名从此传闻天下，成了继南通之后的又一个"全国模范之地"。

卢作孚的思想中有十分朴素的社会主义色彩，在《建设中国的困难以及必循的道路》一文中，他曾经很详尽地写道："我们的预备是每个人可以依赖着事业工作到老，不至于有职业的恐慌；如其老到不能工作了，则退休后有养老金；任何时候死亡有抚恤金。公司要决定住宅区域，无论无家庭的、有家庭的职工，都可以居住。里面要有美丽的花园，简单而艺术的家具，有小学校，有医院，有运动场，有电影院和戏院，有图书馆和博物馆，有极周到的消费品的供给，有极良好的公共秩序和公共习惯。"在后来的10余年中，他确实也是这么实践的。

▲民生的广告画

卢作孚的实业和名气越来越大，但他本人却保持着苦行僧式的自律生活。他曾在民生公司的会议上描述自己的作息时间："我从早上七点半迈进公司的大门，一直要工作到晚上十一二点，才能够回家。"身为企业总经理，他的夫人、孩子坐民生轮船，一样按职工家属买半票的规定买船票，和其他乘客一样排队等候上船，规矩地坐在舱里。有时被船员认出，请他们到经理室去坐，他妻子坚持不肯。民生公司为职工在重庆修建了一个"民生村"宿舍，全部是平房，一家人住一套。但是，卢作孚本人却没有搬进去住。他的家租住红岩村2号，那是一栋一楼一底的房子，住了4家人，厕所在房子外面的菜地里。美国《亚洲和美国》杂志描述过他的家居环境："在他的新船的头等舱里，他不惜从霍菲尔德进口刀叉餐具，从

第三部 1928—1937 国家主义的回归

▲民生重庆大楼

柏林进口陶瓷,从布拉格进口玻璃器皿,但是在他自己的餐桌上却只放着几只普通的碗和竹筷子。甚至这些船上的三等舱中也有瓷浴盆、电器设备和带垫子的沙发椅,但成为强烈对照的是,他那被称为家的6间改修过的农民小屋中,围着破旧桌子的却是一些跛脚的旧式木椅。"这段文字,如金如玉,百年不朽,照出了一个中国企业家的锐度和高远境界。

1930年开春,卢作孚出川东行,考察华东、华北和东北等地,历时半年。5月,他再度来到南通,此时张謇已离世四年。他停留三天,参观了张謇所创的学校、工厂和公共事业,斯人已亡,旧景犹在,卢作孚感伤与感奋交集。他对友人说:"我羡慕张先生的精神,羡慕他创造事业的精神,尤其羡慕他在无形中创造出伟大事业的精神。"他还来到无锡,参观了荣家兄弟的面粉厂和棉纺厂。之后,他考察东北,在那里,他目睹了日本人的经营活动,并深深震撼于日人的治理能力。"第一是秩序。从大连码头,沿着南满铁路,凡日本人经营的市场、车站和火车都秩序井然。第二是准确、清楚。从指引方向的地图、路标,到参观时介绍情况,凡数字都准确,凡情况都清楚,事业中的工作人员,都明了事业的全部情况。"

正是在这种"有序"中，曾经当过报社主笔的卢作孚预感到了国家可能面临的磨难。他在游记中写道："德国已成过去，俄国尚有所未知，日本则方进取未已，为东北最可顾虑的问题，十分紧迫，尤其是我们应该觉悟的。"

东行归来后，他把所写游记感触编成《东北游记》一书，分送亲友政要。他在序言中说，看到日本人在东北的所作所为，才知道他们的处心积虑，才对"处心积虑"这个词有了深刻的理解。

他的这个预感竟很快变成了噩梦般的现实。

1932 / 救亡的经济

我的家在东北松花江上,
那里有森林煤矿,
还有那满山遍野的大豆高粱。
我的家在东北松花江上,
那里有我的同胞,
还有那衰老的爹娘。
九一八,九一八,
从那个悲惨的时候,
脱离了我的家乡,抛弃那无尽的宝藏。
流浪,流浪……

——张寒晖:《松花江上》,1932年

1931年6月22日,美国《时代周刊》以《在轮胎上》为题,报道了沈阳兵工厂制造出中国第一辆载重卡车的新闻。文章称,卡车的发动机、齿轮及其他复杂部件均从美国进口,中国工人能生产钢材、车架和散热器。工厂负责人对记者说:"这是

100型的，计划建立一条生产线，每月生产5辆，每辆车的轮胎载重量为1万磅（约5吨）。我们还将每月生产10辆75型的，每辆车的轮胎载重量为7 500磅。"

仅仅三个月后，这家中国最大的兵工厂和正在建设中的卡车生产线就落入日本关东军手中，同时被"接收"的还有数百架自制的军用飞机。

进入1930年之后，战争的幽灵一直如展开翅膀的黑色巨鸟，笼罩着苦难的中国大地。

翅膀的一翼是内战。1930年春夏之交，全国所有反对南京政府的军事势力集结在一起，阎锡山、冯玉祥、李宗仁以及武汉汪精卫结成同盟，与蒋介石一决雌雄，史称"中原大战"。战事从5月打到11月，双方投入兵力逾百万，战线绵延数千里，是自太平天国之后最大规模的内战。战事几度胶着，反复诡异，最终蒋介石取得胜利。此后，国内军阀再无人敢于与他正面较量。中原大战刚刚打完，蒋介石迅即将枪口对准江西井冈山的共产党部队。从11月到下一年的6月间，他前后动用60万兵力对苏区发动了三次"围剿"，谁知竟全部以惨败告终，他终于遇到了一生最大的对手——毛泽东。

翅膀的另一翼是外患。正如卢作孚在东北亲眼所见，日本对资源丰富的东三省早已"食指大动"。1931年9月18日傍晚，日本关东军在沈阳北面约7.5公里处，离东北军驻地北大营800米处的柳条湖南满铁路段上炸毁了小段铁路，然后嫁祸东北军，出兵进击北大营。正在北平城里夜宴跳舞的少帅张学良采取"不抵抗政策"。不到半年时间，东三省100万平方公里失陷，张家父子在东北苦心打下的工业基础，成为日本日后发动全面对华战争的主要动力源。① 关东军游说已经退位的清朝末代皇帝溥仪，北

---

① 张学良的父亲张作霖曾在1927年6月打进关内，就任北洋军政府陆海军大元帅，成为北洋政权最后一个统治者。1928年4月，在蒋、冯、阎、桂四大集团军的攻击下，惨败的张作霖退出北京。6月4日晨，张作霖的专列在皇姑屯被关东军预先埋好的炸弹炸毁，他当日去世，27岁的张学良继承衣钵，成为奉军领袖。

▲ 张作霖被炸现场

上建立傀儡政权——伪满洲国。这就是震惊世界的"九一八"事变。

1932年1月28日，日军以保护日侨为由进犯上海，日机轰炸闸北华界。中日军队激战闸北，600多家工厂、4 204家商号和1.97万座房屋被毁。5月5日，中日在欧美各国调停之下签署《淞沪停战协定》。

"九一八"事变的爆发，让中国再次处于危急的存亡关头。一曲《松花江上》，刺痛四万万国民。反日情绪空前高涨，各地学生纷纷游行请愿，各地再度爆发势不可当的抵制日货运动。1931年10月26日的美国《时代周刊》第二次以蒋介石为封面人物，在新闻中，抵制日货成了重要的报道内容。

> 在上海，那些敢偷偷摸摸卖日货的店主，上周受到由"反日协会"自己任命的中国"警察"的严厉惩罚，哭哭啼啼地被关进临时设立的监狱。
>
> 这些不爱国的商人吓得说不出话，跪在反日协会审判者面前不

停地磕头求饶。"审判员"处以罚款，惩罚他们卖日货的罪行，"罚金"达1万墨西哥元（2 500美元）。凡是被处以罚款而称无力支付的店主，就被押进反日协会的监狱，在里面挨饿。这种怪异的审判，以各种方式出现，公然违法的行为却在各地得到中国公众舆论的支持——人类1/4民众的舆论。成千上万的城市与乡镇，爱国者汇成一个整体，发出如下神圣的誓言（由中国首都南京的全部师生宣誓过）："对着青天白日，对着我们的祖国，对着我们祖先的陵墓，我们全体教职员工和学生发出庄严宣誓，只要我们活着，就永不使用日货。如果违反誓言，老天可以惩罚我们，别人可以处死我们！"

全世界的唐人街纷纷抵制日货。在安大略省温莎市的白人，吃惊地看到400名加拿大华人采取与波士顿茶叶党同样的举动，把价值6 000美元的日本茶叶、丝绸和海鲜集中在一起，浇上汽油，由温莎德高望重的李枫（Fong Lee，音译）发表鄙视日本的演讲，然后点燃货物。在太平洋彼岸，美国航运公司高兴地看到日本的公司取消了中日航班，自己则多了生意机会。

正如《时代周刊》所描述的，此次抵制日货运动的激烈和全面超过了以往的任何时期，并出现了新的运动倾向：一是民族主义热情下的准暴力化，二是政府积极参与的制度化。

"九一八"之后的第十天，北平就举行了20万人参加的抗日救国大会，人们烧毁日本商品，要求对日宣战，收复失地。同日，南京、上海的2 000多名学生上街请愿，冲击国民政府外交部，外交部长王正廷被学生打伤，后被迫辞职。其后一月内，超过100个以上的城市都举行了万人聚会抗议活动。在商业和银行业，抵制日货被严格地实施，上海、广州等地的银行断绝与日本的一切交往，搬运和码头工人拒绝装卸日本货物，日资企业的雇员被强烈鼓励辞去他们的工作，否则，就可能遭到殴打。据当时的《申报》报道，"在上海买卖日本产品事实上已是不可能"。

目睹了当时情景的美国记者埃德纳·李·布克记载说，1931年的抵制运动"对中国这样进行抵制活动的老手来说也是前所未有的"。她看到一个与日本商品有关的商人被扔进木笼，"暴露在众目睽睽之下——就好像是一只销售了日货而背叛他祖国的奇异野兽"。人们对那些采取了过激行动的人持宽容态度，甚至将之视为民族英雄。在武汉，有人因把一枚炸弹扔进一家被认为销售了日本衣物的商店而遭逮捕，他仅仅被处以缓刑就释放了。各地的日本侨民都遭到了不同程度的袭击。1932年1月18日，上海三友毛巾厂的激进爱国工人殴打了几个日本僧人，导致一人死亡。两天后，日本侨民放火烧了这家工厂，这成为"一·二八"日军攻击上海的直接导火索。

在此次抵制运动中，民众表现出超乎寻常的高道德标准。日货被定名为"仇货"，也就是仇人生产的商品，是宁可饿死也不能使用的东西。抵制活动到了"逢日必反"的地步，上海市商会收到来自厦门的商人来信，要求澄清朝鲜人参该不该抵制。商会随即展开调查，发现日本三井贸易公司垄断了朝鲜人参的贸易，因此，认定"朝鲜人参是日本产品"。商会当即给厦门的商人团体以及各港口发送电报，并在市民大会上号召大家不要再买朝鲜人参。在天津，一个叫宋则久的商人把自己的"天津工业售品所"更名为"天津国货售品所"，发誓商店只出售国货商品。当地的《庸报》报道说，有人发现售品所出售的女大衣用的是日本纽扣，宋则久当夜查验所有的女大衣，没有发现日本纽扣，第二天他下令再彻查一遍，结果在法租界的一个分所里，真的找到几件使用了日本纽扣的女大衣，宋则久当即开除了分所的主管，并公开

▲《时代周刊》上的蒋介石

登报向市民道歉。

人们还重新定义了"奸商"的概念。在传统意义上，这是指"卑劣、诡计多端的商人"，而在民族危机的语境里，它被升格为"叛国的商人"，所有出售日本商品的商人都成了叛国者，而这是"人人得而诛之"的。在郑州，一个销售日本香烟的中国商人被迫"头顶一张巨大的香烟纸板盒，在一场大型示威中游街示众。妇女被要求一定要使用国货，否则就形同妓女。在一篇题为《国货与妓女》的文章中，作者以女性的口吻写道："我认为穿国货是一件最高贵和荣耀的事情，相反，如果让自己全身穿着舶来品，不仅会被认为身体下贱，也是件无比难堪的事情。"

在其后相当长的时间里，对日货的抵制已经成了一种全民性的情绪，在某种程度上超出了理性的范畴。在1932年发表的中篇小说《林家铺子》里，作家茅盾形象地描述了当时抵制洋货的某种现实："小伙计们夹在闹里骂'东洋乌龟！'竟也有人当街大呼：'再买东洋货就是忘八！'……大家都卖东洋货，并且大家花了几百块钱以后，都已经奉着特许：'只要把东洋商标撕去了就行。'他现在满店的货物都已经称为'国货'，买主们也都是'国货，国货'地说着，就拿走了。"①

▲战争时期抵制日货

---

① 茅盾著，《林家铺子》，北京：人民文学出版社，2000年版。

第三部　1928—1937　国家主义的回归

跟以往历次运动的情况完全相似，企业家阶层是抵制日货的积极参与者和得益者。

在坚决的抵制浪潮下，在华日资工厂遭到毁灭性的打击。日本最大的对华实业投资在棉纺织产业，当时有43个日本工厂，其总投资额为1.49亿美元，而重要的华资工厂有81个，总投资额为1.3亿美元，日企占纺纱生产总额的38%、占织布生产总额的56%。"九一八"之后，这些工厂相继陷入停滞。

作为纺织业重镇的上海，在抵制运动开始的前几个月，一些华资工厂曾经因为原料短缺而陷入严重的困境。1932年2月的《申报》报道，全市113家丝厂只有20家仍在开工，针织企业有1/3被迫关闭。从日本纺织工厂主动离职或被辞退的数万工人成了危险的失业群体。但是不久，情况得到了控制，日本工厂失去的市场份额被华资企业抢走。

在天津，一个叫赵子贞的企业家创办了东亚毛纺织有限公司，生产羊毛制成的布料。当时市场上最畅销的同类产品正是日本货，赵子贞给产品起的商标是"抵羊"，也就是"抵制洋货"或"抵制东洋货"的谐音，商标的图形是山海关、长城和两只争斗的公羊，一看就知是中国人制造的布料。在上海，还有一家章华毛纺厂索性将自己出品的毛织品起名为"九一八"牌。

在四川，卢作孚是救国会重庆分会的核心成员之一。他在民生公司轮船的卧铺床单和职工宿舍的床单上都印上了"梦寐毋忘国家大难"的字样，以此激励国人的爱国之心。另外，他还特地制定了一套针对日资轮船的服务标准："招待乘客和蔼周到的精神要超过日船；保护客货的办法要超过日船；保护船身，节省费用的精神要超过日船；清洁整饬调理秩序的精神要超过日船；对于乘客要随时提起抗日救国的精神。"靠这样的精神和服务质量，民生公司的轮船大受欢迎，许多人宁愿多等几日也不愿搭乘日本轮船。

吴蕴初（1891—1953），是这段时期涌现出来的最出名的爱国企业家之一。20世纪初，日本科学家从海藻类植物中提取出了谷氨酸钠，发明了可以使菜肴更为可口的"味之素"调味品。在20年代，中国的味精市场被日本"味之素"完全垄断。1922年，化工专家吴蕴初摸索研制味精成功，建成上海天厨味精厂，以"纯粹国货"的口号与日本"味之素"竞争。他的出现引起了日商的警惕，生产"味之素"的铃木商社向中国专利局提出抗议，认为"味精"两字是从"味之素"广告当中的"调味精品"转化而来的，要求取消"天厨味精"的商标。吴蕴初把这个事件演化成了一场民族产业的保卫战，他发动国内的食品企业联合请愿，媒体更是大力支持，最后，日商只好不了了之。吴蕴初积极参与了中华国货维持会的工作，他是很多反日组织和抵制活动的主要捐助者。1926年，天厨味精获得费城国际展览会的金奖。"九一八"事变的爆发，让吴蕴初再次得到了打击日本企业的机会。在汹涌而来的抵制日货运动中，天厨味精及其他冒出来的国产味精工厂成为市场的主导者，"味之素"撤离了绝大部分的中国市场，最后只在日军控制的东三省销售。天厨味精的成功让国人士气大振，被认为是国货战胜日货的经典案例。1934年3月，吴蕴初捐赠一架轰炸机给国民政府，3万人参加了在上海虹桥机

▲吴蕴初的天厨味精厂旧址

场举行的捐赠仪式，在飞机的机身上印着两个很大的字："天厨"。

在过去几年，国民政府对于抵制日货运动持一种很暧昧的态度。一方面，它很希望借此形成一股可以凝聚的民族力量，缓解丛生的国内矛盾。此外，决策者也将抵制洋货看成是鼓励民族工业以及贸易保护的一种战略。1928年，蒋介石在参加一个国货展览会的开幕式时便宣称："国民政府是要提倡国货，要振兴实业，要挽回利权，使外国货在中国没有销路，大家都用国货来打倒帝国主义。"而另一方面，为了维持与日本的外交关系，政府也曾经多次强行解散反日团体。

"九一八"之后，中日虽未正式宣战，但是已形同仇国，政府开始走到前台，国民党的各地方党部都公开地参与到了抗议和抵制活动的组织工作中。抵制活动开始形成制度化，与仇日有关的"五九""九一八"都成为固定的抵制日货活动日。在1932年年底，国民政府宣布下一年为"国货年"，1934年是妇女国货年，1935年是学生国货年，1936年是市民国货年，而提倡国货的最重要的主题之一就是呼吁民众坚决抵制日货。

对于政府来说，"九一八"的另外一个结果是，关于经济增长模式的讨论变得别无选择。在过去的几年里，自由经济模式与国家主义模式的争论不绝于耳。自日本占领东三省后，几乎所有人都明白，中日之间，必有一战，于是，国家存亡成了一个超乎一切的命题，国家主义的战略成了政商共识。蒋介石在这一年的讲话中多次强调，"中国之工业发展，应偏重于国防方面"，"中国经济建设只有在军事建设的基础上才能实现"，目前中国最紧迫的任务是"建立一支规模虽然不大，但却有统一装备、第一流的、机动性强的武装力量"。谭熙鸿主编的《十年来之中国经济》（1948）记录道，当时"建设国防经济，发达国营工矿事业的呼声，遍于全国上下"[1]。在这样的大环境中，一个新的名词"统制经济"出现了。它强调国

---

[1] 谭熙鸿著，《十年来之中国经济》，上海：中华书局，1948年版。

家力量对经济的干预，优先发展军事工业和重工业，国营事业的扩张和整合速度大大加快。

1932年11月，洋务运动的仅存硕果之一、国内最大的航运企业轮船招商局再度收归国营。行政院副院长兼财政部长宋子文在呈报行政院的报告中称："兹与沪上各界领袖协商，均谓非借众力不足以恢复信用，非收回国营不足以根本规划。"

南京政府自成立以来就对私营化的招商局窥视已久。1927年11月，政府成立了招商局监督办公处，由交通部长王伯群亲任监督，"督促董事会自动改组，刷新整理，除弊固本，以尽扶持之责"。当时，招商局董事会的会长是李鸿章之孙李国杰，号称"皖省首富"，因为身份特殊，宋子文等人对其下手还是颇有忌惮。为了维护自身利益，李国杰请来同盟会的老会员赵铁桥担任公司的总办，赵铁桥在1907年就加入了同盟会，曾经被孙中山任命为中华革命党的四川支部长，是一个老资格的革命家。1930年7月24日晨，赵铁桥在上海招商局的总部大门口被刺客枪击，当场身中数枪，不治身亡，这一血腥事件在国内引起很大轰动。据称，实施暗杀的是当时人人闻之变色、连杜月笙都要花钱"孝敬"的"暗杀大王"王亚樵。然而王

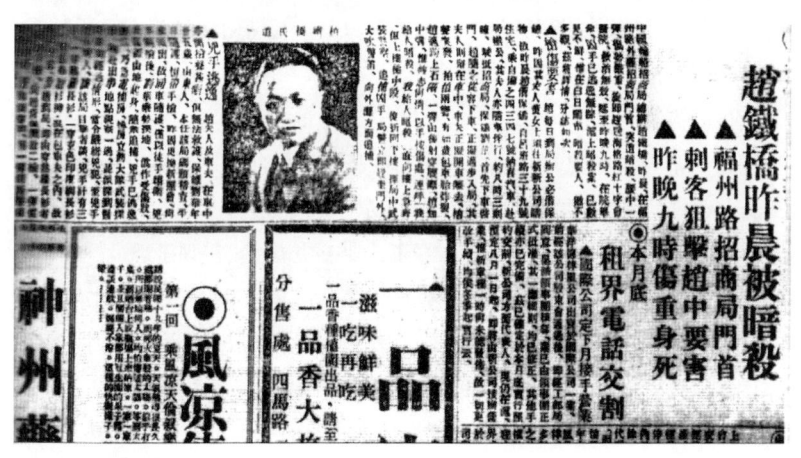

▲赵铁桥身亡新闻

亚樵到底受谁所托，为何实施暗杀，动机一直不明。三个月后，国民党中央常务会议就做出决议，"招商局应收归国营，关于股权债务之处理，由该局整理委员会妥拟办法，呈请国民政府核定施行"。

到了1932年，国事紧迫，招商局的收归很快提速。在很多人看来，战争时期，航运事业涉及军力运输等国防任务，收归国有已是题中应有之义。招商局国有化后，正式更名为国营招商局，隶属于交通部，取缔了董事会制度，成立理事会、监事会和总经理制度，一切经营重回国营体系。

在《招商局收归国营令》中，政府明确宣示，现有的私人股份将"由国家现款收回，以示优惠股东之意"。事实却是，中央银行为购买股权一共花了212.63万两白银，而招商局当时的账面资本就为840万两，实际资产远远高于此数。据《招商局史》记载，当时企业仅抵押给汇丰银行的五处房产就价值196万两，汉口等地的房产价值367万两，上海与武汉两埠局的资产合计2 336万两，加上江海轮船及其他资产，招商局的总资产超过5 000万两，扣除债务1 700多万两，实际资产为3 300万两。

也就是说，国民政府以不到1/10的价格收走了全国最大的航运企业。在过去的60年里，招商局几度公私易手，其产权轮回、经营者命运跌荡，堪称中国企业演化的一部"教科书"。

在一个强敌虎视的时期，一国之经济要欣欣向荣，是不可能的事情。"九一八"之后的中国便是如此。随着东三省沦丧、对日贸易萎缩、民众惊恐、消费低迷以及大量资金用于军事工业，中国经济出现了恐慌性动荡。

恐慌首先表现为债券市场的暴跌。在日军9月18日入侵东北的一周内，上海5种主要债券的平均市价急跌到票面值的60%以下，到12月，所有公债只在低于票面值40%的条件下才能成交，跟战前的9月1日相比，它们的价值跌掉了一半。上海的银行家们在这次恐慌中损失了几亿元，有两家银行因此倒闭。

1932年1月初，财政紧张的国民政府突然宣布停止支付所有政府债券的本息，这如同火上浇油，13日，上海各银行出现了挤兑情况。当时银行的储备金中，60%是现金，40%是保证债券，而且绝大多数是之前被认为一本万利、如今大大缩水的公债。挤兑一旦成为风潮，中国金融将瞬间崩盘。于是，在2月18日，政府与银行界展开谈判，宋子文提出"削减一半偿付、降低公债利率和延长还本期限"三条建议，这三条等于把公债的偿付腰斩一半以上，4年前那个无比诱人的公债投资现在看上去更像是一个巨大而可笑的骗局。银行家们欲哭无泪，如果接受宋子文的条件，损失可想而知，然而如果不接受，就可能被挤兑风潮淹死。无奈之下，银行家同意了这三个条件，不过他们也希望政府做出承诺，从此以后，这个条件一定不能再变更了，同时，4年内不得再发行新的公债。宋子文一口答应。后来的事实是，仅仅一年后，他的这个承诺就又随风而逝了。

　　这场金融恐慌，最终以银行家损失惨重而得以缓解，这是上海银行界遭遇的一次新的灾难。根据变更后的约定，宋子文每年可以减少8 000万~1亿元的公债偿付款项——在1932年，政府的年度总收入为6.83亿元，宋子文靠一个协议就"减少"了将近15%的支出。于是最戏剧性的事情发生了，到年底，宋子文十分骄傲地宣布："中华民国建立后二十一年中，政府第一次能够平衡它的预算。"在他讲话的同时，银行家们却只有苦笑而已，此消彼长，他们已经彻底丧失了与政府博弈的能力。

　　宋子文靠压榨他昔日的金融界朋友们所取得的财政胜利，并没有持续多久。蒋介石顽固秉持"攘外必先安内"的战略，在日军汹汹压境的情况下，仍然坚持要先消灭江西的共产党部队，军费开支像一个无底洞一般越来越大。1932年秋，他调集50多个师的兵力对江西、湖南和广东等地的共产党根据地实施第四次大"围剿"，谁料还是被击败。他自认"唯此次挫失，凄惨异常，实有生以来唯一之隐痛"。1933年5月，他集结100万兵力卷土重来，展开第五次大"围剿"。这一次，共产党领导人博古放弃了非常有效的运动战策略，而与国民党军队展开面对面的阵地战，红军遭

▲ "九一八"事变后，报纸上发表的有关蒋介石不抵抗日本侵略者的消息

受重大损失，中央苏区大部丧失，被迫于1934年10月向西进行"长征"。蒋介石调集军队，一路上围追堵截，必欲全歼而后快。中共中央在1935年1月的遵义会议上，把博古换下，之前被冷落的毛泽东重新掌握了领导权。在毛泽东的指挥下，红军转战11个省，历经无比艰巨的二万五千里长征，最终钻出了蒋介石的包围圈，于1936年10月到达陕甘宁边界，建立了新的延安根据地。

在这场前后长达三年半的对共产党的"围剿"中，蒋介石政权遭到国内舆论的强烈反对，停止内战之声不绝于耳。早在1932年8月，全国商界就组成了一个"废止内战大同盟"，并在上海召开了第一次全国大会。有将近500人参加，他们代表了全国72个商会、10个银行公会、9个钱业公会、104个同业行会，此外还有11个妇女联合会、11个同乡会、50个科学团体和42个工会组织。大会由上海企业家王晓籁担任主席，提出了"反对内战是中国人民自救之路"的口号。

对于宋子文来说，他不得不为蒋介石募集更多的军费，从第四次"围剿"开始，每月的军费开支就达到2 670万元，比预算中的1 500万元多出一大截。因为宋子文已经承诺4年内不得再发公债，于是，钱只好从其他渠道去弄。唯一的办法是贷款，他一方面对银行家们的反内战表示支持，另一方面则千方百计地压迫他们把钱拿出来。1933年，他就贷款8 780万元，这相当于以往4个财政年度的总和，刚刚持平的财政又一下子倾斜了。

在这一年里，企业界仍然表现出了共济国难的觉悟。1933年1月，日军从东北进攻山海关，继而占领热河省，华北门户大开。当时在北方抗敌的是张学良的东北军，不是蒋介石的嫡系部队，正专心"剿共"的蒋介石根本无心支持东北军。2月中旬，北京和上海两地的银行家开会协商，决定暂时放弃不买公债的决定，向国民政府认购2 000万元的"爱国库券"，并且不需要政府以任何关税作保证。不过，他们唯一要求于宋子文的是，这笔钱必须"专用"于华北防务。

宋子文在这一时期也表现得像一个真正的爱国者。他反对蒋介石的内战政策和对日本的软弱态度，日军入侵热河后，他带着支票飞到北方说服张学良坚决抵抗，并声称："日军如来侵，我决以全国力量应付。"为了遏制日本势力，他在1933年5月提出了两个针对性的经济政策。一是大幅提高日本进口商品的税率，其中，棉库绸的税率提高800%，毛织品提高200%，纸品提高8%~20%，人造丝、鱼类、烟草和煤的税率也有大幅提高。在这个政策的影响下，短短半年内，日本相关商品的在华销售就降低了一半或2/3。这当然大大有利于国内的民族企业。二是倡议组建一个由英、美、法等国参与的国际协商委员会，对这些国家的在华投资提供更为优惠的政策。他的计谋是，刺激英美企业对中国的投资，从而增加日本侵华的国际阻力。宋子文的这两项建议受到国内企业界的广泛欢迎，尽管在过去的这些年里，银行家们一再

▲战争时期的报纸

第三部　1928—1937　国家主义的回归　　305

上宋子文的当，吃足了他出尔反尔的苦头，可是在整个国民政府的决策层里，他还是唯一的"朋友"。到10月，银行家们再次放弃不买公债的决定，认购了6 000万元的关税库券，并再借给政府1 500万元。

可是，宋子文的反日、亲英美策略与蒋介石的既定想法显然格格不入，日本人更是对宋子文恨得牙痒痒。据《申报》的报道，1933年8月，宋子文访美返国，海轮在横滨中转，日本政府公开声称他是不受欢迎的人，不让他上岸。他们还想尽办法向国民政府施加压力，一定要把宋子文赶下台。10月25日，就在企业界认购了关税库券的半个多月后，宋子文被迫宣布辞去行政院副院长和财政部长的职务，公开理由是"健康不佳"。据胡汉民日后回忆，宋子文在私下对他说："当财政部长和做蒋介石的狗差不多，从今以后，我要做人不再做狗了。"[①] 宋子文辞职后，上海的公债市场再次爆发恐慌，用《时事新报》在当时的报道描述是"垂直暴跌"。

在这部企业史上，宋子文是一个左右摇摆和难以定义的人，把他与前朝的盛宣怀放在一起比较是一件有趣的事情，他们正是两个时代的官商典范。宋子文对西方的经济制度非常熟悉，有时候表现得很开明，对企业家阶层十分理解和同情，有些西方观察家甚至认为他是国民党中的"资本主义灵魂"[②]。可同时，他又是专制经济制度的执行者，他高超的财政技巧实际上比强盗还有杀伤力。他反对暴力，拒绝用恐怖的方式管理财政，可是同时，他又往往是暴力集团最有效率的合作伙伴。他是一个毋庸置疑的爱国者，可同时他总是不由自主地把私利摆在任何理性选择的第一位。他善于制定秩序，但他自己则每每置身于秩序之外。他的这些个性在日后将继续清晰地呈现出来。

蒋介石用来接替国舅宋子文的，是他的连襟，山西人孔祥熙（1880—

---

① 胡汉民著，《胡汉民自述》，台北：台湾传记文学出版社，1982年版。
② 这是布尔曼主编的《中华民国人名辞典》中的用语。

1967）。如果说，宋子文当年是因为性格上的怯弱而成了蒋介石的"狗"，那么，这个被称为"哈哈孔"的票商后人则天生是一条"哈哈狗"。

孔祥熙的英文名是H. H. CONG，所以时人叫他"哈哈孔"。他常以笑面示人，看上去庸庸碌碌，哼哼哈哈，但实际上，他一手抓权，一手抓钱，游走于各派势力之间，实则精明到了骨子里。其敛财才能之高，堪称民国第一人，因此有"无孔不入"的"美誉"。他出生在山西太谷县一个小票商的家庭，自诩是孔子的75代裔孙，早年在基督教会的

▲孔祥熙

资助下赴美读书，先后在欧柏林大学和著名的耶鲁大学就学，获经济学硕士学位（他后来获得欧柏林大学授予的荣誉博士头衔，因此也被称为"孔博士"）。1914年，他追随孙中山从事革命活动，与宋氏三姐妹中的大姐宋霭龄结为夫妻，就此攀上高枝。他有天生的经商才干，以他的名字注册的祥记公司长期包销美孚石油在华北的总代理。第一次世界大战期间，他把老家山西所产铁砂出口美国，大获其利。秉承山西票商的传统，他还创办了裕华票号，并投资于陈光甫的上海商业储蓄银行。1928年3月，他被任命为工商部长。与宋子文和蒋介石若即若离的关系不同，他铁了心死跟蒋介石。当初蒋介石向宋美龄苦追求婚，宋子文和宋庆龄曾表示反对，他则一力撮合。蒋介石被孙科等人赶下台那阵，他辞去部长职务，与之共进退，更是深得蒋介石欢心。1933年4月，他被任命为中

第三部 1928—1937 国家主义的回归 307

央银行总裁。宋子文辞职后，他旋即接任行政院副院长和财政部长两职，同时仍兼中央银行总裁。从此，他掌握中国财政金融大权长达11年之久，也是在此期间，他让自己成了全中国最富有的人之一。

孔祥熙对蒋介石可谓亦步亦趋。当上财政部长后，他当即改变了宋子文坚持的反日政策。1934年7月3日，国民政府突然宣布一项大大有利于日本的新税则，一年多前被大幅调高的棉布、鱼类等商品的关税率一律下调，有的甚至还低于之前的水平。此外，国民政府还提高很多中国工业必需、主要由欧美国家提供的商品税率，其中，原棉提高43%，金属产品提高20%~25%，矿石类提高4%~55%，煤油提高28%。

这简直是一个亲痛仇快、臭不可闻的"狗屎政策"。中国银行研究部在当年的报告中便直率地认定，"这种新税率的根本目的不是发展或保护中国的工业，而是倒退到1933年之前奉行的歧视中国资本并阻挠其发展的方针上去"。在所涉及的产业中，以民族资本最为集中的棉纺织业受害尤大，原棉关税的提高造成了中国工厂的采购成本大增，而从日本进口的棉成品则关税大降，这无疑让中国的纺织工业遇到了极大的困难。从数据上看，"九一八"之后，在汹涌的抵制日货运动下，日本进口商品占中国总进口的比例逐年下降，到1933年已降到9.9%，可是在新税率执行后，这一比例竟又在三年后反弹上升到了16.6%。①

与宋子文竭力主张减少军费开支不同——这也是他最让蒋介石恼火不已的地方——孔祥熙则无条件地支持蒋介石提出的任何一项财政预算，原本计划投资于经济项目的款项被大量地挪用。台湾学者王业键的观察是，"计划经过调整，首先考虑的是军事目标，强调经济因素在很大程度上只是为了宣传"。

---

① 这一数据不包括东北的伪满洲国。资料来自严中平编写的《中国近代经济史统计资料选刊》。

另外一个很不同的做法是，孔祥熙把企业家阶层全然排除在决策圈之外。宋子文时期曾经组建过一个40人的中国经济委员会，张公权、虞洽卿等10多位商界领袖受邀担任委员。孔祥熙上任后，这个委员会的决策机制完全变形。《国闻周报》曾经做过一个统计，从1933年10月到1934年3月的半年里，委员会没有开过一次会，而由孔祥熙等5位政府官员组成的常务委员会则开了8次会，企业家阶层被完全遗忘。

从1934年开始，中国经济陷入了一场空前的大萧条。

一切大的危机都是内外交困的结果，此次也不例外。内因是已经描述过的种种乱世景象，外因却非常奇特，竟然是受了"罗斯福新政"的影响。当时的中国人中知道罗斯福这个美国总统的大概不会超过500人，他却影响了至少5 000万人的生计。

美国经济从1929年的"黑色星期四"开始崩塌，其后4年惨不忍睹。1933年4月，富兰克林·D·罗斯福接替焦头烂额的胡佛担任美国总统。他以"看得见的手"推出了众多强势的国家干预政策，包括禁止私人储存黄金和黄金证券、使美元贬值40.94%，以及加大重工业和基础设施的投资等，把美国经济拉出了泥潭，这就是著名的"罗斯福新政"。新政中很重要的一项是暂时放弃金本位，这直接导致了世界白银市场的价格大涨，白银每盎司价格从1932年的0.27美元上涨到1933年4月的0.45美元，到1935年更升至0.67美元。罗斯福的政策刺激了美国经济的复苏，却"意外"地伤害到了大洋另一端脆弱的中国经济。白银涨价让中国的银元快速增值，直接导致中国商品在国际市场上的价格优势顿失，商品出口大幅减少，而在国内则诱发了金融和工商业动荡，大量白银外泄、原材料价格跌落、消费市场陷入低迷。

民国经济学家刘大钧提供的数据反映了当时的景象：中国商品的净出口从1931年的14.17亿元猛降到1934年的5.35亿元，棉纱出口从1929年的34万担降到1935年的24万担，生丝从42万担降到18万担，茶叶从94

万担降到 63 万担。出口萎缩首先影响到农产品价格，从 1931 年到 1934 年，全国国民生产总值中的农业产值竟下降了 47%，农村一片哀鸿萧条。

白银危机在中国的金融业和工商业两个领域造成了不同的后果。

白银的增值和外流，在短期内竟带来银行业的表面繁荣，特别是占据金融中心地位的上海。全国的白银汹汹流向这里，在此交易并通过走私出境，因公债暴跌而十分低迷的投机生意突然又活跃起来，上海几家主要银行的利润在 1934 年达到了 3 120 万元的历史纪录，还冒出了 11 家新银行。当然，这是短期内因投机而造成的虚假繁荣景象。当时就有一个叫漠湮的人在《东方杂志》上撰文评论："一方面是内地的国民经济不断地衰落，另一方面在城市却出现了人为的繁荣假象。"

危机在工业界则呈现得更为直接和惨烈。

在过去的几年里，东北沦丧，华北紧迫，长江中上游又是国共内战不止，对于经营企业的人来说，大半个中国市场已是无可作为。而如今，白银外流造成信贷的空前紧张，外贸萎缩和国内消费市场的萎靡更使得生产能力大量放空，在两面夹击之下，全国工厂顿时风声鹤唳。

在生丝业，由于需求减少和丝价降低，上海的丝厂从 1931 年的 107 家减少到 33 家。在面粉业，到 1933 年 10 月，上海所有面粉厂全部停止营业，企业主们紧急上书南京政府，要求提高进口面粉的关税，因为政府对日本面粉的低关税造成了民族工业的绝境。在橡胶业，由于价格猛跌，全国 30 家橡胶厂中有 3/5 倒闭关门。在商业领域，倒闭风像瘟疫一样扩散，仅上海一地，在 1934 年就有 254 家商业企业倒闭，下一年又有 469 家倒闭。

纺织业是当时中国最大、最重要的制造产业，纺织业资产占全国工业总资本的 36%，纺织工人占全国工人总数的 56%，长三角又是纺织业的中心，全国 127 家纺织厂中有 80 家开在这一带。危机到来的时候，它受到的冲击也最为巨大。

1934 年 7 月 4 日，就在孔祥熙宣布对日有利的新税则的第二天，中国最大的民族纺织企业上海申新总公司公开登报，宣告"搁浅"。荣家兄弟陷入创业以来的最大危机,当时的凶险景象竟与12年前发生在南通张謇身上的那一幕惊人相似。

就在两年前,荣家事业还处在巅峰。当时申新纱厂约占全国民族资本棉纱厂纱锭数的20%,布机数占28%,茂新和福新的面粉厂规模占全国同行业的1/3左右,占上海市的1/2,其旗下企业总数达21家,赫然是当时国内规模第一的民营实业集团。荣宗敬曾很得意地对友人说:"当今中国人,有一半是穿我的、吃我的。"1933年是他的60岁大寿,在贺寿堂会上,他很兴奋地对济济一堂的宾客说:"烈士暮年,壮心不已,吾今已届六十,纱锭数达到六十万,我还要活到七十岁、八十岁,纱锭要达到七十万、八十万……"堂下,一片欢腾喝彩声。

▲申新大门紧闭

荣家事业的迅猛发展靠的是疯狂的举债扩张战略。就在荣宗敬讲那番豪言的时候,申新资产共值6 898万银元,而负债达6 375万银元,处在一个十分紧绷的状态中。转眼间,市场突变,荣家首当其冲。到1934年年初,荣家面粉工厂全面停产,申新各厂也风雨飘摇。荣宗敬在给友人的信中说:"花贵纱贱,不敷成本,织纱成布,布价仅及纱价,销路不畅,存货山积。"到1934年3月,上海所有银行已无一家肯对荣家放款,连荣氏参股的16家钱庄也关上了大门。荣宗敬一度急得要自杀,陈光甫和宋汉章两人在荣宅陪他一宿,温言相劝,他才算是没有走上绝路。在申新宣告"搁浅"前几天,陈光甫天天都在申新总公司等到深夜一两点。客观而言,荣家之所以会陷入如此大的危机,与荣宗敬的激进做法有很大关系。很多年后,陈光甫评论说:"荣宗敬的申新企业是全国纺织企业中最大的,为了增加银行存款,巩固我们的地位,我们乐意与他合作;而他当时急需资金来更新扩大,自然也希望与我们合作。结果,没有充分调查他的实际需要和个人性格,我们就提供了大笔贷款给他,导致我们资金周转困难,甚至影响了活期存款的运行。"

好在荣家还有一个稍稍保守的荣德生。6月28日,荣宗敬派人到无锡向弟弟求救,族内有人担心,去救上海申新会把无锡的产业也拖进泥潭。荣德生执一茶壶在手说:"我与哥哥好比这个壶,一经破裂,虽持半壶在手,亦复何用?"他当夜把家中所有的地契和有价证券全部收罗起来,第二天清晨就赶到上海,在陈光甫、宋汉章的斡旋下,中国银行和上海银行联合借款220万元,这才稍解燃眉之急。

但是,区区200多万元仅够荣家多吸几天的氧气,当时申新总公司每年的通税和利息支出就在1 000万元以上。一周后,申新不得不登报宣告"搁浅"。

荣家若垮,中国民族纺织业和面粉业的半壁江山就塌掉了,这是人人皆知的事实。而且,与华商在这两个市场上竞争最激烈的就是日本企业,它们在棉纺织业拥有1/3左右的市场份额,几年来的抵制日货运动和宋子文的反日政策曾经让它们元气大伤,但是现在孔祥熙的新税则及经济危机却给了日本企业反扑的大好机遇。很显然,这里正进行着一场没有硝烟的"抗日战争"。

这时候,唯一能救荣家的,只有国民政府了。

企业史人物 | 费的眼睛 |

1932年1月20日，瘦瘦高高、25岁的哈佛大学研究生费正清乘汽轮到了上海吴淞口码头。他原本打算在这里与新娘费慰梅举办一场东方式的婚礼，谁知道一周后爆发了"一·二八"战事，他仓皇逃到北平，婚礼的规模要比他预想中的小，但充满了更多的神秘气氛。他在日记中记载道："我带着新娘沿着皇宫的路回家，乘车穿过宫殿的大门，黄昏时抵达我们居住的胡同。在烛光下，我们甜美而亲密地吃西餐，屋外传来中国人举办婚礼的笛声和铜锣声。"① 就在这样的文化交错中，费正清开始了他命中注定的"中国式人生"。

新婚后的费正清在中国断断续续待了7年。他去了许多地方，结识了很多一流的中国学者，他最喜欢的朋友是梁启超的公子梁思成和他美丽无比的妻子林徽因。与记者斯诺和政治家司徒雷登不同，学究气很重的费正清不喜欢轻易地"站边"，他只想用自己的眼睛来看中国。一开始他对中国的未来充满了悲观和怀疑，他甚至认为，如果日本扩大侵略，"农民将会默默地欢迎他们，因为农民的处境不会比现在更坏"。但是，4年后，他渐渐改变了这些观点。

在抗战的相当长时间里，他主持美国国务院的北京新闻处工作，向罗斯福总统汇报中国动态并提出建议是他最重要的工作。从后来公开的信函中可以看出，费正清一直在梳理自己对中国的观察。在一开始，他认为

▲ 费正清

---

① 费正清著，陆惠勤、陈祖怀、陈维益、宋瑜译，《费正清对华回忆录》，上海：知识出版社，1991年版。

中国是美国价值观与其他价值观冲突的战场，因而文化上的改造是最重要的课题。几年后，他意识到科学与民主的推广似乎更为迫切。当他接触到一些左翼人士后，他又认为那些能够解决土地和农民问题的、受过西方知识分子教育的中国人才是中国未来的领导者。这都是一些交错在一起的问题，它们从20世纪初就开始呈现在所有关心中国问题的人的眼前。100年来，交织往返、缠缠绵绵，从来以一种混沌的姿态向前寸进。费正清用一个外人的眼睛，时而看得清楚，时而看得模糊，不过由于没有掺杂过多的情感因素，便比绝大多数的中国人要真实一点。

1948年，费正清出版了《美国与中国》，自此他被公认是第一流的中国问题专家，他此后的生命便一直站在美国与中国这个接触点上，左右盼顾。他的观点越来越趋于务实。他是最早主张美国政府与中华人民共和国建交的知名人士。越战一结束，他就建议美国政府通过旅游与中国接触，并力主取消贸易禁运。他说："意识形态上的偏执，正在损害美国和中国的利益。"即便是在学术方面，他也越来越趋于方法论上的讨论。罗德里克·麦克法夸尔（Roderick MacFarquhar）在1973年匆匆出版了《"文化大革命"的起源·第一卷》，他把书稿在第一时间投寄给费正清，希望得到这位最权威的中国问题专家的指教。费正清十分喜欢这个极具天分、对中国问题入迷却从来没有到过中国的青年人，他把麦克调进了哈佛大学的费正清研究中心，并在最后让他接替自己当上了中心的主任。不过他对后者有过一个很有趣的忠告，他告诉麦克："在中国的黄河上逆流行舟，你往往看到的是曲弯前行的船，而没有注意到那些在岸边拉纤的人。"也就是说，你必须站得更高更远，才能看清事实的全部。

晚年的费正清坚信："中国和美国可能处在两条终将相会的道路上，因为我们都在致力于各自的现代化。"

他在1987年出版的《观察中国》中写道："邓小平近几年推行的务实主义，不是使人联想到毛泽东，而是使人联想到约翰·杜威于1919年对中国进行的讲学以及当时'五四运动'胡适派的改良主义观点。"① 这种长跨度的、戏剧性的历史衍续在费正清的眼中似乎从来没有断裂过。在另一篇文章中，他告诉人们："中国可能选择的道路，各种事件必须流经的渠道，比我们能够轻易想象到的更窄。"② 他之所以说更"窄"，而不是说"更多"或"更广"，确乎有自己的判断，他是位高龄的历史学家，他应该看到了历史的某种必然性，否则不会这样写。

费正清致力于中国问题研究长达60年，直到1991年去世。他被公认是西方思想界的"头号中国通"，甚至是一个"皮美骨中"的西方人。他创建了哈佛大学的东亚研究中心，这个机构到今天还是欧美最重要的中国问题研究重镇，他主编的《剑桥中国史》③ 前后创作时间长达25年，聚集了世界各地12个国家的100多位中国研究专家撰稿，展示了国外对中国史研究的最高水准。1991年9月12日，他把刚刚完成的《中国：一个新的历史》书稿交给哈佛大学出版社，两天后去世。

费正清喜欢用一种俯瞰的视角观察中国，在成名作《美国与中国》的开篇第一段他就如此写道："中国人民生活的根本问题，常常可以从空中一眼看出：受到侵蚀的棕黄色丘陵、浑浊江河泛滥的平原、小块小块的绿色田地，以及攒聚在一起形成村落的简陋茅屋、错综如网状的银白色水稻梯田和水路，是无数世代折断腰背苦力劳动的见证——这一切都是由于太多的人，过分密集在太少的土地上，从而使人们为了维持生命，耗竭了土地资源以及人的智慧和耐力。"

费正清的眼睛肯定还在天上瞭望着中国，他看见人民币正在持续升值，他看到中国货潮水般涌向全世界并开始遭遇抵制，他看到东亚格局正

---

① ［美］费正清著，傅光明译，《观察中国》，北京：世界知识出版社，2001年版。

② ［美］费正清著，张理京译，《美国与中国》，北京：世界知识出版社，2000年版。

③ 书名很容易被认为是英国剑桥大学的研究成果，其实，这个名字来自哈佛大学所在的小城名字"剑桥"——Cambridge。

在朝新的方向演变，而美国在寻找更均势的平衡机制。如果他回到25岁时登陆中国的吴淞口，他会看到那些消失了半个世纪的外国银行又纷纷搬回原来的大楼，而他回到迎娶费慰梅的西总布胡同，还会看到黄昏下新的婚礼正在举办，新人一边吃西餐一边听屋外悠扬的笛声和喧嚣的铜锣声。

历史在这样的一双眼睛里，似乎没有悬念而只有必经的轮回。

1935 / 大收编

你站在桥上看风景，
看风景的人在楼上看你。
明月装饰了你的窗子，
你装饰了别人的梦。

——卞之琳：《断章》，1935年

很多年后，法国学者白吉尔评论国民政府在此次经济危机中的表现，她写道："大量事实证明，国民党政府对于发展私人企业的态度是相当冷漠的，在工商业萧条的年份里，南京政府竟然不愿为濒临绝境的民营企业家提供任何支持，以帮助有关企业克服和度过危机。"[①]

荣家遭遇即是一例。荣宗敬因此很悲愤地说："上天不令中国人做第一等人。"

[①] [法]白吉尔著，张富强、许世芬译，《中国资产阶级的黄金时代（1911—1937）》，上海：上海人民出版社，1994年版。

"救荣"的一波三折，实在耐人寻味。1934年7月4日，就在申新宣告"搁浅"的当夜，上海棉纺织业和金融界的大佬们聚集在荣宅召开紧急会议，荣宗敬身患重伤风，言辞之间涕泪纵横，哪里还见一年前那个"烈士暮年，壮心不已"的寿公风采。众人均感棋局棘手，唯有政府出面施援才可能渡过难关。于是，大家公推荣德生赴南京向中央政府求援，具体的方案是准予申新发行500万元的公司特别债券，由政府予以保息。

当时的实业部部长是陈公博，他随即派人赴沪调查，不久就端出了一份《申新纺织公司调查报告书》。报告大意是，认定申新的资产与负债相抵已经倒挂，并指责申新"无组织、无管理"，非速行清理债务和"改换经营组织"不可。因此，报告提议组成临时管理委员会，由政府供给300万元为营运资本，6个月结束，所有盈余或亏损，并入公司债务债券内计算。报告最后认为："倘今日仍以荣氏为中心，则外间已无信仰，中心无法可以维持。"

荣家对实业部给出的方案大吃一惊。明眼人一看，这就是要用300万元收走荣家数千万元的资产。陈公博还在报纸上公开表态，认为申新唯一的出路就是"收归国有"。这一幕宛若两年前的招商局案重演。

荣家兄弟当然不肯束手就擒，荣宗敬给蒋介石写信，指摘实业部"不言救济而言整理，不言调查而言估计，此中消息，实足令人寒栗"。在给财政部长孔祥熙的信中，他更是哀叹说："民商何罪，申新何辜？"荣氏的同乡老友吴稚晖也帮着反抗，他在给陈公博的信中讽刺说："中国吃豆腐者多，故冒险者少，弟虽个人决不敢效，实崇拜之至"，指白了说陈公博是趁火打劫。他进而说："即如荣先生者，一个莽金刚，难免跌倒在众小鬼之社会也。"吴稚晖是国民党最资深的建党元老之一，陈公博是共产党"一大"代表，后来投靠汪精卫做了贰臣，因此，虽然对吴稚晖的辱骂恼怒已极，却也只好唾面自干。与此同时，全国棉纺织业也对实业部的提议群起反对，大家都知道唇亡齿寒的道理，申新一旦归公，很快就会轮到自己了。无锡、天津、河北等地的纱厂联合会纷纷通电行政院、财政部和实业部，形成了一股强大的社会舆论。到8月，陈公博只好畏难止手，不得不将"由实业部整理"改为"由荣氏本人大加整理"，但是，发行特别债券等，一概莫谈。

这就是"救荣"的第一出闹剧，荣氏想请个救援，没有料到却差点招进一个强盗。惊魂未定，第二出闹剧接着上演了。

荣宗敬为了扩张事业到处举债，其中曾向英资汇丰银行贷款200万元，以申新七厂为抵押。到1934年12月，这笔借款到期，荣家无力偿还，于是，汇丰提出公开拍卖七厂，这是一个拥有5.6万纱锭、3000多工人的大厂。环顾国内棉纺织业，所有华商纱厂个个自保不暇，如果拍卖，申新势必会落到日商手中。荣宗敬大急，他沮丧地对来访记者说："中国实业到此地步，前途实不堪设想。"接着，他说出了那句无比悲情的感慨，"上天不令中国人做第一等人"。

在这里，有一个疑惑需要说明，在危机骤然到来的时候，为什么华商纱厂均陷困境，而日商纱厂却会活得不错？除了资本雄厚、技术和管理先进之外，有一个很大的原因是税负上的差别，这也是荣宗敬等人对政府至为不满的地方之一。学者严中平在《中国棉纺织史稿》[①]中举例说，如果华商纱厂要用进口棉花，每担先得交14~15银元的进口税，当棉花纺成纱后，每担又要交8.5~11.63银元的统一税，这样华厂的生产成本加起来就比日厂每担要贵22~26银元。据他的研究，华厂所承受的税负和利息将近有日本人的5倍之多。

1935年3月26日，申新七厂被汇丰公开拍卖，果然华厂无人应拍，日本丰田纱厂以225万元一举竞走。消息一见报，顿时掀起轩然大波，国人痛恨日本已久，大有宁可烧掉也不入敌手之慨。第二天，汇丰和日商前

[①] 严中平著，《中国棉纺织史稿》，原名《中国棉业之发展》，于1942年刊行初版，1955年经修订改用现名，并加副题"1289—1937——从棉纺织工业史看中国资本主义的发生与发展过程"。

来贴接收封条，被工人用高压水龙头冲走。又一天，工会召开救急会议，推举10个代表向政府请愿，表示"厂存与存，厂亡与亡，不惜任何牺牲，誓死抗争到底"。

全国实业界再度声援，华商纱厂联合会、上海市和南京市的商会、上海总工会等纷纷表示抗议，上海的中华国产厂商联合会更通过决议，"通告全市国货厂商，即日起，对外商银行实行断绝往来，凡吾国上任，各须以身作则，切实履行"。国内各大媒体也连日发表社论，一致反对。在这种情况下，英国驻沪领事馆出面协调，汇丰被迫同意解除拍卖，荣氏所欠抵押借款延期到1940年年底全部还清。

荣家再逃一大劫难。七厂之困缓解，断血之虞犹在。接下来的第三剧，出场的则是一个更强的人物。

到了1935年4月，国内银行界天地突变——具体情况将在下文细叙——宋子文重新出山，执掌国营化后的中国银行。宋、荣关系一向不错，荣宗敬多次登门求援，甚至写下口吻极其卑微的信函曰："宗敬有心无力，不能有所主张，请于公暇赐一电话，约定地点与时间，俾得趋前领教，以便遵行。"宋子文诺诺多时，一直不置可否。

转眼9月，两人再次面谈，荣宗敬一如既往地大倒苦水，宋子文倾耳听着。突然，他用十分轻描淡写的口气说："申新这样困难，你不要管了，你家里每月2 000元的开销由我负担。"荣宗敬当场目瞪口呆。

数日后，宋子文终于拿出拯救计划，这竟是一个比陈公博的办法还要苛刻的方案：中国银行将申新所有9家纱厂全部收下，然后发行企业债券，以新债券还旧债务，所有债务分为营运贷款、不动产抵押借款、银行钱庄无抵押借款、个人储蓄存款和荣家存款五等，依次进行偿还，并内定中国银行总稽核霍宝树为申新总经理。宋子文给出的唯一诱惑是，申新所欠银行和钱庄的借款利息均由1分减为5厘。此案等于把荣家从申新一脚踢出。

这是申新"搁浅"以来最大的危机，也是荣氏创业30多年来最凶险的时刻之一。宋子文的政商势力远非陈公博之辈可比，他蓄谋半年，赫一出手，荣家幸存的机会已经渺茫。当时担任荣宗敬助手的是荣德生的大儿子荣伟仁，他在一封信中披露了家族担忧："政商合办之事，在中国从未做好，且商人无政治能力策应，必至全功尽弃。事关股东血本，生死问题，非努力理争不可。"荣宗敬四处找人说情，竟没有人敢于出面得罪宋子文。时间很快到了1936年2月12日，宋子文在自己的家里召集申新的三家大债权人开会，决定申新的命运。与会5人，分别是浙江兴业银行的徐新六，上海银行的陈光甫，中国银行的宋子文、汪楞伯和霍宝树。这时，荣家兄弟已如盘中之物，颓颓然而任人分食。

会议开时，陈光甫居然称病没有到，替他来的是往来部经理李芸侯。宋子文在桌上特地摆了个大蛋糕，是为庆祝时用的。

70多年后，荣家后人对历史学者傅国涌追忆当时的情景：会议是下午2点开始的，宋子文叫霍宝树把打印好的整理申新的英文文件逐段念，念一段，问大家有没有意见。最后，李芸侯发言，他讲话有点结巴，但是意见却表达得很清楚："这个办法，敝行不能同意。"宋子文惊问："光甫已同意了！"李芸侯说："这笔款子是我放的，所以归我负责。照这办法，我行肯定要亏本，还望宋董事长大力帮助我们渡过难关。"李芸侯所谓的亏本，是指申新欠上海银行1 200多万元，年息由1分降到5厘，每年要亏至少50万元。宋子文说："那么如何办呢？中国银行也是同意的。"李芸侯说："或者把上海银行借给申新的款项转给中国银行，中国银行是发行银行，问题不大，我们行就承担不了。"众人听了，脸色骤变，宋子文说："这样就不能再谈下去了。"会议不欢而散，桌上的蛋糕没有人碰过。

就这样，靠着陈光甫的仗义，荣宗敬从宋子文的虎爪下悚然逃生。其后的半年里，申新各厂时开时停，苟延残喘。荣家兄弟如同两个溺水之人，日日拼死扑腾，全靠本能求活。1936年10月1日，荣家与中国、上海两行订立《委托经营签约书》，保住了所有权。到秋天，萎靡了两年多的市场终于发生变化，棉花丰收，价格下跌，纱、布价格上扬，市场转暖，停工的申新各厂先后开工，到年底，公司居然扭亏为盈，荣家终于熬出生天。

荣家显然是幸运的，在此次经济危机中，国营事业集团通过接收、控股等手段进入原本以民营资本为主的大量轻工业领域，如烟草、面粉、粮食加工等。仅中国银行一家就控制了15家纱厂，约占华商纱厂锭子总数的13%。

1935年的某日，"火柴大王"刘鸿生因从事多元化经营而导致资金困难。他向多年交好的宋子文求救："最近银根越来越紧。我有几笔到期的押款，银行追得很急，希望中国银行接受抵押，帮我渡过难关，您看可以吗？"宋子文冷冷地问："你用什么作抵押呢？"刘鸿生答："我全部企业的股票。"宋子文以嘲笑的口吻说："O.S.的股票，如今不如草纸了！""O.S."是刘鸿生的英文名字，他日后回忆说，这是他终生最难忘的一刻。

白吉尔说国民政府在危机爆发的时候没有对民营企业施以援手，她其实只说出了事实的一半。事实的全部是，政府居然在这种危急情景下，完成了对民营资本集团的致命一击，这是一场十分残忍而精妙的战役，数十年后复盘，仍让观者手心出汗、唏嘘万千。

在1935年3月之前，中国金融业的主动权仍牢牢握在私人银行家手中。政府直接控股的银行只有中央银行和中国农民银行两家，它们的总资产只占全国银行总资产的11.7%，其余资产中的九成集中在上海银行同业公会的成员手中。其中，资本最雄厚的是中国银行和交通银行，这两家银行的总资产分别为9.75亿元和4.25亿元，占到全国银行总资本的1/3，是中央银行规模的3倍。尽管官股在这两家银行中各有20%的股份，但是经营权仍掌握在私股一边。中国银行的大股东、46岁的总经理张公权俨然是银行业的魁首，他也因此替代虞洽卿成为沪上企业家的新晋领袖。

张公权是百年一出的金融奇才，早在20年前就因领导中国银行脱离袁世凯政府而一战成名。他年富力强、视野开阔，而且很有政治抱负。此时的他不但手拥巨财，而且领导着上海银行同业公会，办有《中行月刊》

等杂志，处处展示出银行家的话语权。他对孔祥熙的赤字财政政策一向不满，经济危机爆发后，他再三呼吁政府应该把财力引导到帮助遭受萧条打击的中国经济上，而不该拿去积压在公债上。他不断在媒体和股东会上发声，认为"在这样的情况下，银行界的金融政策必须彻底改变"，"政府立即停止一切不必要的和浪费的支出，有成效地厉行节约，将储备用于建设，以增加国家的建设"，"投资不应再只是限于商业金融的中心城市，而应该指引到内地地区去"。他的

▲国民党的中央银行汉口分行

这些言论当然被孔祥熙看成眼中钉、肉中刺，必欲拔之而后快。张公权在行动上更是让孔祥熙十分难受。为了表示对中央政策的愤怒，张公权大幅减少公债储备，从1931年12月的7 200多万元一下子降到1934年12月的2 500多万元，并公开声称要抵制不合理的政府公债。中国银行的资产占全国银行总资产的23%，几乎四分天下有其一。在它的示范效应下，民营银行对公债的热情大大降低，孔祥熙的赤字政策眼看着难行其道。

就在经济危机最为严峻的时刻，孔祥熙施展合纵连横之术，突袭中国银行。他知道凭一己之力，还很难将张公权击倒，于是暗中联合了两大高手，一是国舅宋子文，一是黑社会老大杜月笙。宋子文在财经界的影响力之大是有目共睹的，他被迫辞职后，不再在政府系统担任职务，而是发起

第三部　1928—1937　国家主义的回归

组建了一家名叫"中国建设银"的公司——我们不久就将知晓这家公司的主营业务是什么了。他与孔祥熙的关系很平淡，甚至可以说矛盾重重，不过此次却为了共同的利益又站在了同一战壕中。1935年2月初，孔祥熙与宋子文在汉口召开秘密会议，确定了突袭步骤，此案得到蒋介石的认可。

2月13日，由杜月笙出面发请柬，邀请上海金融界和实业界的大佬们开会商议应对经济危机的策略。有钱又有枪的杜老大邀约，谁也不敢不给面子。会上，作为政府代表出席的孔祥熙突然抛出一个动议，他建议由中央银行、中国银行和交通银行组成一个"三行小组"，对陷入绝境的上海工厂给予"尽可能的贷款援助"。此议一出，当然引来实业家们的一致欢迎，他们如同久旱逢雨，一呼百应全站在了孔祥熙那边，杜月笙更是拍桌子大呼叫好。张公权等人甫闻此议，一时间不知如何应对，如果反对，那就将与工厂主们势同对立，如果同意，却不知道孔祥熙的葫芦里卖的什么药。张公权于是提出，贷款是当然的事情，不过要讨论细节，并且，所筹资金应全数贷给工厂。孔祥熙当场一口答应。

15天后，实业界与金融界再度开会，还是杜月笙主持。为了形成舆论上的压力，孔祥熙这次没有到场，却通过上海发行量最大的《申报》以电报的方式继续倡议成立"三行小组"。此时，宋子文则利用自己的影响力，在上海市商会、地方协会等组织中频繁活动，还策动一些中小工厂主组成了中国工商业救济协会，对银行家集团形成了强大的催逼压力。就这样，上海企业家被人为撕裂成实业与金融两个阵营，孔祥熙一时间成了上海经济复苏的"大救星"。3月9日，在他的主持下，各方人士第三次聚会，形成决议，由中国银行牵头组成援助财团，提供500万元的无抵押贷款和1亿元的抵押贷款。3月20日，孔祥熙郑重其事地向中央委员会提交议案，决定发行1亿元的以海关税为保证的公债。张公权、陈光甫等人提出，此项公债必须用于援助实业界的抵押贷款，张公权还迅速开始安排贷款的有关细节事宜。

事件如果按这样的逻辑演进，实业界当是最大的受益者，银行界尽管承担了金融风险，也是应尽之责任。可是，接下来的峰回路转却出乎所有人的预料。

就在1亿元公债被确定后，3月23日，孔祥熙突然宣布了一条让人瞠目的决定：政府出于管制的需要，要求中国银行、交通银行增发它们的股票，1亿元公债将不再按原来设想的贷给工商业者作救济之用，而是要用来购买两行的股票。孔祥熙给出的理由是，这样可以增加两家银行的信贷能力，以更好地克服萧条时期的困难。他还以财政部的名义，指定了购买金额的分配，其中2 500万元和1 000万元分别购买中国银行和交通银行的股票，3 000万元作为增加中央银行的资本，剩余的3 500万元作为弥补政府的欠债，对工商业的直接救济贷款则一分钱也没有。

这个方案最荒唐的地方在于：第一，银行的定向增发没有任何的溢价，第二，政府用来购买股票的钱正是它发行给银行的公债。这好比让猪吃自己的蹄。当时，中国银行和交通银行的股本分别为2 500万元和1 000万元，孔祥熙的增发购买计划，让政府一下子成了两家银行的绝对控股大股东。尤为霸道的是，孔祥熙直接宣布，中国银行的董事长李铭、总经理张公权一起被免职。[1]张公权"升任"中央银行第二副总裁——这是一个专门为他设立的职位，中国银行董事长和总经理之职由宋子文取代。根据中国银行的章程，这两个职务的任罢，需由董事会集体决议，孔祥熙身为财政部长，根本没有这项任命的权限。孔祥熙和宋子文还一本正经地拍电报祝贺张公权升职，张公权以"劳累"为由拒绝到任。他让人带话给蒋介石说，如果孔祥熙这么干，中国银行的钞票可能在一夜之间变得一钱不值。蒋介石当然置若罔闻。

有意思的是，对于张公权的"升职"，在政府系统内唯一表示不同意的是时任行政院院长汪精卫，而他不同意的理由是，这么大的事情，孔祥熙居然在之前没有跟他有过任何商量。斯人跋扈可以想见。

---

[1] 在之前的中国银行，李铭的董事长职务是象征性的，实际掌控人为张公权。

孔祥熙的最后一个难处是，他的任命最终还是要在董事会上进行表决。一些董事公开表示反对。张公权日后回忆说："既然股东们对这两家银行在私人管理下所取得的成就感到满意，那么，除了采用极端手段胁迫之外，政府是无法使股东们屈服的。"但是，孔、宋和杜月笙还是用各种明暗方式让股东们屈服了。在3月30日的新董事会上，宋子文、宋子良兄弟和杜月笙都被增补进董事会，而代表私股的张公权、荣宗敬和周作民等人则出局。孔祥熙仅有的让步是，答应由宋汉章出任总经理，而董事长还是由宋子文担任。

在强行清理了张公权之后一个月，交通银行董事会改选，孔祥熙的亲信如法炮制地再下一城。就这样，中国、交通两大银行尽入官家之手。

事态演变至此，孔祥熙的棋居然还没有下完。当时上海金融界，除了两大行，还有中国通商银行、四明商业储蓄银行和中国实业银行三家较为重要的民营银行，它们的资产都在1亿元左右。孔祥熙继续鏖战。他拿下这三城的手法就要简单多了，在三个月中，他挟央行、中国银行和交通银行的资金实力，大量囤积通商等三行的通货，然后突然一下子拿出来要求兑现，此举形同挤兑，原本已陷入困境的三行当然无法抵抗，于是只好乖乖投降。

中国通商银行是近代中国的第一家银行，创办人是盛宣怀，此时的董事长是盛家亲信、几年前因拒绝"捐款"而被蒋介石通缉过的傅宗耀。杜月笙亲自找他谈话，后者很知趣地让出了董事长职务，杜月笙取而代之。四明商业储蓄银行是蒋介石老乡"宁波帮"的资产（以宁波的四明山为银行名），董事长为孙衡甫，实际控制人是"四·一二"事变中出过大力的虞洽卿等人。孔祥熙照样不留情面，新任的董事长是财政部国税局局长吴启鼎。三行中资产最多的是中国实业银行，董事长是当过北洋政府国务院总理的龚心湛，孔祥熙强迫他辞职，由国民党人傅汝霖接替。此三行中仍有一些私人股东，在后来的10年时间里，孔祥熙控制的董事会竟然长期不分红利，在最多的年份里，每1万元股本也就分300元利息，随着通货膨胀，私人股东的收益几乎为零。

在这场大收编中，唯一漏网的重量级民营银行是陈光甫的上海银行。这是一个很奇怪的现象。《剑桥中国史》给出的解释是："陈光甫和孔祥熙在美国留学时是同学，有人说两人是亲兄弟。"另外更具说服力的解释有两点。其一，在1927年蒋介石进上海的时候，陈光甫的"募资首功"实在太大，他与蒋介石、宋子文、孔祥熙等人的私交非同寻常。其二，陈光甫与美国政府和金融界的关系十分密切，时任华府财政部长摩根韬是陈光甫的密友。1936年，陈光甫曾率中国财政代表团访美，与摩根韬签订《中美白银协议》。他是中美财经交往的最可靠的渠道，于是他被当成一枚"外交棋子"保留了下来。

半年之内，孔祥熙利用经济危机的"大好机遇"，一举收编上海五大民营银行，张公权等人溃不成军。中国金融格局陡然乾坤逆转，国营资本在全国银行中的资产比例从不到12%猛增到72.8%。孔祥熙的"手术"做得十分彻底。10月，一直是中国金融界最重要的社团组织和喉舌的上海银行同业公会改选，领导权从职业银行家手中被剥夺，杜月笙、宋子良等人被选为理事，公会彻底变色，从此沦为政府的一个附庸。

于是，到11月3日，孔祥熙宣布进行法币改革，规定从次日起，全国的货币统一为法币。改革的主要内容是：一、统一货币发行权，以中央、中国、交通三银行所发行的钞票为"法币"，这三大银行拥有印钞权，其余所有银行都不得再自印钞票；二、所有完粮纳税及一切公私款项之收付，均用法币；三、废除银本位制，禁止白银流通，三个月内，无论个人或企业存有的白银都要兑换成法币，全部白银归国有以充法币准备金；四、法币与英镑、美元挂钩，实行外汇本位。从此，中国确立了统一的现代货币体制和金本位制。

还有一个要记录的细节是，就在启动法币改革的两个月后，孔祥熙又匆匆宣布新增第四家印钞银行——中国农民银行。这也许是中国商业史上最奇特的银行，它的直属上司是国民政府的军事委员会，实际控制者是大家听到名字都要笔直立正的蒋委员长本人。很多资料显示，这家银行的业务并不是为农民服务，而是收取鸦片烟税的主要渠道，它有无限量的印钞权，其资金主要用于军事活动。更离奇的是，从来没有人清查过它的账目。有一次，英国顾问李兹·罗斯爵士提出要看一下账目，他在回忆录中记载了蒋介石当时的反应，后者很生气地说："难道我有这么一点自由都算是过分的吗？"

在民国金融史上，中央银行、中国银行、交通银行和中国农民银行并称"四大行"，通商、四明、中国实业和陈光甫的上海银行并称"四小行"，国民政府和孔宋家族控制其中7家之后，民间再无话语。在1936年，"四大行"在全国164家银行中，实收资本占42%，资产总值占59%，发行钞票78%，纯利润占44%。其后，国营力量有增无减，到1947年，全国银行存放款总额的90%以上已被其控制。

11月的法币改革之后，陈光甫等人还有过最后一次挣扎。他以"适应金融统制的环境，另辟新途径以谋发展"为理由，集结各民资银行发起成立一个"不动产抵押银行"，试图以各家的不动产为抵押发行债券，参与流通，以形成一个国营体制外的结

▲ 交通银行货币

▲ 中国银行货币

盟力量。这个方案报到财政部和中央银行后，孔祥熙只使了一个招数就让陈光甫等人知难而退，他提出必须由央行董事宋子良担任该银行的经理，否则立案不能成立。陈光甫不愿作茧自缚，只好悻悻然撤回申请。

把"四大行""三小行"的印章一把抓到手后，"哈哈孔"再也听不到讨厌的杂音，他可以完全按自己的想法管理国家了。不过，这位财政部长的唯一本事，好像就是不断地发公债和印钞票，同时忘不了往自家的地窖里搬钱。

从1927年开始，南京政府就一直不停地靠发公债度日。在1932年的公债暴跌风潮中，宋子文曾经公开承诺，公债偿本支付的期限再也不会改变。到1935年年底，政府的到期未偿付公债额为12亿元，为此支付的本息达1.26亿元，孔部长显然不想掏——或者说他也掏不出这笔钱，于是，他想出了一个绝妙的办法。1936年2月1日，财政部宣布将要发行14.6亿元的"统税库券"。这笔公债要用来将各种已发行的证券兑换回去，它的年息还是6%，不过偿还期则要更长。

这个方案十分流氓，好听一点是"寅吃卯粮"，难听点就是让猪再吃一次自己的蹄。消息一公布，银行界和持券人大为愤慨，媒体上的讨伐之声响成一片，公债市场的价格应声大跌。2月中旬，上海银行同业公会召开募债会议，孔祥熙拉来杜月笙和另外一个黑帮领袖张啸林与会，两个大流氓往那里大大咧咧地一坐，与会者只好乖乖地举手同意。让孔祥熙高兴的是，这次公债发行再也不需要跟张公权斗争了，几大银行都已在他的控制之下，它们承购了所有的库券。不久后，他又发行3.4亿元的"善后库券"，至此，南京政府的债务高达创纪录的18亿元。

除了发公债，孔部长还不断地印钞票。法币的流通量在1935年11月是4.52亿元，到1937年6月就增加到了14.77亿元，新增货币的一半是没有通货作保证的。

没有可靠的政府信用作担保的公债市场是一个无比危险的市场，不过对于孔祥熙等人来说，这却是最好的投机市场。在 1935 年之后，上海金融界出现了一家人人皆知、没有注册的"三不公司"。

"三不公司"的"董事长"是孔祥熙，"经理人"是财政部次长徐堪、中央银行副总裁陈行和宋子良，徐堪和陈行不但是孔祥熙的亲信，还是宋霭龄的"桥牌搭子"，陈行同时更是宋子文的大学同班同学。这三人的名字各加一个"不"，就是"不堪、不行、不良"，是为"三不公司"。[①] 公司的"总部"设在外滩 15 号中央银行三楼的陈行办公室，陈行负责透露政府信息，徐堪具体电话指挥，宋子良则调拨头寸，他们的主营业务就是散布各种内幕谣言，操纵公债投机。

政府历年来发行的公债种类繁多，而且信用抵押薄弱，政策变更随意，于是给投机带来了巨大的空间。"三不公司"就利用自己的官府背景和中央银行的资金势力，暗中坐庄，时而哄抬，时而打压，让行情数日一

▲家族合影，下中为宋母，后左二为蒋介石，后左三为孔祥熙

---

① 坊间也有称为"四不公司"，除了徐、陈、宋三人外再加上孔祥熙，是为"不祥、不堪、不行、不良"。

大变，从中牟取暴利。其中，"九六公债"一案就堪称经典。1935年，"三不公司"通过大陆银行储信部、福大号钱庄对外散布传言，宣称"九六公债"即将停止交易，引起散户大恐慌，公债价格跌到每百元仅值6元，创下上海证券交易所黑板上有史以来的最低价。实际上，"三不公司"化成许多户头大量吃进，结果赚到手软。据当年曾参与其事的中央信托局储蓄处经理祝世康、中央银行稽核处处长李立侠和孔祥熙秘书谭光等人回忆，在短短两年多时间里，"三不公司"从公债投机中获利超过3 000万元。

从20世纪30年代中期开始，有关政府大员"善于"捞钱的民间传闻就不绝于耳。1934年，大教育家，也是国民党元老的蔡元培在他的日记里抄录了该年12月26日上海《江南正报》的一篇文章，内称："国府要人之财产多系秘密，而就可调查之范围内调查，则诸要人在本埠所有财产估计为，蒋介石1 300万元，宋美龄3 500万元，宋子文3 500万元，孔祥熙1 800万元，孙科4 000万元，张静江3 000万元。其他要人在上海各中外银行存款及不动产，据中国银行调查，约有5亿元，其不动产及公司多用其亲戚名义购置，故实款无法详确云。"据当代学者陈明远的换算，1935年1银元的购买力，约合2008年人民币60元。《江南正报》属左翼报纸，其数据未必足信，不过严谨的蔡元培将之抄录在日记上，可见事实轮廓大致如此。

在百年企业史上，1935年3月的孔张之役具有非常重要的标志性意义，它甚至可以被看成是国营资本与民营资本的一次大决战。千百年间，自有货币流通以来，中国民间的金融组织就没有被官方控制，特别是明清两代的钱庄、票号十分发达，成为社会自由经济的一个重要组成部分，而自1935年之后，政府突然将金融业收入囊中，自由经济之脉从此断绝。

美国学者帕克斯·小科布尔在《上海资本家与国民政府》一书中认定："这次对银行界的突然袭击，就政府与企业家之间的关系来说，是南京政府统治的十年中最重要和最富有戏剧性的一次大变化。"① 民国史专家王业键也有类似的观点,他评论说:"中国几个大银行家曾经是中国商界中最有政治影响的一批人物,如今他们的声望就这样被消除掉。这个事情不仅表明了政府对中国金融界的完全统治,而且也说明了企业家作为一个有力量的阶层是终结了。"

经此一战,曾经意气风发、十分强大的上海银行家集团被打成一盘散沙,他们在过去 30 多年中所形成的独立性完全被裁除。张公权被逐出银行界,他后来投靠国民党系统内的政学系,一度当过铁道部长,却与金融再无因缘。很多年后,他在一份《自述往事答客问》中说:"政府当局把银行拿过去并把它们当作国库来利用,而我则认为,银行就是银行。"② 一度控制了半壁江山的"江浙财团"风光不再,陈光甫、李铭、吴鼎昌等知名银行家的地位大大下降,他们后来都进入国民政府任职,在孔宋的指导下工作,一直到抗战之后,才再度发挥了一些作用,这当然已是意料外的后话了。在并不遥远的 8 年前,正是靠了"江浙财团"的鼎力金援,浙江宁波人蒋介石和他的军事集团才得以立足上海,清除异己,确立政权。而在此次大收编过程中,几乎所有帮助过他的同乡和金主全部受袭,伤痕累累,这应该也算是一次命中注定的报应。

收获最大的当然就是以公权力为武器的密谋突袭者。

杜月笙靠"主持公道"换来了通商银行的董事长和中国银行的董事,他自己的中汇银行得以保全,后来成为获利最好的私人银行之一。白吉尔在《上海史:走向现代之路》一书中对这家银行的业务描述是:"它坐落在爱多亚路(后来的延安东路)的一幢豪华大楼里,主要作用是洗钱,把

---

① [美] 小科布尔著,《上海资本家与国民政府(1927—1937)》,北京:中国社会科学出版社,1988 年版。

② 《张公权先生自述往事答客问》,载台湾《传记文学》第 30 卷第 2 期。

贩卖毒品、赌博与卖淫赚来的黑钱再重新流入正常的商业渠道。"① 此外，杜月笙还是三家日报和一家通讯社的董事长，其中包括发行量最大的《申报》，他还进入政府的法币准备管理委员会以及民间的上海物品证券交易所和银行公会。从此，这位神秘的黑社会领袖继虞洽卿、张公权之后，成为上海金融界乃至整个中国商界最有权势的人物，俨然成了民营资本的第一代言人，这种转换实在带有太强的讽刺意味。甚至有专家考证，如果不是两年后爆发了中日战争，杜月笙很可能成为上海市市长，这已经得到了蒋介石的默许。

蒋介石的中国农民银行由幕后而到前台，一跃跻身"四大印钞银行"之一。孔宋更不待言，他们不但成为中国银行、交通银行的实际控制人，而且乘机大大壮大了自己的私人事业。在收编中，他们大肆吃进四明和中国实业银行的私人股份，构成了一个官商不分的经营格局。宋子文跟孔祥熙结盟，不但掠取了"天下第一大行"中国银行董事长的宝座，还顺便拿下了广东银行。这是一家有22年历史、广东地区最重要的私人银行，在蒋介石从广东北上时，曾经给予北伐军很大的支持。在白银危机的后期，它一度被迫停业。宋子文承诺组织力量拯救这家银行，而条件则是他必须要当董事长，他的另外一个弟弟宋子安要当董事，他当然如愿以偿了。广东银行得救，它仍然是一个纯粹的私人银行，不过主人则是一个官商难辨的人。跟哥哥的操作手法类似，宋子良得到了中国农工银行。

从孔宋等人身上，人们似乎可以得出这样的观感：一个拥有绝对公权力却怀藏私心的名牌大学经济学博士，对于一国的经济来说，也许是最大的祸害。1935年3月是一个转折时刻，从此，强大的国营资本集团与身份暧昧的官僚资本集团结成了坚不可摧的利益同盟，它时公时私，左右逢源，形成了最恶劣的制度，最终败坏了整个国家的经济纲常。

---

① [法]白吉尔著，王菊、赵念国译，《上海史：走向现代之路》，上海：上海社会科学院出版社，2005年版。

中国经济史专家杜恂诚在分析近代中国社会阶层排序时很精辟地论及："在1927年南京国民政府建立到1935年之间的8年中,虽然政府早已有意对国民经济实施全面控制,并已有若干准备措施的实行,但总的来说,国民收入的分配还是以市场化分配为主的。从1935年政府实施金融垄断起,中国城市居民的社会阶层排序发生了变化,其唯一变化是特权官僚单独成为第一等级,上层工商业者变为第二等级,以下的社会层次序列不变。特权官僚之所以单独位列首席,是因为那时的国民收入分配已开始演变为以非市场化分配为主的模式,特权官僚利用对资源和信息的控制权,在制度制约和权力制约双重缺损的条件下,可以有比上层工商业者绝对领先的自利机会。管制权越多,信息越不透明,特权官僚自利的机会越大。"①

孔宋的官商模式,甚至比晚清的盛宣怀模式还要糟糕许多。盛氏靠办实业起家,创建了众多支柱性产业,顺便夹带了不少的"私货",这大抵算是"建设性腐败"。而孔宋则以金融投机为主业,对实业毫无兴趣,其行径是不折不扣的"掠夺性腐败""破坏性腐败"。

到1936年,罗斯福的新政终于取得了明显的成效,美国经济从谷底爬了出来,国民经济状况得到显著改善,失业人口大幅减少,罗斯福因此在这一年成功连任总统。在艰难的经济转型过程中,美国的公司组织也率先发生了革命性的变化,伯勒和米恩斯通过对200家美国大公司(其中包括42家铁路公司、52家公用事业公司和106家制造业公司)的调查发现,所有权与控制权的分离变得日益明显,一种新型的公司治理制度正在诞生。一些不同于前辈的创业者也出现了。1936年,斯坦福大学的两个同班同学戴维·帕卡德和比尔·休利特在旧金山的一个车库里创办了惠普公司,他们在昏暗的灯光下通宵达旦地工作,发明并生产了各种小玩意儿。50多

---

① 杜恂诚著,《试论近代中国社会阶层排序》,载《学术月刊》2004年1月。

年后，这个车库被命名为"硅谷诞生地"。在这一年，IBM（国际商业机器公司）在上海设立了办事处，这是IBM在远东的第一个办事处。

罗斯福新政的成功进一步增强了人们对国家干预主义的信心。也是在1936年，英国经济学家J·M·凯恩斯出版了《就业、利息和货币通论》，凯恩斯主义因此成形。这位曾经服务于英国财政部的经济学家批评了以前的工资和就业理论，提出有效需求是预期可给企业主带来最大利润量的社会总需求，而为了增加有效需求，必须由国家实行干预。罗斯福的新政模式与凯恩斯主义互为配套，成为主宰日后几十年西方经济思想的主流。碰巧的是，与凯恩斯主义背道而驰的另一个欧洲经济学家弗里德里克·A·哈耶克也在这一年发表了《经济学与知识》，他提出了"知识分工"的概念，并一如既往地反对计划经济，他相信自由主义经济本身有一种自行趋于稳定的机能，反对国家对于经济生活的干预。哈耶克的声音在当时遭到了讥笑，一直到半个多世纪后的1988年，他写出了《致命的自负》，人们才认同他的观点：对高度计划经济的追求是理性主义者的一次"致命的自负"。

在欧洲，战争的阴霾开始出现。希特勒的纳粹德国崛起成为最强的国家，8月在柏林举办的第十一届奥运会成为希特勒展示国力和倡导雅利安人种优势的最佳舞台。他违背国际公约，出兵强行吞并了非军事区的莱茵兰地区，英、法两国居然视而不管。7月，西班牙爆发内战。德国与意大利签订联盟协约，不久后日本加入，从此形成了一个邪恶的"轴心三国"，它们将改变历史和自己的命运。奥地利作家茨威格很悲观地写道："在那些决定时代命运的巨大运动刚开始的时候，恰恰是历史本身阻碍了那些同时代人对它们的认识，这仍然是不可抗拒的历史法则。"[①] 两年后，他的国家被希特勒第一个吞并。在中国，偏据西北一角的毛泽东是最早看到这一历史可能性的中国人之一，他在7月15日预言，希特勒将在欧洲发动侵略。

---

① [奥] 斯蒂芬·茨威格著，舒昌善译，《昨日的世界》，南宁：广西师范大学出版社，2004年版。

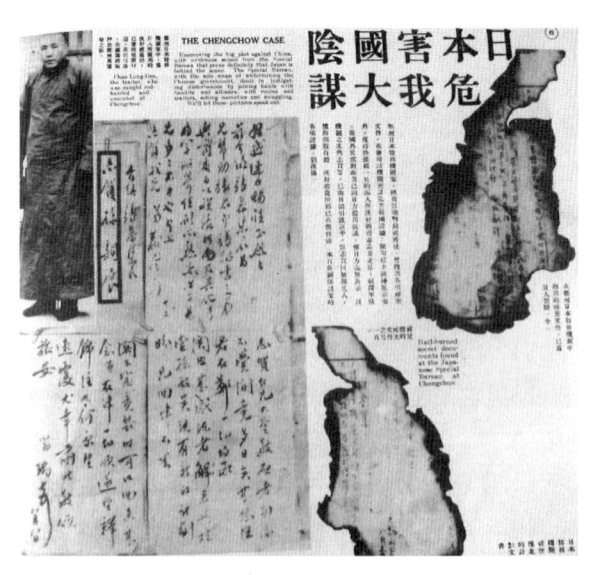

▲报纸报道日本的战争阴谋

美国和欧洲经济的复苏,也影响到了1936年的中国,自入秋以后宏观经济渐渐走出了大萧条的泥潭,开始呈现转暖的迹象。但是,工商业元气大伤,除了投机活跃的上海公债市场之外,其余乏善可陈。

在这一年,最让人担忧的还不是经济,而是越来越恶劣的战乱局势。日本在华北虎视眈眈,随时有南下入侵的可能。而蒋介石却还在全力"剿共"。9月,他在西安设立西北"剿匪"总司令部,亲任总司令,命张学良为副司令,调东北军入陕甘"剿共"。12月4日,蒋介石亲抵西安督战。9日,北京、西安等城市举行纪念"一二·九"的示威游行,学生高呼"中国人不打中国人""东北军打回老家去,收复东北失地"等口号,张学良向群众表示三日内以实际行动答复学生要求。12日凌晨,张学良、杨虎城发动兵谏,扣留蒋介石,是为震惊天下的"西安事变"。在中国共产党、美、英、苏及其他社会力量的斡旋下,蒋介石于两周后得释。他承诺与中共结成抗日统一战线,国共内战暂告一段落。

1937年1月，胡适为《大公报》撰文《新年的几个期望》。他写道，"多年梦寐里害怕的一九三六，居然度过去了。我们在全国欢呼的喊声里送出了旧年，迎进了新年"，因此他的第一个期望是"今年必须做到宪政的实行"，第二个期望是"蒋介石先生努力做一个'宪政的中国'的领袖"。

与乐观的胡博士相比，刚刚被赶出银行界的张公权则做出了一个悲观的预测。他把1936年的经济现象称为"螺旋形的通货膨胀"，他预言说，没有节制、不计后果的赤字政策将可能让国家在几年内破产。

不过，他们两人的期望或预言都没有变成事实，因为日本人的侵华战争很快就要全面爆发了。

企业史人物 | 嘉庚助学

　　1934年2月19日，在新加坡的一个米店里，东南亚地区最大的华人实业集团陈嘉庚有限公司宣告在两天后收盘。公司旗下的橡胶厂、饼干厂、锯木厂、砖瓦厂以及菠萝罐头厂等尽数关闭，造成大量工人失业，波及13万工人及其家属的生活维持。

▲陈嘉庚铜像

　　陈嘉庚（1874—1961）是过去10年里最成功的海外华商。闽南及广东潮汕地区自古就有下南洋求生的传统，很多人因此成为当地的富商。他们成为华人企业家群体中很独特的一支，一直到今天，印尼、马来西亚、泰国和新加坡等国家的首富仍然是华裔企业家。他们对东南亚各国经济的崛起，有着不可取代的功劳。新加坡的英国总督瑞天咸（F. Swettenham）就曾说："政府收入十分之九，皆出华侨之手，对此勤劳、耐苦、守法之华侨之谢意，非言语所可表达。"陈嘉庚出生在福建南部海滨同安县的一个小渔村集美，他17岁时南航7 000海里，到新加坡协助其父经营米店，后因族人舞弊和嗜赌，米店破产。陈嘉庚两手空空，替父还债，先是开办菠萝罐头加工厂，后又在第一次世界大战期间投身风险很大、利益也很高的航运业。他的两艘3 000吨级的海轮先后被德国军舰击沉，却从法国政府那里收到了巨额的保险赔偿。1918年，他拿着120万元保险赔款，倾全力于新兴的橡胶种植业，先后购进数千英亩橡胶园。1922年，欧洲爆发经济危机，股市萎靡，橡胶市价连续下滑，陈嘉庚逆流而上，出资收购了近万英亩橡胶园和10家橡胶厂，建成东南亚地区最大的综合型橡胶制造工厂。

　　三年后的1925年，市道果然翻转。随着经济复苏，橡胶价格从年初每担30多元暴涨到年底的200元，陈嘉庚一举成为"橡胶大王"。事业鼎盛时期，他开办30多家工厂，100多家商店，垦植橡胶和菠萝园15 000多英亩，雇用职工3.2万人，公司总资本达1 500万元。

陈氏的"橡胶王国"仅仅维持了4年。1929年10月，纽约华尔街爆发严重的金融危机，灾害迅速延及全球。美国是新加坡、马来亚橡胶的主要买主，需求的萎缩导致市场崩塌，橡胶每担仅值七八元，与几年前的抢手光景相比恍若隔世，一双过去卖1元多的橡胶鞋，现在竟跌至2角。1930年3月，陈嘉庚橡胶制造厂发生火灾，如同雪上加霜，遍设各地的商店不时发生倒闭或经理卷款潜逃的事件，所有不动产急剧贬值。到1931年8月，陈嘉庚欠银行债款近400万元，被迫接受汇丰银行等八家债权银行提出的改组要求。在其后的将近两年时间里，银行家们急于减少亏损，将陈氏集团的工厂关停并转，分敲零卖。陈嘉庚万分痛心却无可奈何，终于在1934年宣告解体收盘。

陈嘉庚的经营败局，与他刻意扩张的激进战略有关，当时舆论对他就有"孟浪"之讥。此外，庞大实业缺少金融体系的支持也是败因之一。据华商陈维龙的口述回忆，陈嘉庚的企业发生危机时，华人银行竭尽全力只贷给他100万元，远远不能解渴，陈嘉庚只好被迫接受英资银行的苛刻条件。1933年5月之后，全球经济危机已经得到缓解，欧美订单开始增加，英国人控制的董事会突然做出决定，将陈氏企业所产胶鞋全部归一家英国贸易公司单独包销，陈嘉庚激愤抗辩，不肯在合同上签字，董事会最终竟强行履行此约。一位英国董事说："我英国之权利不容他国人染指。"

收盘后的陈嘉庚，日后再无大作。他之所以被视为企业家的楷模和海外华人的精神偶像，却是因为他数十年持之以恒的助学热情。他认为："国家之富强，全在于国民，国民之发展，全在于教育，教育是立国之本。"他在教育上的持续投入可用"痴狂"两字形容。

跟南通张謇一样，陈嘉庚发誓改造家乡渔村。1914年，他创办集美高初两等小学校，此后又相继创办女子小学、师范、中学、幼稚园、水产、商科、农林、国学专科、幼稚师范等，并逐步发展，在校内建起电灯厂、医院、科学馆、图书馆、大型体育场，在昔日偏僻的渔村里建设起闻名遐迩的"集美学村"。在20世纪二三十年代，集美与张謇的南通、卢作孚的北碚是国内知名度最高的三大新式城镇模范。在建设集美的同时，他还在同安县创办40多所小学，先后补助福建20个县市的73所中小学。在新加坡，陈嘉庚竭力倡办华文学校，先后捐资创办崇福女校、南洋华侨中学和南洋女子中学。

1919年，在四处收购橡胶园的同时，他就发起筹办厦门大学。在募款会上，他直言自己助学是"为爱国愚诚所迫"，并当场宣布认捐400万元，其中开办费100万元，其余300万元分12年付清，而当时他积存的资产仅有400万元，相当于倾家办学。

1929年，陈氏集团开始陷入困境，但他仍按时支付集美和厦大所需经费。他的长子陈济民劝他减资自保，他慨然说："我吃稀饭，佐以花生米，就能过日，何必为此担心？"极困难时，他将三幢大厦抵押给银行借款，做出了"出卖大厦，接济厦大"的惊人决定。1931年，汇丰等债权银行改组公司的时候，英国董事们对陈嘉庚自陷绝境仍助学不止的行为难以理解，他则很明确地说："宁可企业收盘，绝不停办学校。"双方拉锯，最终议定对厦大和集美两校的经费支持，限定每月为5 000元。随后，陈嘉庚采取化整为零的办法，将几家尚有利润的企业租给自己的女婿和亲信，约定年终分红时，对方所得的一半或三成充为学校经费。他还向族内富商募捐11.5万元，加上自己的16万元，购买橡胶园400英亩，作为厦大的基金，月可入息2 000元。到1936年5月，陈嘉庚实在无力接济下去，只好给国民政府写信，恳请政府将厦大收归国立，他愿将所有产业无条件奉送，并自请取消董事职位。在信中，他十分自责地说："每念竭力兴学，期尽国民天职，不图经济竭蹶，为善不终，贻累政府，抱歉无似。"两个月后，国民政府批复同意，此时的厦门大学已发展到文、理、法商3个学院9个系，是当时国内科系最多的5所大学之一，鲁迅、林语堂、顾颉刚等著名学者都曾在此教学。

抗战爆发后,陈嘉庚在南洋积极募捐支持抗日。1938年10月,香港、马来亚、印尼、菲律宾等东南亚华侨联合成立"南洋华侨筹赈伤兵难民总会"(简称南洋总会),统一领导海外华人的抗日救国活动,陈嘉庚当选总会主席。在其后几年间,总会先后组建702个基层救亡组织,为募兵集资起了很大的作用。据军政部长何应钦1939年的报告,全年军费18亿元,华侨赈款占了1/5。1940年3月,陈嘉庚率南洋华侨慰问团返国,先后考察慰问了重庆和延安,大大鼓舞国民士气。一年后,太平洋战争爆发,日军侵占东南亚,出赏100万元缉拿陈嘉庚,他辗转避祸于印尼的爪哇诸岛。他把一小包氰化钾藏在怀里,随时准备殉国,当时多有传闻说他已蒙难身亡。1945年,日本战败,陈嘉庚重返新加坡,消息传回国内,竟成一重大喜庆新闻。当年11月18日,重庆举行了"陈嘉庚安全庆祝大会",郭沫若、邵力子、黄炎培、陶行知等500多人与会,远在延安的毛泽东也送来单条,题"华侨旗帜、民族光辉"8个字。与会者都深度认同黄炎培的感叹:"发了财的人,而肯全拿出来的,只有陈先生。"

1949年5月,陈嘉庚受毛泽东的邀请归国定居。1961年8月12日,他在北京去世。逝前他留下遗言,遗产334万元全数捐于学校及乡社建设,其子女,男子无职业者,每月供给生活费20元,女子每月15元,如有职业或出嫁就不得支取,每人如逢结婚或丧事,各给费用200元。他去世后,北京丧仪极为隆重。周恩来总理、朱德委员长亲自执绋送葬,东南亚各地华侨自动分设灵堂祭奠。在新加坡,300个社团、近万人与会追悼,大会挂一对挽联,上联"前半生兴学,后半生纾难",下联"是一代正气,亦一代完人"。

1991年1月,中国科学院将一颗小行星命名为"陈嘉庚星"。所谓与日月同辉,陈公得矣。

1937 / 沉船与拯救

当今中国最重要的事件之一,
是中国青年知识分子正在重新认识自己的国家。
——美国作家赛珍珠,1937年

1937年7月10日,是上海市政府成立10周年纪念日。上海市中心举行了盛大的庆祝大会,近万人涌进会场观看庆祝仪式,并参观了6个成就展览。这时候的上海正宛若一颗"东方明珠",全国金融业资产的3/4聚集在这里。53%的对外贸易和25%的国内外航运通过这里运转。在现代制造业方面,上海是"民族工业的中心",全国近4 000家现代工厂中,有1 200多家开设于此,无论是资本投资额,现代新式机器的使用,还是劳动力的规模,上海都堪称第一。这一天的上海滩,到处洋溢着快乐的激情。但是,一本关注时局的杂志《人民论坛》则刊登了一篇时评,题为《上海成立日庆典的幽灵》。作者写道:"总有一个幽灵游荡在庆祝活动中:战争的幽灵。"

就在三天前，日本军队在北平附近的卢沟桥对中国军队发动了攻击，它被称为"七七事变"，中日战争全面爆发。从这一天起直至其后8年，中国卷入了一场长达8年的艰苦抗战。8月8日，日军攻入北平城，随即长驱南下进击上海，超过400万难民涌进租界。在后面的3个月里，70万中国军队进行了英勇的抵抗，11月12日上海沦陷。12月13日，首都南京沦陷，日军实施了惨绝人寰的大屠杀，超过30万军民丧生。国民政府迁往重庆。日军剑锋直逼武汉，遥望重庆，东京宣称将在3个月内灭亡中国。

战争全面爆发了。一切都变得身不由己。

在国家存亡的重大时刻，企业家们的事业是如此的脆弱，它如蚕丝在大风中飘荡，大大小小的企业家跟那个时代中的每个中国人一样，突然间与民族命运这个大道义站在了一起。

就在这场改变了中国命运的战争到来之前，中国商业界的人们在做些什么呢？

先说宋子文和孔祥熙。就在战争爆发前的一个星期，他们做成了一笔效益超好的生意。7月1日，一家名叫扬子电气的股份公司宣布成立，它收购了当时国内最大的国营电厂——首都电厂。这是孔宋家族不胜枚举的、利用权力、化私为公的经典案例之一。

▲城门公布日本人杀戮中国人的罪行

第三部 1928—1937 国家主义的回归

在1928年，作为新首都的南京城的供电能力十分不足，以至于"灯光黑暗，为全国所仅见"（张静江语）。南京在晚清时建了一家官办的金陵电灯官厂，民国建立后更名为江苏省立南京电灯厂，名为官办，实际由民间资本经营。国民政府定都南京后，当即将电灯厂作为"逆产"无偿没收，改名为首都电厂，被归入建设委员会辖下。随后，政府将电厂抵押，从银行套得资金进行大规模的改造，同时给予了大量的优惠政策扶持，包括享受平价煤、低利贷款，甚至还以改善民生为名义由行政院拨款为电厂新增发电设备。在政策大力输血、市场垄断经营以及"首都效应"等多重利好的刺激下，首都电厂迅速壮大并实现了非常好的效益。在1928年划归国营的时候，电厂的固定资产仅有21万元，到1937年就增至958万元，是原来的足足45倍。在很多年里，企业的年均获利率都在20%~25%，是当时国内效益最好的大型国营企业之一。

到1937年，奇怪的事情发生了。建设委员会以首都电厂需筹措巨额发展资金，而国家一时难以筹措为理由，提出将首都电厂以及无锡的戚墅堰电厂——它在1928年前也是私人企业，后被收归为国营——向社会公开招收商股，"以提高社会投资"。这一建议在该年的4月1日获得国民政府训令批准。仅仅过了一个多星期，建设委员会就完成了首都电厂的资产评估工作。它还迅速拟定了具体招股办法，主要内容为：第一，将首都电厂、戚墅堰电厂合并，组织扬子电气股份有限公司；第二，公司资本均定为1 000万元，除建委会保留20%之外，其余均招收商股。而商股的办理工作交给了一家叫作"中国建设银"公司的民营企业。

奥妙全藏在这家神秘的中国建设银公司身上。它是1934年由宋子文亲自创办的一家股份有限公司，他在被迫辞去行政院副院长和财政部长的职务之后，转身就成立了这家企业。当时他看上去已绝意仕途，他对张公权表示"决计弃官就商，且具做'中国摩根'意愿"。从表面上看来，公司是根据《银行法》和《公司法》注册的私营公司，但实际情形却远非如此简单。公司初期的发起股份中大部分来自国家银行与最大的十几家商业银行，后来渐渐都转移到个人名下，特别是宋子文和孔祥熙家族的名下，其中，仅宋子文就以敦厚、悦愉、嘉禾等不同户名拥有大额股份。公司的股东乃至董事和监察人不是政府主管财政经济的高官，就是活跃于商界的金融大亨，或者本身就是身兼二任的人物，彼此之间很难划清界限。因此公司自成立之日起就一直与政府保持着一种极为特殊的关系。建设委员会的委员长张静江以及三名常务委员中的张嘉和李石曾二人既是建设银公司的发起人，又是公司的股东，而且张静江还是排名第一的监察人，张嘉和李石曾则都是公司的常务董事。①

建委会招收商股的整个过程，不论是拟具章程，还是吸收股份，一切都是在暗中进行的，既未刊登招股广告，也未对外公开宣传。5月14日，扬子电气公司在上海直接对外宣布资本业已募足。7月1日，两公司正式宣告合并，新组建的扬子公司董事长赫然就是宋子文。就这样，建设委员会将其苦心经营近10年的国营企业，以招募商股的名义出让给了特殊的私人公司。

中国建设银公司、扬子电气公司的创立以及首都电厂的私营化过程，就是一个精彩而典型的官僚资本侵吞国家财产的恶例。其运作方式很具典型性，那就是，先以国家利益的名义进行收购，然后将获得的利益私有化。参与其事的人中，有行政院副院长、财政部长、中央银行行长、建设委员会委员长，他们有的是职业政治家，有的毕业于欧美最好的大学，有的是虔诚的佛教徒或基督徒。可悲的是，在担负国家重建责任的同时，他们的心思却更多地放在了自己的财产积累上，而且采用的是最不光彩的盗窃手段。这与其说是一种道德上的堕落，倒不如说是不良制度必然伴生的罪恶。

---

① 建设银的注册股本金为1 000万元，其中绝大多数并不是出自股东的私人腰包，而是各银行参股的数额。到了抗战后期，宋子文等人以极低廉的价格，从国营银行的手中收购了大部分股份。

这是一段让每个人读来都很不愉快的插曲，它似乎不应该出现在这样的地方。但是，它却无比真实而残酷地呈现出了那个政权的内在荒诞性。在某种意义上，即将开始的8年全面抗战将让中国的现代化进程至少延缓20年，却也让这个政权多活了8年。在战争结束后，它仍然执迷不悟，甚至变本加厉地在原有的制度轨迹上渐行渐远，4年后，它就被人民抛弃了。

与官僚资本集团的肮脏不同，民营企业家们则正在自己的事业里各自奋斗。如果没有战争，他们将迎来一个不错的年份。

荣宗敬正在与工程师们潜心研制新的机器，预计每月可造纱锭5 000枚，每天可造新式布机8台，性能比日本、英国的同类机器还好，价格却便宜一半。在过去的3年里，荣家经历了地狱般的煎熬，好在上苍保佑，终于滚爬了过来，申新事业从上一年秋天开始重回正轨。夏天，荣德生的四儿子、21岁的荣毅仁从圣约翰大学毕业了，上年他刚刚与出身无锡望族的杨鉴清结婚，7月1日，风华正茂的荣毅仁被老荣派到茂新面粉二厂担任助理经理。他兴致勃勃地草拟了一份计划，准备在全国建几十个面粉厂，形成"面粉托拉斯"。荣德生笑着对他说："你的疯狂劲头不像我，倒像你大伯。"

70岁的虞洽卿尽管在商场上已不复当年之勇，却也刚刚度过了生命中的一个风光时刻。1936年10月1日，为了祝贺他的70寿诞，上海市政府与租界当局决定将一条横贯上海闹市区的马路"西藏路"改名为"虞洽卿路"，自上海开埠百年以来，之前只有老买办朱葆三享受过这一荣誉。命名典礼是在热闹的跑马厅举办的，沪上所有名流都盛装与会，由虞洽卿创建的华商体操会还进行了300人的检阅表演。在过

▲年轻时的荣毅仁

去的10年里,这位以"调解人"出名的宁波商人的人生发生了戏剧性的变化。在他的主导下,小老乡蒋介石得到了上海企业家集团的支持,从而打下了天下,可是后来,他的江湖地位日渐被后起的张公权、杜月笙取代,他苦心经营的银行和交易所先后都易手他人。唯一值得欣慰的是,他的三北轮船公司一直发展不错,现在以9万吨位的规模成为全国最大的民营航运企业。

作为上海银行家中的幸存者,陈光甫的上海银行是唯一堪与国营银行抗衡的民营金融机构。到1937年,上海银行的储户共计15.7万人,按当时人口4.8亿计算,每3 000人中就有一人在该行开户。上海银行之所以没有被孔宋吞没,固然有种种传言,不过,它独一无二、面向平民的存储理念也许是孔宋等人无从掌握的理由之一。正是一般公职人员、公司职员、教师、自由职业者、家庭主妇、一般个体经营者等小人物,把上海银行的储蓄存款额从1915年的57万元增至1937年的近2亿元,这个数字

▲ 30年代上海租界"西藏路"更名为"虞洽卿路"

约占全国私营银行存款总额的 1/10。在 1934 年的大萧条中，正是因陈光甫的斡旋和助力，荣宗敬等民族实业家才躲过了灭顶之灾。

在川中，卢作孚的民生公司刚刚举办了创业 10 周年纪念会。在 10 年时间里，民生公司靠着精细管理和大胆的扩张战略，由一个只有一艘小汽轮的企业发展成拥有 30 多只轮船、长江中上游最重要的航运公司，重庆上游至宜宾、下游到宜昌的所有华商轮船公司都被并入了民生系统。到 1936 年，民生开辟沱江航线，四川境内所有能通航的河流都有民生船只营运。在长江上，民生成了所有外资航运公司敬畏的对手，老牌的太古、怡和公司要求中国买办每周提供民生的航运情报，以研究对策。10 年前那个愤怒书生现在已成了一个精于商道的大企业家，唯一不变的是他仍然怀着深重的忧患感。在创业 10 周年纪念会上，他说："我所见着的还在这些事业的背后，在撑持这些事业的险阻艰难者，为了事业忘却了自己，为了增加事业的成功，忍受个人的困苦。如果整个公司的人有这一种精神，就可以建设一桩强固的事业；如果整个民族有这一种精神，就可建设一个强固的国家。"

化工领域里的范旭东与卢作孚一样，正处在事业的巅峰期。1937 年 2 月 5 日，由他创办的南京厂正式投产，生产出了第一批国产的硫酸铵。硫酸铵可以生产硝酸，制造炸药。当时国事

▲ 1934 年永利铔厂开始办公，图为范旭东（前排右五）和铔厂职工与国民政府实业部、资源委员会来宾合影

已剑拔弩张，消息发布，国人为之一振。在过去的 10 年里，中国的纯碱产业在他手上孕生。从 1927 年到 1937 年，永利的纯碱年产量翻了 3 番多，"红三角"牌纯碱远销日本、印度、东南亚一带。在天津，永利碱厂、南开大学和《大公报》被合称为"天津三宝"，分别代表了那一时代工业、大学和新闻业的最高水准。永利碱厂的主体厂房南北高楼耸入云天，碳化厂房高 32 米，共有 8 层，蒸吸厂房高 47 米，达 11 层，不但是华北第一高楼，更是塘沽乃至整个天津的标志性建筑。范旭东的科学救国之心十分炽热，他曾在一次演讲中说："中国如其没有一班人，肯沉下心来，不趁热，不惮烦，不为当世功名富贵所惑，至心皈命为中国创造新的学术技艺，中国绝产不出新的生命来。"从 1930 年起，他就想建设中国的硫酸产业。他向南京实业部提出申请，希望财政拨出 2 000 万，600 万办碱厂、800 万办硝酸厂、600 万办硫酸厂。然而，政府给出的批复公文却句句空话，无一实事，让他的指望完全落空。后来三年，他奔波于各家银行之间，竭力融资促进这个项目，终于在 1933 年获准成立南京铔厂，设计能力为年产硫酸铵 5 万吨。1937 年 2 月的投产成功让他非常兴奋，他在日记中写道："列强争雄之合成氨高压工业，在中华于焉实现矣。我国先有纯碱、烧碱，这只能说有了一翼；现在又有合成氨、硫酸、硝酸，才算有了另一翼。有了两翼，我国化学工业就可以展翅腾飞了。"

▲建设中的永利铔厂（1935 年）

在1937年7月之前，除了中国的企业家们之外，绝大多数外国观察家也对这一年的中国经济充满了乐观的展望。美国驻华大使詹森在4月的报告中说："不能不给予中国政府以积极的热情，在农业、工业和交通等所有战线上，发展的计划正在推进。在国民政府的领导下，一个经济发展的时期现已到来。"英国驻中国商务参赞也在报告中说："中国私人资本家是能够使他们适应现代经济需要的，这一点的表现在于私营华人企业，例如面粉工业、纺织工业、电气工业以及其他许多工业数目都见增长。这种增长体现了中国人自己，以及全世界大多数人对于这个国家的未来所抱信心。"

然而，7月7日的炮火打断了这所有的一切。

荣家经略了30多年的庞大产业聚集于上海和江苏，全数都在日军的炮火覆盖之下。淞沪会战时，日军与抵抗的十九路军在闸北和沪东一线展开激战，荣家的几家工厂都在战区内，均为日军攻击的目标。

8月13日，申新五厂遭到攻击，中日军队在厂区附近激烈交战，工厂停产，日军占领厂区，所有设施全部被毁。随即，申新六厂、七厂被战火烧毁，多部机器被日军拆毁；福新一、三、六厂被日军强占为办事处和军用材料的仓库。日军轰炸机向设备最为先进的申新一厂、八厂投下了18枚炸弹，当场炸死70多人，伤350多人，荣德生的大儿子荣伟仁险遭不测。日军把纱料当被子，把机器和面粉包当掩体。

11月，上海失守后，荣家在上海的最强对手日本丰田纱厂——就是两年前竞购申新七厂未遂的那家日资企业——乘乱雇了一批日本浪人和流氓冲进申新八厂，用重磅榔头把残余的126台精纺机尽数砸毁，车头、马达、油箱全部敲烂，皮带盘、滚筒也都打得粉碎，还把仓库里的棉花、棉纱、棉布全都掠走。11月15日，无锡沦陷，日军抢走茂新一厂仓库里的4万袋面粉，然后放火烧毁厂房机器，大火烧了半个月，荣家的发祥地变成一片瓦砾。申新三厂曾经为国军制造过军用服装，更成日军报复对象，他们用硫黄火药和柴油焚烧了工厂与仓库。

战事中，无锡、上海两地企业设备被毁纱锭18.7万枚、布机2 726台、粉磨36部，荣家产业三去其二。面对惨景，荣家兄弟束手无策，他们唯一能做的事情是，尽量把工人疏散到安全地带，把茂新四厂库存的几万包面粉和数千担小麦，全部运出来给中国军队做军粮。

范旭东的化工厂在战争中也几乎全部沦入敌手。

卢沟桥事变前夕，日本军舰已经开入天津塘沽港，范旭东恐有大变，当即组织人员拆迁设备，撤出工厂。工程师们将留在厂内的图纸有的烧毁，有的秘密保存，以为日后重建做技术准备。工人们拆散了石灰窑顶部的分石转盘及遥控仪表，当时代表最新技术水平的蒸馏塔温度传感器，以及碳化塔的部分管线。拆下来的仪器和图纸分批乘船南下，经香港转道武汉和长沙，之后又陆续转移进川，成为大后方重建的重要财富。

1937年秋，日本军部华北开发公司授意其下属的兴中公司夺取永利碱厂。由于永利碱厂在国际上负有盛名，日本人希望通过合法手续，"名正言顺"地得到产权。兴中公司代表刀根曾几次"拜访"留守的李烛尘，大谈"日中亲善"，企图与永利合作。李烛尘置若罔闻。刀根又请三菱公司出面商谈，提出由三菱以民间财团的名义提供技术和资金，由两家合办永利。李烛尘以公司章程明文规定"必须是华籍人士才能入股"为理由拒绝。日方还不善罢甘休，又几次找到范旭东，要求把永利碱厂买下来。范旭东回答："厂子我不卖，你要能拿走，就拿走好了。"日本军部终于失去耐心。1937年12月9日，刀根拿着预先拟好的将碱厂交给兴中公司接办的协定文本，逼迫李烛尘在文本上签字。李烛尘忍无可忍，一改往日斯文儒雅风范，怒斥："世界上哪有强盗抢了东西还要物主签字的道理！你们做强盗也太无勇气了。"第二天，日军下令强行接管永利碱厂，刀根及日本兴中公司的人员进入厂内。范旭东在塘沽的产业就此全部落于日本人之手。

南京铔厂同样没能逃脱被夺厄运。这个刚刚建成的工厂已经达到国际水准，能够生产制作武器所需的化工产品。日军逼近南京时，有意将这个亚洲第一流的大厂完整保存下来。他们通过各种不同渠道，逼范旭东就范，只要他愿意合作，就可保证工厂的安全。范旭东断然拒绝，答复说："宁举丧，不受奠仪。"

南京战事打响后，范旭东下令将凡是带得走的机器材料、图样、模型都抢运西迁，搬不走的设备也要将仪表拆走，哪怕是搬不走的主要设备，也要或埋起来，或尽可能拆下扔进长江，以免为强寇所用。8月21日、9月7日、10月21日，日机三次轰炸南京厂，厂区共中87弹，狼藉一片。与范旭东一起把工厂苦心建起的科学家侯德榜痛不欲生，他每天在被毁的车间里转悠，摸摸这，摸摸那，像疯了似的，人人知他心碎，莫敢劝。直到南京沦陷的前夕，侯德榜才最后一个登上撤离的最后一班船。随同者后来回忆，那天下雨，侯德榜痴痴眺望工厂，全身尽湿，竟浑然不觉。

日军进城后，三井公司将南京铔厂据为己有。1942年，日人又将该厂的设备拆运到日本，安装在九州大牟田东洋高压株式会社横须工厂，为日军生产炸药。

卢沟桥事变后，日军必将南下进攻上海、南京，国民政府决定内迁至重庆。这时候，局势仍然十分危急，日本军舰一定会沿着长江水路快速西进，攻克重庆也是指日可待。日本军部的"三月灭国论"应是据此推算出来的。于是，如何阻断长江，已成当务之急。如果要靠军队在水面上或沿线狙击日军，几乎没有任何胜算。于是，沉船断流成了唯一的选择。中国的航运企业在这一时刻拯救了国家。

在长江中下游地区，最重要的轮船公司分别是国营的招商局和两家民营轮船公司，即虞洽卿的三北公司和杜月笙的大达公司。早在8月12日，国民政府就实施了"江阴沉船计划"，三家公司的24艘船只，计4.3万吨，就被凿沉于江阴黄山下游的鹅鼻嘴，其中，招商局沉船7艘，计1.37万吨，占公司江海大轮总吨位的1/4，三北和大达的沉船吨位分别为2万吨和1万吨。"江阴沉船"原有两个战斗目的，一是隔断航线，让日本军舰无法从东海攻入长江流域,二是将长江内已有的日本军舰"关门打狗"。可惜,这个秘密计划被一个叫黄秋岳的汉奸出卖给了日军,使得日舰趁着江面还没有完全堵塞的时候,连夜逃出长江,计划功败垂成。黄秋岳后被砍头示众。

12月,日军攻克上海、南京后,政府在江西马当组织第二次沉船。1938年4月,沉船18艘,计2.5万吨,参与企业除了上述三家外,还有民营的大通、民生等公司。此后,在镇海口、龙潭口、宜昌及武穴田家镇等长江水面又相继实施多次沉船计划。这一惨烈的自毁行动,成功地阻止了日军沿长江快速西进的战略,西部的抗战大后方得以保全。在此过程中,招商局沉船占总吨位的40%,虞洽卿的三北损去一半,杜月笙的大达全数损失。

在长江沿线,一艘又一艘装满乱石的铁船自凿沉沦,此起彼伏,宛若一幕接一幕的黑色葬礼。"沉船"是一个极富寓意性的事件,中国企业家在家国存亡之际,以自己的方式无比悲壮地展现了自己的力量,这是一次"殉葬",也是一种拯救。

除了沉船阻敌,航运公司还承担了运输西迁军队和物资的重任。自晚清以来,中国工业大多集中在东南沿海和长江中下游流域。到1937年6月,全国(东北除外)资本在1万元以上的工厂有3 935家,其中,约70%集中在上海、武汉、无锡、广州、天津五大城市,其中仅上海就有1 235家,占总数的31%。战争爆发,上述地区先后全数沦陷,于是,能够抓紧时间西迁多少企业关乎国运商脉。

各家航运企业原本在长江上为了生意打得不可开交,现在则抛弃前嫌,空前团结,大家在南京成立了"内河航业联合办事处",并沿上海、镇江、芜湖、九江、汉口和长沙一线设置分处,统筹安排,日夜抢运。虞洽卿的三北公司有3万吨轮船被政府无偿征用。上海沦陷前,有146家企业以及1.5万吨的设备,随同2 500名工人,先转移至武汉,后来再入四川。

1938年6月,日军调集30万军力攻击中部重镇武汉,中国军队组织

第三部　1928—1937　国家主义的回归

100万人进行抵抗，这场"武汉大会战"是抗战史上规模最大的战役之一。当时的武汉地区有中国最重要的钢铁企业汉阳铁厂和多家兵工厂，聚集在此准备向西内迁的企业256家，占当时全国内迁工厂总数的55%，各种设备器材10.8万吨。就在战事激烈展开的同时，航运公司冒着炮火和空袭，日夜抢运，到10月25日武汉失守，绝大部分器材被转运，没有落入敌手。

武汉失守后，长江中游航线全部被切断，入川门户宜昌成了下一个被攻击的战略目标。当时堆积在宜昌码头的商用和军用器材超过12万吨，此外还有油料1万吨，各类公物6万吨，等待入川的政府官员、技术工人、大学师生和难民在3万以上。不夸张地说，这里几乎集中了中国兵器工业、各类机器工业和轻工业的命脉，是国家仅存的一口元气。

这时候，日军飞机天天轰炸宜昌，宜昌随时有可能被攻陷。招商局、三北等公司已经精疲力竭，更可怕的是，距离长江上游的枯水期也只剩下

▲沉船抗日油画

一个月左右。情况到了最危急的时刻，西运的重担猛地压到了长江中上游最重要的航运企业民生公司的肩上。身材瘦弱的四川企业家卢作孚走到了一生中最光荣的时刻。

当时，民生公司可用的轮船24只，按平时的运输能力，40天大约只能运1.4万吨，要将10多万吨物资在一个多月内全部运往重庆，几乎没有可能。卢作孚召集人员通宵开会，他们参考以往枯水期分段航行的经验，决定采取分三段运输的办法，按照40天时间，设计出一个严密的运输计划，宜昌到三斗坪为第一段，三斗坪到万县为第二段，万县到重庆为第三段。只有重要而不易装卸的笨重设备才直接运往重庆。对船只航行时间、物资装卸也做出最合理、最紧凑的安排，白天航行，夜间装卸，将运输能力发挥到极限。各单位则清理自己的设备、器材，配套装箱，按轻重缓急，依次分配吨位。

长江三峡，到处是急流险滩，只能白天航行、夜间装卸才可以充分争取时间，航运人员尽量不空耗一天、一个小时，甚至一分钟。搬运装卸工最多时有2 000多人，日后卢作孚回忆当时景象："每晨宜昌总得开出五只、六只、七只轮船，下午总得有几只轮船回来，当轮船刚要抵达码头的时候，舱口盖子早已揭开，窗门早已拉开，起重机的长臂，早已举起，两岸的器材，早已装在驳船上，拖头已靠近驳船。轮船刚抛了锚，驳船即已被拖到轮船边，开始紧张地装货了。两岸照耀着下货的灯光，船上照耀着上货的灯光，彻底映在江上。岸上每数人或数十人一队，抬着沉重的机器，不断地歌唱，拖头往来的汽笛，不断地鸣叫，轮船上起重机的牙齿不断地呼号，配合成了一支极其悲壮的交响曲，写出了中国人动员起来反抗敌人的力量。"

那些日子里，卢作孚日夜守在他的指挥中心，收发报机24小时不停地响着，上游各港口、各轮船发来的电讯日夜不断，工作人员日夜坚守岗位，处理各种电文，所有电文都经卢作孚亲自审阅、批示。他对全部运输情况的每个环节都了如指掌，知道每一小时运走多少吨物资和哪些船在

▲宜昌大撤退

运,知道每只轮船在什么位置,知道哪些物资在哪个港口卸载,知道哪些单位的物资正在装船……深夜时分,他则亲到码头检查装卸情况,为工人、船员解决遇到的困难。他鼓励部下说:"这一年我们没有做生意,我们上前线去了,我们在前线冲锋,我们在同敌人拼命。"

整个宜昌大撤退,民生公司的船只担负了90%以上的运输量,为报效国家,卢作孚只收取极为低廉的运费,兵工器材每吨只收30~37元,其他公物40元,民间器材也只收60~80多元一吨,而同时也在参与运输的外国轮船要收300~400元。民生的经营损失在400万元以上。在指挥运输的一个多月里,日夜不眠的卢作孚眼凹如洞,形同槁木。他对公司职工说:"我们要以事业报效国家,我们要以身尽瘁事业。我们虽然不能到前方去执干戈以卫社稷,拿起武器打敌人,当就本身职责,要努力去做一员战士,以增强抗战力量。"据经济部调查,这次抢运进来的兵工厂和民营企业机器设备,每月可造手榴弹30万枚,迫击炮弹7万枚,飞机炸弹6 000枚,十字镐20多万把。

此次宜昌抢运的物资、人员,相当于民生公司1936年的总运量。在预定的40天内,他们奇迹般的运完了全部人员,运走了2/3的机器物资。

又过了20天,当长江水位降到没法组织大规模运输时,沿江剩下的只是一些零零星星的废铁。

后来史家将卢作孚组织的这次"宜昌大撤退"称为"中国实业上的敦刻尔克"。[1] 民国作家徐盈在《中华民国实业人物志》中评价:"中国的敦刻尔克撤退的紧张程度与英国在敦刻尔克的撤退并没有什么两样,或者我们比他们还要艰苦些。"[2] 卢作孚也自认:"我们比敦刻尔克还要艰难得多。"他的勇敢得到了军人们的尊重,冯玉祥将军在写给卢作孚的一封信中称赞他是"最爱国的,也是最有作为的人"。冯玉祥写道:"贵公司人才之多,事业之大,有功于抗战,均为其他公司所少有,敬佩万分。"

宜昌大撤退后,民生公司的船仍在抢运物资,做出了极大的牺牲。整个抗战期间,民生船只运送出川的军队共计270.5万人,武器弹药等30多万吨。卢作孚不顾危险,常常亲临现场。1938年以来,民生有9只轮船被炸沉、6只被炸坏,包括最大的"民元轮",船员共牺牲117人,伤残76人。

尽管招商局、虞洽卿、杜月笙和卢作孚使尽全力,可是因为失地实在太快,大多数工厂并没有来得及迁到四川内地。到1938年10月武汉失守为止,除上海、武汉迁出304家工厂外,苏州、无锡、常州、南京、九江、芜湖、济南、郑州、广州、武昌、太原等地仅迁出42家工厂,青岛、石家庄、广州等地企业全部为敌所有。一直到1941年,各地内迁企业数总共为639家,约占当时全国工厂总数的15%。

自太平天国战乱后,尽管经历了改朝换代、军阀割据及蒋介石的北伐"剿共"等重大的政局变故,尽管中原大旱、长江黄河水祸时有发生,但是近80年来,中国并没有爆发全国性的、持久的战争。这个古老的国家

---

[1] "敦刻尔克大撤退"发生在"宜昌大撤退"后的1940年5月。当时,德军横扫欧洲,近40万英法联军退缩到法国东北部的港口敦刻尔克,在10天时间内渡过英吉利海峡退到英国本土,为日后反攻保存了实力。

[2] 徐盈编,《当代中国实业人物志》,上海:中华书局,1948年版。

从来有超强的伤口自我愈合能力，人们总是能够寻找到生活下去的办法和勇气。与曾国藩哀叹"吾日夜望死，忧见宗祐之陨"的时期相比，半个多世纪以来，中国的确发生了巨大的变化：皇帝不见了，共和政体和新的国家治理制度已经确立，洋人不再是一种奇怪的动物，"天朝"的骄傲已经丧失，新的科学技术和人文观念每天都在不断地被引进，摆脱了科举牢笼的青年人和知识分子开始用前所未有的视野和角度思考自己的国家。

在经济建设上，中国也已经变成了另外一个国家。据美国学者阿瑟·恩·杨格在《1927年至1937年中国财政经济情况》一书中提供的数据：到1937年，全国拥有了近4 000家现代工厂、1万余公里铁路、11.6万公里公路、12条民航空运线路、8.9万公里的电话线和7.3万个邮政局。中国废除了所有的不平等条约，还清了大部分外债，开始独立行使关税主权。中国基本形成了门类齐全、规模可观的重化工业和轻工业产业格局。南京政府还完成了币制改革，由一个"白银帝国"转型成了与国际接轨的金本位制国家。上海成为远东最繁荣的金融和商业城市，北京、广州和武汉都成为百万人口级的大都市。中国的棉稻麦也基本实现了自给，经济学家何廉说："农业经济发展已步入'起飞'之路"。中国还是外商投资最活跃的地区之一，据侯纪明在《外国投资与中国经济发展（1840—1937)》一书中的计算，到1937年，中国共吸引外资总额达25.6亿美元，在发展中国家里仅次于阿根廷和印度—缅甸—锡兰（在当时这是一个统一的英属殖民地）[1]。

问题当然也是一大堆。在把皇帝拉下马后的第十六个年头，一党独大的中央政府又回来了。军人的势力过于庞大，中央财政被军事支出"绑架"。宪政改革的步伐十分缓慢，渐进式的改革思维总是被颠覆型的热血理念淹没。曾经一度崛起的民营资本集团被强势的国营资本和官僚资本联

---

[1] 侯纪明著，《外国投资于中国经济发展（1840—1937)》，法萨诸塞州，坎布里奇，1965年版。

盟打败。国民党与共产党因政治理念的决裂而形成了武装对抗的局面。在广大的农村地区，数以亿计的农民没有享受到任何现代化成果，国家的任何进步或动荡都好像与他们无关。而在城市里，新诞生的工人阶层饱受压榨，生活悲苦。在上海、广州等中心城市，黑社会是公开的"第二政府"。

那是一个充满了希望和挫折感的年代，左翼作家茅盾在1933年出版了一本十分轰动的讲述上海商界和市民百态的长篇小说，书名就形象地定义了当时的时代特征：《子夜》。18年前领导了"五四运动"的自由主义知识分子胡适回顾这段时期说："平心说来，最近二十年是中国进步最速的时代。无论在知识上、道德上、国民精神上、国民人格上、社会风俗上、政治组织上、民族自信力上，这二十年的进步都可以说是超过以前的任何时代。这时期中自然也有不少怪现状的暴露、劣根性的表现；然而种种缺陷都不能灭损这二十年总进步的净盈余。"从来不会算金钱账的胡博士居然用上了"净盈余"这样的经济学名词，可见他的心里是拨拉了一会儿"算盘"的。

在1937年，西方人对中国的观感也与几十年前大大不同，而且表现得兴趣越来越浓。一个美国传教士的女儿赛珍珠（Pearl. S. Buck）成了新的文学明星，她在一年后获得诺贝尔文学奖，原因是她创作了一部关于中国农村的小说《大地》。

赛珍珠的少女岁月是在江西庐山的一栋美式小木屋中度过的，她像一个中国人那样经历了好年景和可怕的饥馑，经历了血腥混乱的革命以及狂热且不切实际的改革。她在书中写道："当我生活在中国人民当中的时候，是中国人民给了我最大的愉快和兴趣。当人们问我他们是何种人的时候，我回答不出。他们不是这或者那，他们仅仅是人民。我无法给他们下定义，正如我无法给我自己的亲戚朋友下定义一样。我与他们如此接近，曾与他们如此亲密地一起生活过,无法给他们下定义。"①

然而,随着战争的爆发,中国成了一个被抛弃的巨人。日本侵华被西方舆论认定是一场他们不应该牵涉太深的"亚洲战争"。美国刚刚从大萧条中缓过神来,那时的它并不像20世纪中后期那样,乐于当一个事事插手的"世界警察",罗斯福政府只是表示了一下遗憾和谴责。英、法两国不敢得罪已经与纳粹德国和意大利结为轴心联盟的日本,它们均做旁观状。西方世界对中日战争的立场转变将发生在整整两年之后,那时候,第二次世界大战爆发了,同盟国需要在远东有一个并肩作战的盟友。

对中国局势一直比较关注的是美国《时代周刊》,这可能跟它的创办人亨利·卢斯出生在山东青岛有关。1937年1月的周刊第一次详细报道了正在崛起中的共产党力量。编辑在"编者按"中说:"中国共产党的军队几乎完全是神秘的,将近10年的时间里,他们行踪不定,与蒋介石委员长的国民政府进行战斗。"向《时代周刊》提供这组报道的记者之一是埃德加·斯诺,他是极少数到延安采访了中共的外国记者。10月,他根据自己的采访

▲南京沦陷,国民政府迁都重庆,此为重庆朝天门码头

---

① [美]赛珍珠著,王逢振、马传禧译,《大地》,上海:上海译文出版社,2002年版。

手记,撰写并出版了十分畅销的《红星照耀中国》。《时代周刊》还第一次刊出了斯诺拍摄的毛泽东照片,这是一个头戴八角帽、神情沉重、面容清瘦的中年人,记者对他的介绍很简单:"毛是他的名字,他的头值25万美元。"在今后的70年里这家周刊将6次以这个东方政治家为封面人物,最后一次居然是在他去世了29年后的2005年。

到1937年年底,《时代周刊》做出一个更有倾向性的决定,它将1937年的年度人物(Man of The Year)选定为蒋介石,而不是连任的美国总统罗斯福或新登基的英国国王乔治六世。主编们引用瑞典探险家斯文·赫定的一句话作为选择的理由,它听上去非常奇怪,充满了西方人的偏见:"中国近来发生的事情,不仅仅构成一个警告,更是一个最后的信号,即白种人的负担将由一个更愿意承担的日本接过去。白种人在远东的统治即将结束。"

1937年11月,上海沦陷后,沪上几乎所有知名的商贾大亨都星夜出逃避难,只有少数人因为各种原因留了下来。

年过七旬的虞洽卿没有走。他思量再三,决意留下。8月淞沪会战的时候,百万难民挤进弹丸之地的租界。虞洽卿再次担当"调解人",他奔走呼号,发起成立上海难民救济协会,自任会长,英商迈克·诺登(Michael Norden)为副会长。该会设30余处收容点,按期支付代养金,先后收养难民8万余人,发放81期给养,共计970余万元。为了阻止日军西进,虞洽卿的轮船或被沉江或被征用,他全尽了一个公民的责任。日军占领上海后,对港口和海面进行全面封锁,全市陷入米荒。又是虞洽卿出面召集各行业公会开会,倡议成立上海平粜委员会。他恳请各公会先行垫款,以便购买南洋大米,保持物价平稳。为了避免运米轮船被日军击沉,他与意大利商人合开中意轮船公司,船挂意大利和中立国挪威、巴拿马国旗。所运大米均按市价7折出售,差额由各公会捐款补贴,平粜米共办30多期,被颂为善事。

▲ 国民政府赠给虞洽卿的"输财报国"匾额

也是在这段时间，各方政治力量角逐上海滩，像虞洽卿这样的老牌商界头面人物自然是被拉拢的对象，他又收到了夹有子弹的恐吓信。这是他继1911年的辛亥革命、1925年的"五卅运动"之后，第三次遭到政治势力的生命威胁。在诡异和动荡的乱世，企业家总是被要求选择立场。虞洽卿于1941年春离沪去了重庆。1945年4月26日，他因急性淋巴腺炎突发去世，弥留时遗嘱捐献黄金千两，"用以支持国民政府抗战"。虞氏殁后，国民党政府赠匾额一块，上书"输财报国"四字，此匾迄今仍悬于浙江省慈溪市东郊伏龙山下的虞洽卿故居。数十年后，虞氏事迹寂为人知，其老宅倒是因建筑精巧而成为当地的"重点保护文物"，偶有游人踏春参观，仰见此匾，只当是一块称颂亡者的寻常俗物而已。

荣家兄弟决定一走一留。上海沦陷后，他们的生命面临危险，毕竟在过去的那么多年里，他们一直是日本纺织和面粉企业在中国市场的最大敌人。两兄弟决定分担去留，较为温和、一直驻守无锡的荣德生到上海主持总务，大哥荣宗敬先离开躲避一下。

1938年1月4日深夜，荣宗敬从荣公馆的后门出走，乘上轿车疾驰在黄浦江边，在月色掩护下登上小火轮，悄悄逃往香港。一个月后，65岁的他因焦虑过度，导致脑溢血突发，不治而逝，临终遗言曰："那些厂子，来之不易，千万不能落到日本人手里……你们好自为之，善自为之。"他的灵柩一直没有入土，直到1943年9月才下葬家乡无锡。战争期间，荣家在上海、江苏的所有面粉、棉纱工厂，除了租界内的申新二厂、九厂之外，或毁于战火，或被日本公司接管，或遭浪人砸毁，全无幸免。

此时，战火由北而南，沿东南海岸线残酷蔓延，这一线正是中国商业经济最为繁华之地。自1870年的洋务运动以来，这个国家所积蓄的商业财富几乎毁于旦夕。

企业史人物 | 南洋兄弟 |

1937年4月，宋子文"受邀"出任南洋兄弟烟草公司的董事长，这是他接管众多知名本土企业的杰作之一。这一天，距离南洋创办人简照南（1870—1923）猝然去世已经有14年了。这家中国最大的民族烟草企业在过去的30多年里，与全球烟草大王英美烟草公司分庭抗礼，取得了引人注目的战绩，最终却还是免不了寥落的下场。

1881年，美国工程师詹姆斯·邦萨克发明了连续生产型卷烟机，这直接带来了现代烟草业的繁荣。据称，一个名叫詹姆斯·杜克的美国企业家在得知这一消息后，说的第一句话就是，"给我拿地图来"。当地图展开之后，他翻看的不是地图，而是下面的说明，很快他发现了一个传奇般的数字，"人口：3.4亿"。杜克说："那儿就是我们要去推销香烟的地方。"他指的"那儿"，当然就是中国。用人口数量来想象中国市场的辽阔，这是西方企业家的一个习惯。杜克创办了英美烟草公司，它很快成为全球烟草业的霸主。[①]1902年，英美烟草在上海陆家嘴设立工厂，开始了杜克期盼中的远东征服。它在上海、汉口建立了大型的烟草厂，其雇工在1915年达到1.3万人，是西方在中国设立的最大工业企业。它在华北平原种植了数万英亩的美种烟叶，有30万户共约200万农民以此为业。英美烟草还建立了令人吃惊的、细如血管般的销售体系。1907年，一位记者在河南开封采访时看到，"整个城市布满了成千上万张耀眼的广告"。另一个记者则在西安看到，"城门上、城墙上、大街小巷的每一堵墙上，衙门前柱子的砖头底座上，处处都贴满了英美烟草的巨幅广告宣传画"。

第一家本土烟草工厂是盛宣怀于1903年创办的三星烟厂，它很快被英美烟草兼并了。1905年，简照南、简玉阶（1875—1957）兄弟以10万

---

① 英美烟草是美国烟草公司与英国帝国烟草公司合并后的联合体，它成立于1902年，总部在伦敦，却一直由美国人领导。

元股本在香港创办南洋兄弟烟草，这是一个设备简陋的小工厂，只装备有一台烤炉、一间烘房、一台发电机、两台磨刀机和四台卷烟机。出生于广东南海县的简氏兄弟家境贫寒，自幼就出洋谋生，曾在日本办过瓷器店和航运公司。南洋烟草一创办，就被英美烟草打了一个"下马威"。英美烟草向香港法院指控南洋"白鹤"牌香烟从包装到商标图案都与英美烟草的"玫瑰"牌香烟相似，南洋败诉，被迫公开焚毁所有印好的商标。公司在1908年宣告清理拍卖，之后，简氏兄弟再度筹措资金重新登记开工。在其后的数年里，南洋烟草一直在新加坡、印尼等南亚国家销售。直到1915年，简照南认为时机成熟，开始拓展广州市场，于是，一场针锋相对的商战开打了。

英美烟草使用了一些很恶毒的竞争手段。它暗中买进大批南洋香烟，储藏起来，等到香烟霉坏了，再廉价向消费者抛售，这让南洋的名誉大大受损。英美烟草还投书报纸，指责南洋依赖日本的原料、机器和技师，是由肮脏的日本资本扶持起来的。此外，它还向香港法院指控南洋伪造英美烟草的商标，并散发传单威胁所有的经销商，警告他们如果销售南洋烟将被"拿官究办"。

简照南的对策也颇为强硬，他对付英美烟草的办法就是两条：一是坚决的低价战略，二是猛打"爱国"牌。这几乎是百年以来中外商战的共同逻辑。南洋兄弟的包装和款式跟英美烟草非常相似，而价格却要低三成。简照南提出"中国人应吸中国香烟"的口号。他积极参与慈善

▲简照南打"爱国"旗号的香烟广告

第三部 1928—1937 国家主义的回归

捐助活动，广东地区每年都有水灾，简照南组织了10艘救济轮船，上面插满了"南洋兄弟烟草公司救济"的巨幅彩旗，很扎眼地停泊在广东海滨大道的一座戏园前。他还大登广告，提出"难民赈济，孤儿膏大；解悬拯溺，无一不妥，我粤同胞，谁不认可，其理谓何，善因善果，报之以德，振兴土货；好用舶来，不知死所"。最后两句，已近同诅咒。针对英美烟草的谣言战术，他也暗中出钱让人到一些葬礼活动中免费散发英美香烟，还特别收买抬棺人叼着香烟出殡，让人们产生购买英美香烟会带来"不吉利"的印象。在广东地区站稳脚跟后，简照南迅速北上，投资100万元在上海设立了雇工超过千人的卷烟厂。很显然，英美烟草遇到了真正的对手。简照南不但善于市场营销，而且在工厂管理和技术创新上都十分在行。1915年前后，民族工业正处在蓬勃成长的时期，抵制洋货运动此起彼伏，南洋兄弟顺势而上，很快成了"国烟大王"。

在这场烟草大战中，除了令人眼花缭乱的营销对决外，还有一个十分值得研究却被人忽略的事件是，南洋兄弟与英美烟草曾经有过两次隐秘的资本合作谈判。在1917年，英美烟草觉得已经很难在市场上一举扼杀南洋兄弟，于是提出了合并的要求。这在南洋兄弟公司内部引起了一场巨大的风波。

简照南在市场竞争中死力抵抗，然而出人意料的是，他又是合并的积极推动者。在他看来，南洋兄弟身处乱世，仅以自己的这点商业资本很难独存，所以必须有所依靠。一开始，他试图与北洋政府合作，通过"官督商办"的模式取得政府的扶持。然而在几轮接触之后，他大感失望，认为"官场做事鬼鬼祟祟……与官场交，吃一担砂仁，亦难下气"。转而，他对英美烟草提出的合并方案表示了兴趣。南洋与英美的合并在商业上有很多益处：第一，可以免除价格战的压力，形成市场垄断利润；第二，可以学习到最先进的制造技术，并从英美烟草庞大的采购和销售系统中受益；第三，可以享受到外国公司的种种特权。当时，南洋兄弟的纳税压力远远大于英美烟草，前者每箱香烟需纳税3~10元，此外还受到各地军阀政府的杂税盘剥，后者则与北洋政府达成了"包办"政策，每箱只需通算2元。因此，在简照南看来，合并应是上策。①

不过，合并案在南洋兄弟内部引起了强烈的愤慨，简氏家族

▲圣诞老人卖的香烟

几乎全数反对，其唯一的理由是"违背爱国原则"。与简照南一起创办企业的弟弟简玉阶是最坚定的反对者。他认为即使这个交易是合法的，而且从长远看也是有利可图的，但它是不道德的。他们的一位堂兄在一封信中写道："我们的实业正在萌芽，办有成绩者寥寥可数，我公司之货，乃对外竞争，近年蒸蒸日上，不特为个人之荣誉，且为国之光。如因利诱从之，将来必为社会后世所唾骂。"简照南对这些观点不以为然，他以为族内兄弟们的所谓爱国主义是一种受伤的民族自尊心的表现。"试问争气，争气为人所败，国人亦能争气补我损失否？"他自认是一个达尔文主义者和世界主义者，"人之所能为世界社会上造幸福，争国家权利，为国生光者，多是金钱"，"有钱为人敬重，无钱必为人鄙，世俗如此，无可奈何"。为了延续国烟的形象和民族主义广告战略，简照南还跟英美烟草达成了一个默契，两家公司的合并将秘密进行，南洋仍然能在报纸上攻击对手，两家

---

① 英美烟草在中国市场的获利率非常之高。根据高家龙的研究，在中美两国销售同样牌号的美国香烟，尽管中国市场的售价比在美国低40%，但是利润仍高于在美国的获利。

公司的高层将避免一起参加社交活动。简玉阶等人对这样的"默契"嗤之以鼻，他们召开家族会议决定，如果简照南一意孤行，将被逐出族门，这在当时是最严厉和耻辱性的惩处。

这场合并交易从1917年3月谈到11月，终于流产。到1919年的"五四运动"期间，英美烟草再次对南洋兄弟发起舆论攻击。它查到，早在1902年，简照南在日本办航运公司的时候曾经加入日本国籍并改名为松本照南。这一事实让南洋兄弟顿时陷入丑闻旋涡，北京的农商部宣布吊销南洋的执照，宣布将之视为日本企业。简照南宣布放弃日本国籍，还邀请广东的10多家社会团体到工厂参观，但还是很难打消民众的质疑。于是，他做出了一个冒险的决定，宣布立即在公开市场发行价值1 000万元的股票，每股为20元，只对国人发行。南洋股票受到欢迎，张謇、虞洽卿、朱葆三等知名企业家纷纷出资入股，股东人数多达1.55万户，简氏家族的股份从94%稀释到60.6%，简照南以这一方式化解了危机。在这之后的三年里，南洋兄弟进入成长的巅峰期，年均利润达400万元。

有意思的是，到1920年，英美烟草再次提出合并。它提出了十分优厚的条件，在合并后的新公司中，英美烟草与南洋兄弟的股权比例为75∶25。当时前者的年利润为1 500万元，是后者的4倍。简照南尽管在不久前差点被整得名誉扫地，但仍然不改初衷。他还专门飞抵美国，与詹姆斯·杜克面对面地谈判。1921年2月，双方的合并合同准备就绪，但在最后时刻，简玉阶和简氏家族的其他成员拒绝签字，理由依然是"先敌后降，为社会所唾弃"。1923年，53岁的简照南突然去世，合并事宜从此无人再提。

简照南逝后，南洋兄弟的经营日渐下滑，1924年的利润猛降到47.9万元，只有上年的12%，公司内部出现了管理不善、市场失措和族人贪污的混乱现象。高家龙的研究表明，"简玉阶本人并不贪污，但他却纵容了公司中每一个部门的非法行为"。1927年，南京国民政府成立，当即宣布将烟草税收大幅上调至50%，国内烟草工厂顿时倒闭过半，而英美烟草则十分强硬地拒绝这一税收政策。作为最大的国烟企业,南洋兄弟受到的冲击可以想见。英美烟草更是乘机大幅降价,抢夺市场。具有讽刺性的是,南洋兄弟是国民党政权最早的捐助者之一。早在1911年,简氏兄弟就捐献了大量现金给孙中山。1922年,他们向广东的国民党军队赠送了2万元的给养。蒋介石进入上海后,南洋兄弟又捐出了50万元。但是,它却成了第一批政策牺牲者。学者郑友揆认为:"中国关税政策的主要目的是增加财政收入,保护国内工业则尚在其次。"[①]1928年和1929年,南洋兄弟巨亏545万元,后来几年虽然有所复苏,但是年度利润再没有超过60万元,仅为简照南时代的一个零头。到20世纪30年代初期,日军占领东北,日本烟草迅速覆盖东三省和华北市场,南洋烟草进一步遭到挤压。在凶险的生存压力下,简玉阶只好向政府求援,要求将南洋变为"国营企业"。为了躲避官方和非官方的勒索,他还聘请杜月笙和宋子良为南洋董事。到1937年,简玉阶找宋子文借钱,后者乘机掠走27%的股份,成为公司的董事长。自1905年南洋兄弟创立后,简氏家族第一次失去了对公司的控制。

"七七事变"后,南洋在上海的工厂被日本炸毁,大陆市场几乎全数沦丧,而英美烟草一直到1941年太平洋战争爆发后才退出中国市场。1945年,第二次世界大战结束,英美烟草迅速归来,而被宋子文控制的南洋烟草已不复当年之勇,其年产量不到前者的1/10。

对南洋兄弟研究最深的是美国康奈尔大学历史系主任高家龙。他在《中国的大企业:烟草工业中的中外竞争(1890—1930)》一书中认为,简照南是少见的、拥有企业家精神的"熊彼特式的企业家"。

[①] 郑友揆著,程麟荪译,《中国的对外贸易和工业发展:史实的综合分析》,上海:上海社会科学院出版社,1984年版。

人物索引

A

A·H·约翰　1929

阿瑟·杨格　1929、1937

埃德纳·李·布克　1932

B

白吉尔　前言、1919、1929、1935

保罗·雷恩斯　1919

鲍贵卿　1915

北岛　前言

比尔·休利特　1935

俾斯麦　1870

卞之琳　1935

伯希和　1870

博古　1932

C

蔡昌　1911

蔡元培　1911、1919、1935

曹锟　1915、1919

曹汝霖　1915、1919

陈德微　1929

陈调甫　1915

陈独秀　1919

陈公博　1935

陈光甫　1911、1924、1927、1929、
　　　　1932、1935、1937

陈光远　1915

陈嘉庚　前言、1935

陈炯明　1924

陈廉伯　1924

陈明远　1935

陈其美　1905、1911、1919

陈天华　1905

陈行　1935

陈彝　1870

陈寅恪　1929

程德全　1911
茨威格　1935
慈禧太后　前言、1870、1884、1894、1900、1905

D

大野健一　1884
戴望舒　1927
戴维·帕卡德　1935
德璀琳　1900
德为门　1905
邓伯格　1915
邓徽绩　1905
邓孝可　1905、1911
丁恩　1915
丁日昌　1870
丁汝昌　1894
丁文江　1919、1927
董海文　1927
董少严　1915
杜威　1919
杜恂诚　1935
杜月笙　1905、1927、1935、1937
端方　1905、1911
段祺瑞　1915、1919、1924
段锡明　1919

F

范旭东　前言、1915、1937
范源濂　1915
斐迪南大公　1915

费维凯　前言、1875
费正清　前言、1894、1905、1932
冯国璋　1919
冯培禧　1929
冯玉祥　1924、1929、1932、1937
弗雷德里克·李滋·罗斯　1927
福泽谕吉　1884
傅国涌　1905、1935
傅兰雅　1894
傅汝霖　1935
傅斯年　1919
傅宗耀　1924、1927、1929、1935

G

甘地　1919
高家龙　前言、1937
龚心湛　1915、1935
辜鸿铭　1870
顾馨一　1911
顾正红　1924
关炯之　1905
光绪　1894、1900、1905
郭乐　1911

H

哈耶克　1935
汉斯·孔恩　1915
郝延平　前言、1875、1884
何丰林　1924
亨利·卢斯　1937
侯德榜　1915、1937

侯纪明　1915、1937
侯宜杰　1905
胡佛　1900
胡汉民　1905
胡适　1919、1924、1929、1935
胡先　1929
胡雪岩　前言、1870、1875、1884
黄金荣　1905、1919、1927
黄秋岳　1937
黄仁宇　前言
黄万里　1915
黄兴　1911
黄振世　1919
霍宝树　1935

J

J·P·摩根　1870、1884
吉田茂　1870
简玉阶　1937
简照南　1937
姜豪　1915
蒋中正　1905、1919、1927、1929、1932、1935、1937
金岳霖　前言

K

卡尔·马克思　1884
卡内基　1870、1884
凯恩斯　1915、1935
康格　1911
康有为　1894、1900、1905、1929

孔飞力　前言
孔祥熙　1915、1927、1929、1932、1935、1937

L

雷履泰　1911
雷颐　前言
黎黄氏　1905
黎元洪　1911、1915、1929
李大钊　1919
李福泰　1870
李国杰　1932
李鸿章　前言、1870、1875、1884、1894、1900
李立三　1924
李立侠　1935
李铭　1919、1929、1935
李平书　1905、1911
李石　1937
李芸侯　1935
李烛尘　1915、1937
李宗仁　1929、1932
利维　1875
梁济　1919
梁启超　前言、1870、1894、1900、1905、1915、1919
梁士诒　1919
梁漱溟　1919
梁小民　前言
廖仲恺　1924
林彪　1937
林康侯　1929

林肯　1870

林祥谦　1924

刘大钧　1932

刘广京　前言、1875、1900

刘鸿生　1915、1935

刘厚生　1905

刘坤一　1870、1900

刘铭传　1870

刘瑞恒　1929

刘少奇　1924

刘锡基　1911

刘湘　1929

卢永祥　1924

卢作孚　前言、1929、1932、1937

鲁迅　1919、1929

陆润庠　1894

陆叔同　1905

罗家伦　1919

罗隆基　1929

罗纶　1911

罗曼·罗兰　前言

罗斯福　1932、1935、1937

M

马克斯·韦伯　1884

马敏　1894

马应彪　1911

玛加瑞特·莫尼格　1919

毛泽东　1894、1919、1924、1932、1937

茅盾　1932、1937

梅兰芳　1905

明治天皇　1870、1911

摩根韬　1935

漠湮　1932

墨林　1900

穆藕初　前言、1915

N

N·佩弗　1911

迈克·诺登　1937

倪嗣冲　1915

聂云台　1919

钮永新　1927

O

欧阳昱　1884

P

庞芸皋　1884

蒲殿俊　1911

溥仪　1905、1911

Q

瞿秋白　1924

齐燮元　1919

钱永铭　1927

乔治六世　1937

R

日意格　1870

荣德生　前　言、1900、1915、1924、

1932、1935
荣禄　1900
荣伟仁　1935、1937
荣毅仁　前言、1937
荣宗敬　前言、1894、1900、1915、1919、
　　　1927、1929、1932、1935、1937
容闳　1870、1875

S

赛珍珠　1937
沈葆桢　1870、1875
沈涛　前言
沈雁冰　1924
盛谨如　1927
盛宣怀　前言、1870、1875、1884、
　　　1894、1900、1911
史景迁　前言、1870、1884、1924
斯宾格勒　1911
斯诺　1894、1919、1937
斯坦利　1884
斯文·赫定　1937
寺岛一夫　1894
松本龟次郎　1905
宋霭龄　1927、1935
宋查理　1927
宋汉章　1915、1919、1924、1929、1932
宋教仁　1911、1915
宋美龄　1927、1935
宋庆龄　1927
宋则久　1932
宋子安　1935
宋子良　1935

宋子文　前言、1927、1929、1935、1937
孙宝琦　1924
孙传芳　1924、1927
孙衡甫　1935
孙家鼐、孙多森、孙多鑫　1894
孙科　1927、1935
孙文　1894、1900、1905、1911、1915、
　　　1924、1929

T

泰戈尔　1924
谭光　1935
谭嗣同　1894、1900
谭熙鸿　1932
唐德刚　1911
唐富福　1919
唐力行　1915
唐廷枢　1875、1884、1900
田中玉　1915
托克维尔　1905
托马斯·罗斯基　前言、1915

W

汪精卫　1911、1927、1935
汪敬虞　1894
汪楞伯　1935
王伯群　1932
王国维　1929
王楫唐　1915
王克敏　1915
王清穆　1905

王绍延　1905
王石　前言
王小徐　1915
王亚樵　1932
王业键　前言、1935
王一亭　1905
王正廷　1915、1932
威尔·杜兰　1919
魏斐德　前言
魏源　1870
温·查普曼　1927
文森特·希安　1927
沃尔特·李普曼　1937
吴鼎昌　1919、1935
吴佩孚　1924、1927
吴玉章　1905、1911
吴樾　1905
吴蕴初　1932
吴稚晖　1927
伍秉鉴　1875

X

西乡隆盛　1870
希特勒　1929、1935
锡良　1911
席正甫　1875
小艾尔弗雷德·D·钱德勒　前言
小川绅介　1919
小科布尔　1927、1935
谢诺　1915
徐陈冕　1919
徐堪　1935

徐润　1875、1884
徐世昌　1915
徐世章　1915
徐新六　1919、1935
徐盈　1937
徐志摩　1924
许德珩　1919
许建屏　1929

Y

严复　1900
严中平　1935
岩崎弥太郎　1884
阎锡山　1929、1932
杨度　1905
杨虎城　1935
杨鉴清　1937
杨森　1929
杨士琦　1911
杨小凯　前言、1884
杨杏佛　1905
姚咏白　1929
姚雨林　1911
叶恭焯　1919
叶圣陶　1924
伊洛娜·拉尔夫·苏丝　1927
伊藤博文　1870、1894
殷海光　前言
于建嵘　1924
余英时　前言
虞洽卿　前言、1905、1911、1915、
　　　　1919、1924、1927、1929、1932、

1937
郁屏瀚 1911
袁世凯 1900、1905、1911、1915、1919

Z

载沣 1905
载洙 1905
曾国藩 前言、1870
詹姆斯·杜克 1937
詹森 1937
詹天佑 1870
张澹如 1905
张公权 前言、1915、1919、1927、1929、1932、1935、1937
张国焘 1924
张嘉 1937
张謇 前言、1894、1900、1905、1911、1915、1919、1924、1929
张静江 1905、1929、1935、1937
张君劢 1915
张乐怡 1927
张鸣岐 1911
张朋园 1919
张群 1929
张啸林 1927、1935
张学良 1929、1932、1935
张勋 1929
张翼 1900

张元济 1927
张之洞 1870、1884、1894、1905、1911
张忠民 1905
张宗昌 1924
张作霖 1915、1919、1924、1929
章开沅 1911
章乃器 1929
章太炎 1905
章宗祥 1919
赵尔丰 1905
赵烈文 1870
赵铁桥 1932
赵子贞 1932
郑观应 前言、1875、1884、1894、1905、1911
郑谦 1924
郑孝胥 1905
郑友揆 1915
郑振铎 1924
周恩来 1919、1927
周金箴 1905
周学熙 前言、1900、1915
朱葆三 1905、1911、1919、1924
朱学勤 前言
朱翼甫 1884
朱执信 1915
邹容 1905
左宗棠 前言、1870、1884

声 明

由于本书所用图片涉及范围广,部分图片的版权所有者无法一一取得联系,请相关版权所有者看到图书后,与蓝狮子财经出版中心联系,以便敬付稿酬。

来信请寄:杭州市下城区西文街琥珀中心 12 楼

邮编:311106

电话:0571-86535601